現代経済学の基本問題

古谷 弘著

岩波書店

序

　このような形の書物に序文を書かざるを得なくなるとは，昨年の今月今日まで，私の夢にも考えなかったところであった．学問に従うものとして恐らく精神的にも最も充実していた36歳の青春を最後として，運命は突如として彼の地上の命を奪いさってしまったのである．彼を識るもののだれでもが，この書が単に彼の「論文集第一巻」でありえたであろうことを望んでいたに違いあるまい．いな，著者自らが健在であったなら，常に自分の業績を超えて進んでいった人柄から，旧稿を集めて出版するなどというような気持を懐くことが恐らくはなかったであろう．残念なことであるが，この遺稿集を最後として，もはや再び彼の名をつけた業績が新しく活字となることがなくなってしまった．

　こういう運命がなかったなら，彼の書物に序を附することはなく，また仮にその機会に恵まれるようなことがあっても，彼の業績を充分に理解しえたうえで序文を書くということは，欲しても，私にはできないことであったに違いない．それほど彼の進歩は大きく且つ深くて，私は近年彼によって全く引き離されてしまっていたからである．――やむを得ず，全くの個人的な追憶を記してこの書の序としておきたい．真に学問的に彼を悼む評価は，安井琢磨教授の文章に委したいのである．

　古谷弘君が他のものといっしょに旧の第一高等学校の弁論部の委員として拙宅を訪れたのは，たしか昭和の12, 3年頃のことであった．私はその申出に応じて一場の講演をした．その後で同君はじめ若干の委員の案内で旧一高の校庭を一巡した．ここは更に遡って旧の帝大農学部（駒場）であり，私はそこでおよそ20年近くも学生として，また職員として送ったところであるので，いろいろの思い出の校庭である．しかしその時には，それよりもいささか違った感じが，殊のほか強く私に湧きでてくるのを抑えることができなかった．私自身はもとより一介の教師であり教育に従っているものではあるが，その時まで研究者たる意識を持っていたにすぎなかった．しかし古谷君はじめ委員たる白面

の青年諸君と話をしている間に，いつとは知らずに殆んど初めて教育者たる自覚をいだくようになり，このような立派な青年たちがその才に応じて伸びていくのを若しも助けることができたら，という内心の願いを持った次第であった．その後，不幸にして，こういった機に会したことは余りないが，私にとってはこれは不思議ともいうべき一瞬のできごとであった．もとよりこの瞬間を作ってくれた青年学生たちの名もしらないですごしてきた．しかしその後同君を識るようになって以来，ここに述べた私の願いは淡いものではあったが，同君の最後にいたるまで同君に対して私の懐いていて変らないものであった．

古谷君をもっと直接に相識るようになったのは，同君が後に経済学部の学生となり，私のセミナリー（植民政策）に参加してからであった．私は久し振りに，かの曽ての高等学校生に再会し，古谷君たることをアイデンティファイすることができた．彼に接し彼とともに語り，また彼とともに読書をしていく間に，この青年学徒に約束された将来がいかなるものであるかを，ひそかに想像することができた．そして私の当時まで20年余の教師たる間に接しえた最も有能なる一人の学生たることを知った．その後，後進学徒の伸びていくのに尽されたことが多かったと思うが，未知の第一高等学校教授三谷隆正氏から人を介して，いろいろの伝言とか依頼とかを承けたが，私の古谷観が必ずしも誤ったものでなかったのを知って嬉しく感じたことがあった．

じっさい同君は普通の意味で経済学部の学生であるのに必要な程度を遥かに超えている学識を身につけている学生であった．哲学も歴史もわがものであった．しかしそれよりも遥かに大切なもの，ことがらの本質的なものと非本質的なものとを直覚的に区別していく迫力とか，或いは厳密な推理の冴えとかに恵まれていた．当時は日本の経済学界が戦争準備や戦争によって大きく影響をうけていた．それは当然のことであるが，しかしそれにも増して経済学の永き歩みに，一挙にして取って替ったと号する日本式経済学の登場によって，当然以上の攪乱が加えられた．それは決して学問を愛する空気ではなかった．そして経済学がいかに貧弱であるとはいえ，なお古来幾多の俊秀によって開拓されて持っていた大きな知識，論理，いな，経済学的知性を——ほっとした気持では

なくて，無恥の蔑視を以て——捨てて顧みないという状況にあった．私は当時古谷君と二人でシュムペーターの『経済学の学説史および方法史の諸段階』を読み，これを訳出し，筆記をしてもらっていた．これは一切の攪乱も「爆撃」も免れている小さい洞穴のなかの仕事とでもいうべきものであったであろう．その思い出は常になつかしい，殊に彼の解釈の仕方によって大いに教わったことを良く記憶している．

　私は古谷君が飽くまでも学問をしてくれることを望んだ．しかし——この言い廻しが誤解されることのないのを願うが——余技として私とともに植民政策を学ぶのなら別であるが，それよりも真に本格的な純理経済学の研究に真向うから進んでいくのを衷心願っていたし，またここにこそ彼の天分が最もひらけていくと確信していた．しかし同君が卒業後も経済学部にとどまって学問をつづけうるや否やは，それとは別個の問題であった．私はその頃臨時に経済学部教授の職を兼ねていたが，それは人事の問題に一切触れないでいたいという約束のもとにあったのである．経済学部では一助手の地位といえどもなかなか重大な考慮のもとになされていた．幸にして卒業と同時に彼れ自らが希望したように助手となった．助手２ヵ年というのが当時の内規であったようである．２ヵ年の終りに助手はそれぞれその職を離れることとなっていたが，同君は珍らしく引きつづいて助教授の地位を得た．ここで「珍らしく」というのは，経済学部では当時より数えて凡そ20年の間，こういう風な人事が行われることがなかったからである．若い学徒の補充が停滞していた．私は親しきものの一人として同君が安定した地位について学業に専念しうることを喜んだ．しかしそれよりも更にいっそう喜んだのは，同君が助手になるときも助教授になるときにも，大学における専攻を植民政策などに限定することなくして，理論経済学の研究者たらしめることに決定された点であった．この点は当時の経済学部の教授会の明察だと信じて殊のほか感謝の気持をいだいたものであった．

　助手としての古谷君はすでに経済学の初心者ではなかった．彼の勉強にはいつも精神の余裕が伴っていた．彼は理論家には珍らしいというほど一本調子ではなかった．一見無感覚無表情ではあったが，時事問題や人物などについては

全く辛辣なところがあった．彼がものを言って，ニヤリと微笑することによって実に鋭く複雑なことを表現した姿は，現に目前にあるように今日でも感ぜられる．——いずれにしても此の間の数ヵ年，彼の学問的生長は羨ましいように速かであり恐ろしいように根深いものであった．彼はじっさい稀にみるような秀才ではあったが，しかしいっそう稀にみるところであるが，自分が秀才であるという一片の自意識さえ持っていなかったのである．彼の発散させていた体臭はただ無我夢中の精進のそれだけであった．この点は始めから終りまで生涯を貫いていた風格であったと思う．彼がもっと長命を全うすることができても，恐らく常にそうであるに違いなかろう．それ故に彼は万人からの敬服と情愛とを受けるに値するところがあったのである．

　古谷君は広汎な教養を身につけていた．一方においてこれに伴う広い視角が湧いてくるとともに，他方これは彼が常に安んじて夢中に勉強していることによって援けられていた．こういう人柄にして初めて，純粋経済の均衡の解明が地についたこととなるような精神的背景をもつことができると思われる．異質多様のものを頭に描いているものこそ，その精錬ということを考えうる．精錬を知らない純粋はない．動乱を知らない均衡はない．社会生活における非合理性や歴史性のなんたるかを感得しえないような，一本調子の単純な頭脳に宿るものは，経済の青白い仮面であっても，血のかよっている均衡の相貌ではなかろう．そして此の点こそ，いつも多数に見られる部分的秀才と彼とを分つ最も重要な点であった．古谷君は性格的にも理論経済学者であったようである．

　経済学の近代的発展は多くの知識をますます技術的なもの，分析の道具のようなものたらしめていく傾がある．道具は全くそろってきている．ところが万人はややもすると此の作られてきた道具のみに眼を見張る傾がある．そして，そもそもかかる道具がいかなる風に精錬されてきたかの過程，なぜそれらが真の道具たりうるか，なぜそれらが当てがわれる問題に適応したものであるか，などの検討がおろそかにされる傾がある．それ故に単刀直入に既存の道具の使用法を漸くわきまえることができても——そのこと自身が既に一つの大きな仕事であるのはもちろんであるが——，しかしそもそも其の道具を改造したり，

よりよき道具を創造したりすることができない．既成の道具だけでは人を職人たらしめるが，見識の魂を養いえないであろう．マルクス経済学が大師の説の批判を許さないことによって経済学徒の職工性を養うことがありとすれば，それとこれとの間には大きな平行現象があると言わねばならない．いずれにしてもここに現代経済学の地盤には，学問的性格に関する一つの大きな問題が宿っている．じっさい理解の才と創造の能とを同一人が兼ねることは稀であり，経済学者においていっそうそうであろう．古谷君が既になし遂げたところよりも，彼の能くなし遂げうべかりしものを思うとき，彼の時ならざる逝去を惜しみ悼む心はいっそう切実なものがある．

　　1958（昭和33）年8月23日

　　　　　　　　　　　　　　　　　　　　　　　　東　畑　精　一

古谷君の論文集について

　伊豆今井浜の波浪が古谷弘君の生命を奪ってから，もはや一年になる．あのときの激しい衝撃は，いまでは静かな諦念に落ついているが，彼の急逝によって生じた空虚感はいまなお心の一隅にあって容易に消えようとはしない．彼への追想を新たにするためにも，また彼の日本経済学に対する貢献に見通しをつけるためにも，いろいろな雑誌に書き残された論文を一冊の書物にまとめてほしいというのが，われわれの念願であった．いま内田・宮下・渡部の三君の尽力によって，この念願が満たされようとしていることを，わたくしは衷心からよろこばしくおもう．この論文集には東畑精一先生の序文と，編集者の詳しい解説が載せられると聞いているので，わたくしが何事かをつけ加えることは，むしろ蛇に足をえがくたぐいの仕業ではないかとおそれている．古谷君の思い出についてはすでに書いたことがあるので，ここでは本書に集められた論文だけについて，ささやかな感想と註釈とを述べることを許していただきたい．

　第1部「現代経済理論の系譜」に収録された三つの論文は，終戦後学問の自由が復活し，経済学界が海外の新知識と新文献とを求めて沸騰していた，いわば興奮の時期に書かれた解説論文である．これらの論文は，東大の図書館に設けられた特別閲覧室が，アメリカの学術雑誌に接しうる唯一の場所であったころの学界の雰囲気を色濃く反映しているようにおもわれる．第1章は1929年のシュルツの論文を機縁として，国の内外に起ってきた限界生産力説に関する文献を十分に踏まえた上で，スティグラーの著書 *Production and Distribution Theories* (1941) の第12章を中心に，この理論の系譜を述べたものである．古谷君はスティグラーにしたがって，ウィクセルの *Ekonomisk Tidskrift* 誌上に発表された初期の論文を重視しているが，これらの論文は最近ウィクセルの *Selected Papers on Economic Theory* (1958) のうちに英訳されたことを注意しておきたい．第2章はケインズ経済学の性格を多少晦渋な筆致をもって述べ

たものであり，よい意味でも悪い意味でも古谷君らしい独特の味わいが出ている．第3章は，筆者自身の表現を用いると，当時アメリカの経済学界を賑わしていた安定条件論やアグリゲーション論の，「簡便な通俗的解説」である．このうち安定条件論は，第2部の中心問題として大きくとりあげられている．第1部を構成する三論文は，まだ古谷君の力量を十分に表現していないという意味では，習作と見なしてよいのではあるまいか．

　第2部「安定分析」の三つの論文をつらぬいてその根柢にあるものは，サミュエルソンの *Foundations of Economic Analysis* (1947) に対する著者の傾倒と的確な理解であって，これらの論文はすべてサミュエルソン研究と名づけても差支えないものである．とくに第2章の「経済均衡の安定分析」は，質量ともに本書中の白眉であり，動学的安定の問題が，すくなくとも線型体系に関するかぎり，これほど周到・懇切・丁寧に論ぜられたものは他に類例を見ない．おそらくこれは，森嶋通夫君の『動学的経済理論』とならんで，長く記憶に残る業績となるであろう．第1章および第3章は，第2章に論じつくされなかった論点を補足的に究明しているが，いずれも前記のサミュエルソンの著書（とくにその第 11 章）からヒントをえて，これを敷衍したものと考えることができる．とりわけ第3章の前半では，非線型振動論におけるファン・デル・ポールの方程式の図式解が，経済学的な裏付けを経ないままの形で，解説されていることに注意されてよい．ファン・デル・ポールの方程式を含めて，一般に非線型振動と景気循環とを連結する試みは，この第3章が公表されてのちに，理論経済学界の問題のひとつとなった．第2部の補論は，古谷君自身が訳者となったヒックスの『景気循環論』の，数学的背景を述べたものであって，これはその後無数に出現したヒックス文献の先駆と言えるであろう．ここで小さい思い出をひとつ書きとめておこう．ヒックスの『景気循環論』が公刊されたのは1950年であるが，そのころでも外国書の入手は一般にはまだ困難であった．当時日銀の本店にミス・ライカーというアメリカ婦人がいて，書物入手についていろいろ便宜を図ってくれていたが，このルートを通じていち早くヒックスの書物を手に入れた一人が古谷君である．そのためか，当時刊行されていた「経済学」

という雑誌に彼の寄せた内容紹介が，ヒックスのこの書物について書かれた最初の邦語文献であったようにおもう．これは彼としては珍らしい早業であった．もっとも，この内容紹介のうちで示されたヒックスへの高い評価を，彼がその後ももちつづけていたかどうかは疑問であろう．

　第2部から第3部「産業連関と線型計画法」の諸論文へ移る間には，数年のブランクがあるが，それはこの間に彼の留学生活がはさまるからである．すでに 1951 年にはドーフマンの著書や，クープマンス編の『アクティヴィテイ・アナリシス』が現れていて，古谷君はこの新らしい動向に深い関心を払うようになっていたらしいが，これを決定的にしたのは，1952 年から 1954 年にかけてのハーバードおよび M. I. T. における研究生活であった．アクティヴィティ・アナリシス，リニアー・プログラミング，投入産出分析——この相互に緊密に関連した三つの分野が，晩年最もつよく彼の興味を惹いたと見て間違いあるまい．著書『現代経済学』はもちろん，第3部に収められた三論文がこのことをよく証明している（これらはすべて 1955 年以後に書かれた最近作である）．第1章はいわゆるレオンティエフ体系の簡明な説明であるが，注意が隅々まで行き届いていて，鋭い論文となっている．横のものを縦にしたような解説と異って，古谷君らしい整理がよく利いている点で，すぐれた業績と言うべきであろう．第2章は，サミュエルソンのいわゆる包絡面定理を出発点として，これをさらに発展させようとした野心的な力作である．出発点となったサミュエルソンの理論は，この論文ではきわめて簡潔に要約されているので，一部の読者にとってはその経済学的意味が明瞭ではないかもしれない．それらの人々は，この章を読むまえに，まずドーフマン＝サミュエルソン＝ソローの *Linear Programming and Economic Analysis* (1958) の第 11 章および第 12 章に眼を通しておくことがのぞましい．第2章の，数学的に一層厳密なとり扱いは，稲田献一氏との共同論文「資本蓄積の均衡成長経路と有効経路」として発表されているが（「理論経済学」第8巻 第1—2号, 1957)，これは共同論文であるために不幸にして本書からは割愛された．第3章は，レオンティエフ体系の動学化が，一方ではラッグの導入により，他方では資本係数の導入によって行われることを明

らかにしたのち，とくに後者の方法による動学化が，どのような均衡成長率を生み出すかについて，緻密な検討を加えたものである．これの理解には非負行列に関するフロベニウスの諸定理の知識が必要とされるのは，問題の性質上当然のことであろう．

　以上簡単に各論文について述べてきたが，年月の経過とともに彼の関心が移動するにつれて，古谷君の仕事が次第に成熟し，磨きがかけられてきたことをわたくしは痛感する．広い視野をもちながら，論理の明徹を求めて経済理論の深奥に没入していった古谷君は，日々新たに成長する人であった．この成長が独創的な理論を生むにいたらしめないうちに，運命が彼を拉し去ったのはわれわれの大きな不幸である．ここに集められた諸論文は，そのすべてが同じ程度に完成しているとはおもえないけれども，どのひとつをとっても激しい精進のあとが滲んでいる．わたくしは若い読者が，とくにこの点に心して本書を読んでくれることを希望したい．

安　井　琢　磨

目　次

序……………………………………………東畑精一
古谷君の論文集について………………………安井琢磨
第1部　現代経済理論の系譜………………………… 1
　第1章　限界生産力理論の歴史的系譜 …………… 3
　第2章　ケインズ経済学における問題の所在 ……… 28
　第3章　近代理論経済学の発展動向 ……………… 45
第2部　安定分析 ……………………………………… 73
　第1章　均衡概念の動学的考察 ……………………… 75
　第2章　経済均衡の安定分析 ………………………… 87
　第3章　動学的過程の特殊なタイプについて ………137
　補論　ヒックス景気循環理論の数学的背景…………153
第3部　産業連関と線型計画法 ………………………175
　第1章　レオンティエフ・モデルの一考察 …………177
　第2章　資本蓄積径路の有効条件 ……………………197
　第3章　動学的投入産出モデルとその均衡的成長 ……215
あとがき…………………………………………編　者

第1部　現代経済理論の系譜

第1章　限界生産力理論の歴史的系譜
—— 近代賃銀理論展開の基礎として ——

ま え が き

　近代経済学の展開過程を想起しつつ，賃銀理論の特色をかえりみるならば，われわれはまずそれが，直接的には賃銀の理論として現われないという点にさぐる事が出来るであろう．そうしてまたそれが統一的な分配理論として構成されたあかつきには，生産論と分配論は，極めて密接に連続しながら相互に相結び，生産の法則と分配の法則を分離したかの古典的見解を遠く忘却の流れに託しながら，一貫した分析方法によって統一的に組織される．これらの事の次第はやがて明かとなるであろうが，われわれは少しく予備的な言葉をさき立てるであろう．

　1870年代を転機とする理論経済学の展開は，主観的価値論の領域に於ける限界原理の適用と共に開始された．通常の学説史的叙述は好んで，ジェヴォンズ，メンガー，ワルラスの3人の「革命家」の同時的なしかも独立的な出現を語っている．しかしこの事が，万一にも理論的旋回は本来的な意味に於てはこの3人と共に現れ共に去り残余の整理は亜流の腕に委ねられるとして理解せられるならば，言いかえれば彼等が取りあげた基本的ラインが現在に至るまで連続的に延長され，なお生成発展の過程にあるという点が看過されるならば，それが決定的な誤謬である事はあらためて指摘するまでもないであろう．更にまたこれらの理論と共に経済学は現存秩序のアポロギアを事とするに至ったとか，その世界観的基礎を浅薄化したとかいうような超越的批判に対しても多く語る事をもちいないであろう．確に一部に於て彼等にまつわっていたヘドニスティックな色彩は，一見極めて科学的な相貌を粧って，経済政策への快楽主義の適用という極めて非科学的な主張を，この理論の実践的帰結として産み出して行った．

しかしわれわれは，この事態を不幸な悲しむべき事態であると思う．だが，それにも拘らず，Wertfrei な理論の発展は決して阻害されるものではなかった事を，例えば代用理論の著しい拡充によって承認する事が出来るであろう．問題はいうまでもなく，決して快楽主義や功利主義の批判ではない．これらの批判のためにはわれわれはあらためて3人の登場を待っている必要は少しもなかったのである．所でこれらの事への充分な注意が払われても，先に述べた学説史上の常識はなお警戒に値いするものを含んでいる．われわれが彼等に打ち続く理論的努力の連続的ないとなみを確認しながらも，若しも万一前述の3人の併称が，これらの人々を今日依然として同一の理論的意義に於て評価すべきであるという主張を意味するならば，それは大に検討を要する問題である．われわれは主観的価値論の領域が，或は消費者選択の理論の領域が，経済学の取扱う全領域である，と考える事が出来ない以上，それぞれの理論家の全体的評価もまた，彼等の体系の全体をこの全領域と連関せしめる事によってのみ果されるべきであろう．

　かくして今われわれの視野をあらたに分配理論の領域に転ずるならば，いかなる事情が示されるであろうか．アダム・スミスの先蹤を逐う経済学者達の主要な努力は，地主，資本家，労働者の社会的三分制度 system of tripartite division の下にあって，夫々の階級が獲得する報酬について，即ち地代，利潤，賃銀のそれぞれについて，個々別々の叙述を試みる事に向けられているに過ぎなかった．それらを統一的に生産用役の価格として展開する事は彼等の理論的努力の日程には上っていなかったのである．それ故に主観的価値理論の領域に於ける限界分析が消費財価格について注目すべき成果をかち得たとすれば，生産用役の価格分析の方向へむかって，限界原理適用の歩みが進められる事は思うに当然の期待であったろう．しかしこの度に於ては，かかる要望は決して急速な展開を以て報いられる事は出来なかった．消費者需要の側面に於てあれ程峻烈な古典学派の批判者であったジェヴォンスも，問題の領域に於ては彼の批判の対象であるべきリカードーの分配論に殆ど全く追随していた．メンガーもまた極めて貴重な示唆の泉とはなり得ても，充分な解答からは大きく距たって

いた．ワルラスの明晰を以てしても生産係数の固定性の想定を充分に脱却し，可変性の問題を限界生産力理論の形に於て意識的に解決する迄には 96 年迄待たなければならなかった．そうしてこの場合に於ても後にわれわれが見る如く，それがワルラス自身の業績に属するかどうかは議論の余地を残している．かくして生産と分配の分野に於ては，統一的な限界分析の貫徹は漸く 90 年代に至って限界生産力理論として，明確に定式化されるのである．従って理論のこの分野に於ける「革命家」達は後期のレオン・ワルラスのみを共通点として，主観的価値論に於けるそれ等とは異なったひとびとであろう．われわれは以下に於てそれらのひとびとに就いて順次に検討を遂げ，近代賃銀理論の展開という与えられた課題の一斑に応えると共に，そこになお残された問題について若干の吟味を試みようとするのである．[1]

1 問題の意味

フィリップ・H・ウィクスティド (Philip H. Wicksteed) は，1894 年の An Essay on the Co-ordination of the Laws of Distribution によってわれわれの

---

1) われわれが以下に取扱おうとする限界生産力理論はそこに現れる先駆的理論家達の後を承けて，1929 年の Henry Schultz の論文〔H. Schulz: Marginal Productivity and the General Pricing Process. (*Journal of Political Economy* Vol. XXXVII, No. 5, Oct. 1929)〕以降 30 年代の前半に於て多くの理論家により再び活潑に討議されている．しかしこれらの論議の争点は基本的には決して新しいものではなかったといえよう．古典的な形態から出発するわれわれの考察はそれ故に，歴史的展望という与えられた課題を離れても，依然として正当化せられる理由を持っている．しかしいうまでもなくそれらの文献は以下に於て随所に援用されるであろう．なお，わが国に於ては木村健康，安井琢磨両教授の「経済学論集」誌上の限界生産力説に関する旧稿は今日に於てもわれわれの記憶に値いするものである．しかしわれわれは資料の指示のみならず行論の過程に於て George J. Stigler: *Production and Distribution Theories*, 1941. New York. に負う所極めて大である．特に後に於てパローネのイタリー語及びヴィクセルのスウェーデン語の文献に多少とも触れられるが，わが学界では利用出来ないこれ等の資料については，又仮にそれが与えられても筆者の現在の能力では，殆ど全くスティグラーに依存している．この事は最初にはっきりと言明して置くべきであろう．

限界生産力説は，決して以下に挙げられる人々によってのみ展開されたのではない．例えば，マーシャルやエッジワースも逸する事の出来ない名前であろう．われわれはただ最もエレメンタルなラインを辿ろうと試みたのである．わが国の一部に於てはこの理論は専らジョン・ベイツ・クラークの名と結びつけられて理解され勝ちである．確に彼の主要な業績の一つはこの理論の一般的普及を可能ならしめた点に存している．しかしこの事態の真実の意味は彼によって理論が俗流化されたことではなかろうか．われわれの以下の敍述に於ては難点の多い彼の理論も考慮されていない．現代に於て充分な批判に堪え得る一般的限界生産力理論の正統的な系譜は，われわれの敍述に現われるひとびとを含みつつ，恐らく彼と無関係に辿られるであろうと思われる．

最初の検討に値いする．限界生産力理論を明確に展開したこの古典的業績は，この理論の歴史に於ける最も枢要な地位の一つを彼の為に要求している．先駆者としての彼の言葉を引用する事によって，限界生産力説を要望しつつあった時代の理論的関心をこの書のタイトルと結びつけて理解する事が出来るであろう．彼は極めて野心的に述べている．

「分配の法則を研究するに際して通常行われて来た所は，土地，資本及び労働というような重要な生産要素をそれぞれ別々に取上げ，その要素が生産に於て協力する特殊な事情とか，それを統制する人々に働く特殊な考慮とか，要素の与える用役の特別な性質とかを研究し，かくしてすべてこれらの考察から，それぞれの要素に分配される生産物の分前を支配する特別な法則を引き出す事であった．

所がこうした方法がとられる限り，分配の法則を統合し(co-ordinate)，理論的にはそれぞれの要素に帰着するべき分前が生産物と相蔽い，又それによって相蔽われるかどうかを確める事は不可能のように見える．というわけは，このことが可能なためには，すべての法則が共通の言葉で表現されなければならないからである．地代の法則が，例えば土地の豊度という客観的標準に基づいているのに，一方では利子の法則が現在と比較された将来の評価という主観的標準に基づいている限りは，土地の分前と資本の分前とを加え合わせる計算を考え，剰余の部分が理論的に賃銀の分前となる所と一致するかどうかに関して研究する事はおよそ困難な事である．しかしながらそのような統合は明かに経済理論の範囲に属しなければならない．「生産物の分配」という言葉が既に分配法則を統合するべき責任を暗々裡に認めるものである．

まさしくそれ故に，最近，分配法則のそれぞれの探究を相互に密接な連関に齎そうとする顕著な傾向が見えている．そのような法則の基礎は，それぞれの要素によってなされた用役の特殊な性質の中にではなく，なされた用役(service rendered)という共通の事実の中に求められつつある．限界の使途に於ける各々の要素によってなされた用役の客観的な尺度が発見されるならば，それに基づいて要求する分前を統合する可能性が齎されるであろう．」[1]

このような理論的要望に応えるものが一般的限界生産力の理論であるとするならば，そこに固有な一つの問題は，生産要素はその限界生産物に応じた報酬を受け，そうしてそうする事に於て生産物はまさにその全体が過不足なく分配され尽すという点の証明に存している．これは exhaustion-of-product 或は adding up の問題と称せられるところである．[3)] そして又以上の証明は次の事実の確認と結びつけられなくてはならない．限界生産力に対応して要素に帰属する分配分は，従来の理論が剰余として観察した分配分と正確に一致する事が必要である．古典学派の体系に於ては，最初先ず地代がかかる剰余としての位置が与えられ，次にはまた利潤がかかるものとして説明せられたいう事が出来よう．このような剰余としての分配理論に於ては，exhaustion-of-product の問題は ex definitioni に排除されている．しかし今や分配理論を「統合」するにあたっては，新しき理論はかかる古典的体系を統一的に包括しなくてはならない以上，限界生産力と剰余との連関の究明もまた一つの課題たる事を失わない．

　ウィクスティドに於て「統合」の示唆は主観的価値論の中に求められる．それは極めて不満足な表現を取っているが分配理論への階梯として一応概括するならば，次の如くである．販売せられるところの財貨乃至用役の交換価値は，他の要因をコンスタントに保つならば，その僅かな増加が社会のすべての満足に及ぼす影響によって決定せられる．それ故，総効用函数 S，特定財貨乃至用役 K を前提する時，後者の単位当り交換価値は $\frac{\partial S}{\partial K}$，$K$ 全体の交換価値は $\frac{\partial S}{\partial K}K$ によって決定される．$\frac{\partial S}{\partial K}$ はかくして満足の生産者 K の marginal efficiency or significance と呼ぶ事が出来よう．所で今社会が享ける総ての満足を「生産物」

---

2) P. H. Wicksteed: Co-ordination, in *Series of Reprints of Scarce Tracts* by the London School. 1932. P. 7. 引用文中に於ける最近の傾向とは General Walker や Duke of Argyll の主張を指すのであろうか．6) に於けるフラックスの論文参照．

3) レオン・ワルラスによってその要論第三版附録「ウィクスティド覚書」以来総括された周知の限界生産力に関する三命題のうち第一命題「自由競争は生産費を最小ならしめる．」は，固有の意味に於てこの理論の内容を構成するものでない事は今日一般に承認されているといっていいであろう．そうして，残りの二つの命題「自由競争に於ては各々の用役の報酬率はその限界生産力に等しい」（第二命題）「生産物の総量は生産用役の間に分配せられる」（第三命題）のうち，われわれが後者に力点を置きながら説明した事は明かであろう．本稿に於てわれわれの関心がこの第三命題に主として限られる事もまたあらかじめ断わられなくてはならない．所でこの命題はワルラスの死後の 1926 年版では削除されている．

と置き換え財貨乃至用役を「生産要素」と置き換えるならば，各々の要素は生産物の生産者として，それぞれの限界効率によって規制せられた分前を受取るという命題に導く事が出来る．即ち要素の限界効率はその微小な増加が生産物に与える影響によって決定せられる．P を生産物とし K を任意の生産要素とするならば，$\frac{\partial P}{\partial K}$ はその要素の限界効率とし $\frac{\partial P}{\partial K}K$ は全生産物 P に於ける要素の分前として表現する事が出来る．そして先の場合に於ては S が K に対して外的な(external)存在と見る事が不可能なのに対し，このたびは P は K に対して外的なあるものであり，生産要素に対して外的な表現を持つ事が可能である．従って限界効率による表現形式は，主観的価値論に於けるよりも分配理論に於て，より満足すべき適用を受ける事が出来る．そしてこの表現形式が，「労働がその賃銀に値いするか否か，いいかえれば少くとも賃銀に相当するだけの生産物の増加を齎すか否か」[4] に従って雇傭を決定する個々の企業家の行為の意味を表わしている事は，もはやウィクスティドにとっては自明の事であった．

かくして分配理論を「統合」するにあたって，決定的な問題は，このように規定された生産要素への分配分の総和が，正確に全生産物を相蔽うか否かに見出されなければならない．即ち今 P を生産要素 $A, B, C, \cdots\cdots$ 等の函数とする時にこの函数 $P = F(A, B, C, \cdots\cdots)$ を生産函数と名付けるならば，函数 F の条件の下に於て

$$P = \frac{\partial F}{\partial A}A + \frac{\partial F}{\partial B}B + \frac{\partial F}{\partial C}C + \cdots\cdots$$

が成立するか否かに問題の一切がかかっている．所でこの事は若し F が一次の同次函数であるならば，即ち F に関して $\lambda F = (\lambda A, \lambda B, \lambda C, \cdots\cdots)$ なる関係が成立するならば最も簡単に証明する事が出来る，それは同次函数に関するオイラーの定理の直接的適用に外ならない．そして明かに随所に於てウィクスティドは生産函数が一次同次である事を明確に前提しながら[5]，しか

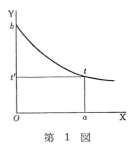

第 1 図

---

4) Wicksteed: *op. cit.*, p. 12.
5) Wicksteed: *op. cit.*, p. 4, p. 15, p. 24, p. 32.

もこの周知の定理を意識的に利用しようとしなかった．彼自身はまずこの問題の考察をグラフを使用しつつ，当時の最高形態の分配理論である所のリカードの古典的地代論（その第二形態）との連関を辿る事から開始する．この古典的理論に於ては，資本は労働を包括するものとして理解されている．それ故に土地単位あたりについて使用される Capital-plus-labour を一括的に横軸によって表示する．縦軸に生産物をとる時に，生産物は「その第一次微分係数が正であり，第二次微分係数が負である」[6]ところの資本プラス労働の函数と考えられているから，逓降的な曲線 bt によって，資本プラス労働の限界生産力が表現される．利子プラス労銀は $Oatt'$ であり，剰余 btt' は地代とみなされる．しかるときはリカード理論の含蓄がつぎの如くにしてあきらかとなる．先ず，そこにおいては，土地及び資本プラス労働の絶対的な数量ではなくして，その割合が，従ってまたそれらへの報酬も総量ではなくして比率が，もっぱら取扱われているのである．即ち Oa は土地と資本プラス労働の比率を，bt は後者の限界生産物を，at は資本(労働)単位当りの報酬を，btt' は，土地単位当りの報酬をそれぞれ表現する．従って，横軸を右へ進めば単位当りの土地に対して資本(労働)の数量を増大することになるのと全く可逆的に，この軸を左へ進む事によって単位当りの資本(労働)に対して土地の数量を増大することが出来る．したがって横軸に資本(労働)単位当りの土地の数量を表示するならば，地代は土地の限界生産力として，利子(賃銀)は剰余として，示されることが出来る．地代理論の含蓄するこの可逆的関係は，かくして例えば賃銀を労働の限界生産力として示すと同時に，それを又剰余としても示すことになる．そうして，土地をコンスタントとして資本(労働)を増加することは，同時に資本(労働)をコンスタントとして土地を減少することを意味するから，いずれの場合に於ても土地単位当りの地代の増加と，資本(労働)単位当りの利子(賃銀)の減少を招くこととなるが故に，この両様の表示は論理的に撞着を来すものではないであろう．然しそのことは限界生産力によって決定される生産要素の分配分と，剰余によって示さ

---

6) *op. cit.*, pp. 13—14.

れるそれとが同一物であることを保証するものではない．それが同一物であることを論証し得た時に於て，ウィクスティドの目指す分配理論の統合は一応全きを得るであろう．この論証に従う彼の手法はわれわれがその解説をここで試みるには余りに錯綜したものである．所が幸にして 1894 年 6 月の Economic Journal 誌上[7]に於て, A. W. Flux はウィクスティドの著書を論評しつつ，極めて簡潔な形で後者の論証を要約した，そしてこのような結果は生産函数の一次同次性を前提するならば，前述した如く直接的にオイラーの定理から導き得る事を明確に指摘したのである．それ故にウィクスティドの命題をオイラーと結びつけた最初の人としてフラックスの名前は記憶せられるであろう．

暫くわれわれは彼の要約に従う事にする．まず時間は変数から除外される．P の生産に於て L 単位の土地と C 単位の資本プラス労働が使用せられるものとして，$C:L=x:1=1:z$ と置けば，$F(x)$ は土地の各単位に x 単位の資本(労働)が加えられた時の土地単位当りの生産物であり，$F'(x)$ は資本(労働)一単位の限界生産力である．剰余として示される地代は土地単位当り $F(x)-xF'(x)$ によって表わされる．$z=\dfrac{1}{x}$ であるからして，一単位の土地に x 単位の資本(労働)が使用せられているとすれば，それは一単位の資本(労働)に z 単位の土地が使用せられている事を意味するであろう．それ故に $zF(x)$ は z 単位の土地が各単位の資本(労働)に結合した時の後者単位当りの生産物である．それを $\varPhi(z)$ で表わし $\varPhi(z)=zF(x)$ の両辺を $z=\dfrac{1}{x}$ を考慮しつつ z について微分すれば，$\varPhi'(z)=F(x)-xF'(x)$．所で $\varPhi(z)$ は資本(労働)一単位の生産物であるから，C 単位のそれは $C\varPhi(z)$ そして C 単位の資本の使用のある時は $C:L=1:z$ から同時に L 単位の土地が使用せられている事となる．従って $C\varPhi(z)$ は C と L との生産物 P に等しい．厳密にいえばこの条件は $P=P(C,L)$ が一次の同次函数である事を前提する．即ちその場合 $P=C\cdot P\left(1,\dfrac{L}{C}\right)=C\varPhi(z)$．$P=C\varPhi(z)$，$L=Cz$ に於て C をコンスタントとすれば，$\partial P=C\partial\varPhi(z)$，$\partial L=C\partial z$．これより

$$\frac{\partial P}{\partial L}=\frac{C\partial\varPhi(z)}{C\partial z}=\frac{\partial\varPhi(z)}{\partial z}=\varPhi'(z)$$

---

7) A. W. Flux: Review of Wicksteed's Co-ordination (Economic Journal, Vol. IV, No. 14, Jan. 1894).

同様にして $\dfrac{\partial P}{\partial C}=F'(x)$. これらの結果を $\varPhi'(z)=F(x)-xF'(x)$ に代入して
$\dfrac{\partial P}{\partial L}=F(x)-\dfrac{C}{L}\dfrac{\partial P}{\partial C}$. 従って

$$L\frac{\partial P}{\partial L}+C\frac{\partial P}{\partial C}=L\cdot F(x)=P$$

かくして生産要素にとっての報酬は限界生産力と剰余の場合とに於て正確に一致し，生産物は要素がその限界生産力に等しい報酬率を持つ時に，完全に ex-haust される事が論証された．かさねて指摘するまでもなく，生産函数が一次の同次函数であるならばこの結果は簡明に帰結する事を想えば，われわれは，ウィクスティドの命題をまたオイラーの定理と呼ぶことも，その経済学的意味に対する反省を怠らなければ許されるであろう．

　ウィクスティドの議論が土地以外の生産要素を資本プラス労働として一括した事は，いわば彼の考察の平面幾何学的制約であるが，これを一般的に n 種の要素に拡張する事には何等の問題が存していない，重要な論点は寧ろ次の点に存している．いまわれわれが，あらゆる生産要素の数量が一定比率だけ増加した場合，生産物もまた同一率だけ増加するという意味に於て収益不変(constant return to scale)の法則を理解するならば，彼の命題が明かにこの条件の下に成立していたという事である．そうしてわれわれが従来生産物と呼んで来た所のものが，物理的生産物であるならば，彼はこの条件の満足を自明な事と考えている．[8] しかしこの結論が，生産物を不変に保ちながら生産要素を可変的たらしめる所の要素間の代用関係を暗に前提とするものである事はいうまでもない．
所で若しこの生産物が彼の所謂 Commercial Product[9] であったならば，即ち生産物の交換価値であったならばこの命題は妥当し得るであろうか．今産出量を x としその価格を $f(x)$ とする時，商業生産物 $\psi(x)=xf(x)$ についてこの命題の妥当する条件を，彼は (1) $\psi'(x)\fallingdotseq f(x)$ 或は (2) 個々の生産者の産出量を全体の $\dfrac{1}{q}$ とする時に $f'(x)\dfrac{x}{q}$ が無視し得る事従って q が非常に大なる事と

---

[8] Wicksteed, *op. cit.*, p. 35.
[9] 彼はこれ以外に Social Product という区別を持っている．これによって彼の意味する所は支持し難い社会的の効用の量であり，そこに於て収益不変を適用するために，消費者を満足の生産に於ける生産要素と看做している．しかしこれは何等本質的な問題ではない．

に求めている．前者は今日の言葉でいえば限界収入と価格の近似性を説くものであり両者の関係は需要の弾力性を e とする時一般的に $\psi'(x)=f(x)\left(1-\dfrac{1}{e}\right)$ で表示されるのであるから，それは需要の弾力性が極めて高い事を要求するものであり，後者は一企業の産出量が価格に与える影響を無視しようとするものであり，両者は同一の一つの条件，即ち完全競争に帰着する．かくして完全競争下に於ては，物理的生産物についても商業的生産物についても，収益不変の法則が妥当するというのが彼の結論である．この点は後にわれわれの重要な論点となるであろう．

ウィクスティドは彼の Opus Magnus たる The Commonsense of Political Economy (1910 年)に於て彼の Co-ordination の議論を撤回した．この原因は，やがて見る所のパレトの批判に承服した結果に帰せられている．それにも拘らず，われわれは後にヴィクセルによって Co-ordination の立場が再び取上げられて充分な吟味を受けるのを見出すであろう．われわれの吟味もまた，それ迄差控えられる．

2 問題の展開

ウィクスティドの理論は彼の Sprachgebiet の理論家達によって注目されなかったわけではないけれども[10]，重要な反響は大陸に於て呼び起された．

Enrico Barone は，恐らく彼がウィクスティドを知る前に，即ち 1894 年迄には一般的限界生産理論に到達していたようである．[11] バローネが *Giornale degli Economisti* XII に連載し，その後 *Le Opere economiche* I に載録された有名な " Studi sulla Distribuzione " と題する一連の論文は 1896 年までは現れなかった．しかもその公表は私信に於てパレトが，バローネの分析の誤謬を指摘し，後者がそれを承服することによって，第 2 回目で停止しそれ以後はさし控えら

---

10) なおスティグラーはヴァイナーによって，注意された人物として，最も初期の従ってウィクスティド以前の理論家として，The Pure Theory of Distribution の Arthur Berry をあげている．
 G. J. Stigler : *Production and Distribution Theories*. pp. 320—323.
11) Letter to Walras Sent. 20. 1894 cf. Stigler *op. cit.* p. 357 n. 以下バローネは最初に述べた如くスティグラーによる cf. Stigler : *op. cit.* PP. 356ff
12) なおバローネ，ワルラス，パレトの関係については前掲シュルツの論文の附録に於けるワルラスからバローネへの手紙参照 Schultz : *op. cit.*, pp. 547—549.

れた.[12] この誤謬のいかなるものであったかは知られていない。しかしそれがパレトのウィクスティドやワルラスに対する公の批判と揆を一にするものであるとの推測は充分に許されるであろう。さてバローネは前記の論文に於て言っている。「その限界生産力に応じてすべての要素が報酬を受けた後には、分配されるべき要素は何物も残らない」[13] 彼はこの証明をいかに行うであろうか。まずウィクスティドの場合と殆ど同様に生産函数は、

$$P = \Phi(A, B, C, \cdots\cdots) \tag{1}$$

と置かれるが、この際注意すべきは、彼に於ては $A, B, C, \cdots\cdots$ 等のうちに企業家職能(entrepreneurship)が包含されている事である。生産を指揮し co-ordinate する活動としてもっぱら特徴づけられるバローネ的企業家職能は、他の種の労働と全く同様の分配法則の適用のもとにおかれる。さて $A, B, C\cdots\cdots P$ 等の単位価格をそれぞれ $p_a, p_b, p_c \cdots\cdots \pi$ とする。ベーム・バヴェルク的生産構造を前提して、numerio per anticipare[14] (流動資本)は生産期間 t に関して要素への総支出の $\frac{1}{e}$ であるとされる。その時この数量 F は

$$F = \frac{1}{e}(Ap_a + Bp_b + Cp_c + \cdots\cdots)t \tag{2}$$

によって示される。極小費用の条件は、利子率を z とする時、時間をも含めての生産要素の数に等しい次の方程式群によって表わされている。

$$\begin{aligned}
\pi \frac{\partial \Phi}{\partial A} &= p_a\left(1 + \frac{zt}{e}\right) \\
\pi \frac{\partial \Phi}{\partial B} &= p_b\left(1 + \frac{zt}{e}\right) \\
\pi \frac{\partial \Phi}{\partial C} &= p_c\left(1 + \frac{zt}{e}\right) \\
\pi \frac{\partial \Phi}{\partial t} &= \frac{Fz}{t}
\end{aligned} \tag{3}$$

---

13) Sopra un Libro del Wicksell (*Giornale degli Economisti* XI, reprinted in *Le Opere economiche I*). cf. Stigler: *op. cit.*, p. 357.

14) numerio per anticipare は K. Wicksell の *Über Wert, Kapital und Rente* の批評[10]に於て導入した概念である。それは本文に示した如くわれわれが通常流動資本によって理解するものと同義であり、生産期間の期首に於て労働者への前貸し、原料の購入等の為に必要とせられるものである。バローネがこれと共に導入した時間要素には、極めて興味深い理論的課題を担ふものであるが、ここではわれわれはその吟味を省略する。これもまた本稿の制約の一つである。

総生産費は
$$\pi P = Ap_a + Bp_b + Cp_c + \cdots + Fz \qquad (4)$$
方程式群 (3) に於ける $p_a, p_b, p_c \cdots$ を (4) に代入すれば，われわれは次の基本方程式を得る事が出来る．
$$P = A\frac{\partial \Phi}{\partial A}\left(1 + \frac{zt^{-1}}{e}\right) + B\left(1 + \frac{zt^{-1}}{e}\right) + \cdots + \frac{\partial \Phi}{\partial t}t \qquad (5)$$

このバローネの結果に於て現在我々が注目すべき最も重要な事はそれがオイラーの定理に基づいていないということである．

この議論は前述の如くパレトの批判によって捨てられた．しかもその Distribuzione の公表される以前に，バローネはウィクスティドの Co-ordination に対する反駁を *Economic Journal* に寄稿した．エッジワースはこの批判を称揚したけれどもその発表を拒絶した[15]．この批評はかくしてワルラスの下に廻送された．ワルラスのこの論文に対する歓迎は彼の *Eléments d'économie politique pure* 第 3 版 (1896) の第 3 附録 Note sur la réfutation de la théorie anglaise de fermage de M. Wicksteed の後半となって現れた．したがって今日に於てはバローネの議論とワルラスの議論とを明確に分離して考察する事は殆ど不可能となっている．所で 1894 年 9 月と記された上の附録の前半に於て彼は，そのリカード地代理論に関する章に於て既に一般的限界生産力理論を発見し定式化して居り，この理論の最初の建設者たる名誉は彼に帰すべきである事を主張しようとするかの如くである．この要求は彼の方程式とウィクスティドの方程式の同一性の断定の上に立っている．即ちワルラスの生産方程式の体系に於て生産費と価格との均等を示す一方程式

$$b_t p_t + b_p p_p + b_k p_k + \cdots = p_b$$

はまた次の如く示される．

$$D_b b_t p_t + D_b b_p p_p + D_b b_k p_k + \cdots = D_b p_b$$

そしてここに於て

$$b_t = \frac{A}{D_b}, \quad b_p = \frac{B}{D_b}, \cdots$$

$$\frac{\partial P}{\partial A} = p_t, \quad \frac{\partial P}{\partial B} = p_b, \cdots$$

---

15) Schultz: *op. cit.*, p. 548.

第1章　限界生産力理論の歴史的系譜　　　　　　　　　　　15

$$D_b p_b = P$$

と置く事はワルラスの用語のウィクスティド的表現であるから当然に許容せられる．一方生産係数 $b_l, b_p, b_k \cdots$ は一方程式

$$\Phi(b_l, b_p, b_k \cdots) = 0$$

によって関係せしめられこの équation de fabrication は生産函数にほかならない，それ故にウィクスティド方程式

$$P = \frac{\partial P}{\partial A}A + \frac{\partial P}{\partial B}B + \frac{\partial P}{\partial C}C + \cdots$$

は上記の関係の最初の式への代入によって直接的に導く事が出来る．これが彼の方程式とウィクスティドのそれとの同一性の主張の要旨である．然し彼がリカード理論の検討に於て示した所は，それが生産係数の固定性を前提する彼の生産方程式の中に包括し得るということであった．そして又その後生産係数が可変的であり，それが彼の所謂「製造方程式」によって関連せしめられるとは述べている．しかし生産函数の性質は分析せられず，$\frac{\partial P}{\partial A} = pt$ であるという事はその示唆すら示されていなかったように思われる．それ故に剰余としての生産要素の報酬と限界生産物としての生産要素の報酬が等しい事の証明等は勿論なされなかった．もしこれらの事にして許されるならば[16]，ワルラスは，ウィクスティド以前に於て限界生産力理論を持たなかったといわなければならないであろう．これに関連してジョウン・ロビンソンはいっている，「ワルラスの不平がましいエゴイズムは，不幸にしてウィクスティドの謙虚で率直なこころとコントラストをなしている．」[17] と．同じ附録の後半は 1895 年 10 月と日付けされ，前述の如くその成立をバローネのウィクスティド批判に負っている．そしてそこに於ては生産函数と総生産費方程式とを「生産費を極小ならしめるために微分して」周知の三つの命題を確立したのであるが，この彼の演繹の過程があまり簡略を極めた為にシュルツの批判を招き，彼の命題が成立するためには一次の同次函数としての生産函数が必要条件であると論断されたのである

---

16) この稿を草するにあたりワルラスの要論は 1900 年版以外は資料の入手が遂に不可能であった．それ故に議論がそれらの資料にかかわる限りはスティグラーによる．

17) J. Robinson: Euler's Theorem and the Problem of Distribution (*Economic Journal,* Vol. XLIV, No. 175, Sept. p. 401n.

が，後に見る如くわれわれはヴィクセルと共に，それは充分な条件ではあるが必要な条件ではないといわなければならないであろう．[18]

ウィクスティドに関する附録はその後の版では削除され，限界生産力に関する理論的考察は本文の 36 章に移されている．所が彼の死後に出版せられた 1926 年版では exhaustion-of-product を説く第三命題が抛棄されるに至っている．この変更はここでもパレトの批判に帰せられている．われわれは先にウィクスティド，バローネに於て同様の事態に当面した．この三たび回り来った問題のためには転じてパレトの限界生産力批判の吟味に移る事としよう．

随所に示された彼[19]の批判の本質は次の事実の指摘にかかわるものである．限界生産力説によって可変的生産係数の問題を解決しようとする試みは，すべての生産係数を連結せしめるただ一つの方程式を，従ってまたただ一つの生産函数を前提するものである．しかしながら現実に於ては，特定の生産要素は他の要素とは無関係に産出量と一定の関係に立ち（生産係数の固定性），或は又特

[18) ヴィクセルの検討に於て関説せられるこれらの論点は，その重要性に鑑みこの機会に於て結論的に明確ならしめて置く事が便利であろう．その為にいまわれわれもまた多くの論者と同様にヒックスの論証に依ろう．[20) 彼に於ては，当面の問題が均衡条件の一の規定にかかわるものである事が強調されている．それ故に現実の世界の考察によって議論を錯綜せしめる事は賢明でないとせられる．かくしてかかる均衡条件とは平均生産費が極小であり，それがまた販売価格に等しい事を要求する企業の均衡のそれである．生産函数及び総生産費方程式をそれぞれ次の如く置く．

$$x = f(a, b, c, \ldots\ldots)$$
$$\pi x = ap_a + bp_b + \ldots\ldots$$

後者に於ては $p_a p_b \ldots\ldots$ は要素の価格であり平均生産費 π は販売価格 p に等しい（$\pi = p$）．π を極小ならしめる為に $\frac{\partial \pi}{\partial a}, \frac{\partial \pi}{\partial b} \ldots\ldots$ 等がすべて零に等しくなくてはならない．所で

$$\begin{aligned}\frac{\partial \pi}{\partial a} &= \frac{\partial}{\partial a}\left\{\frac{1}{x}(ap_a + bp_b + \ldots\ldots)\right\} \\ &= \frac{1}{x}p_a - \frac{1}{x^2}\frac{\partial x}{\partial a}(ap_a + bp_b + \ldots\ldots) \\ &= \frac{1}{x}p_a - \frac{1}{x^2}\frac{\partial x}{\partial a}\pi x = \frac{1}{x}\left(p_a - \frac{\partial x}{\partial a}\pi\right) = 0\end{aligned}$$

それ故に
$$p_a = \frac{\partial x}{\partial a}\pi - \frac{\partial x}{\partial a}p. \quad \text{他の要素に対しても同様．}$$

これと総生産費方程式から
$$x = a\frac{\partial x'}{\partial a} + p\frac{\partial x}{\partial b} + \ldots\ldots$$

かくして「収益コンスタント」の想定から独立に，求める命題を証明する事が出来た．必要な仮定は，各の企業がその平均生産費を極小ならしめる規模に於て産出量を生産しつつある事である．

19) Cours, *Anwendungen der Mathematik auf Nationalökonomie* の有名な主張の外にも，例えば現在われわれの手許にある Manuel についても，その P. 328, P. 636 等参照．

20) J. R. Hicks: *The Theory of Wages*, 1932, Appendix (1), pp. 233ff.

定要素相互間に一義的な関係を保っている．従って生産係数は二つ以上の函数によって連結せられなければならず，産出量 P は例えば次の如くにして表現せられる．$P=F_1(A, B, C, \cdots\cdots)$, $P=F_2(R, S, T, \cdots\cdots)$ 二つの函数は共に同一の P に関係するが故に生産要素 $A, B, C, \cdots\cdots$ と R, S, T との間には何等かの関係が存在しなくてはならない．それ故に例えば A は R の函数であるかも知れないから $\frac{\partial P}{\partial A}$ は一般的には意義を喪失し，従ってまた F_1 が一次の同次函数であれば直ちに

$$P=\frac{\partial F_1}{\partial A}A+\frac{\partial F_1}{\partial B}\cdot B+\cdots\cdots$$

が導出される事はいうまでもないが，

$$P=\frac{\partial P}{\partial A}A+\frac{\partial P}{\partial B}B+\cdots\cdots$$

は全く無意味となる．かくしてパレトの批判は「独立変数でない数量を独立変数として取扱う」事の誤謬の指摘に帰着するように思われる．[21] レオン・ワルラスはこの批判に応えようとして，彼が生産の摸索(tâtonnements)の全過程に於て産出量は常に特別の仕方で決定され，生産係数決定の問題に際して未知数としてではなく既知数として取扱われた事を指摘し，このことから産出量と生産係数の積としての生産要素の数量は，生産係数と同様に独立変数である事を主張している．[22] 然しながらパレトの反駁は生産の摸索などとは何の関係もない事はいうまでもない．勿論生産係数がただ一つの方程式によってその関係を表示されるならば，生産要素の数量は生産係数と同様に独立変数であろう．しかし問題はこのようなただ一つのみの函数関係が許されるか否かにある．いいかえれば，生産係数も生産要素の数量も共に従属変数となる条件の吟味にかかっているのである．

われわれは以上のパレトの批判に対しては一応次の如く答えようと思う．限

---

[21] Schultz: *op., cit.* p. 550. なおパレトの生産力批判に関連してヒックスとシュルツの論争 Hicks: *Marginal Productivity and the Principle of Variation.* Schultz: *Marginal Productivity and the Lausanne School. A Reply* Hicks: *A Ryoindei* (*Economica*, Vol. XII) 参照．更に cf. Georgescu-Roegen: *Fixed Coefficients of Production and Marginal Productivity Theory.* (*Review of Economic Studies*, Vol. III, No. 1. 1935 Oct.)

[22] 12) に述べたワルラスからバローネへの手紙参照，この趣旨は 1926 年版に繰返される．

界生産力理論は現実に対する第一次接近であるが故に，理論のこの段階に於ては現実のすべての場合を尽す事は，恰もパレト自身の無差別曲線の構成と同じく，当然に不可能である．そしてまたもし二つの要素が何らかの函数的関係に立つならば，その組合せは一つの技術的与件を構成するものとして一括出来るであろう．かかるものとしてそれ等は単一の生産要素として取扱う事が許される．それらの間に報酬が分割される法則については，経済理論は関心も抱かなければ能力もないであろう．[23]

3 問題の綜合

最後にわれわれはヴィクセルを取上げる．ヴィクセルは 1900 年 *Ekonomisk Tidskrift* 誌上の長論文 Om gränsproduktiviteten sansom grundval för dennationalekonomiska fördelningen（国民経済的分配の基礎としての限界生産力について）に於て，限界生産力理論の最初の定式化の功績をウィクスティドの co-ordination に帰している．そしてワルラスの生産理論の中に，既にウィクスティドの理論は包含されていることを承認しつつも，彼の論証がウィクスティドの如く一次の同次函数としての生産函数の制約から自由であると考える事が誤りであることを指摘している．「ワルラスは彼の説明に於て，利潤は独占が存在しない限りは競争によって連続的に減退すると思っている．しかしこの想定は生産物の数量が生産の規模に比例的であるという条件を含んでいる．もしそうでないならば，従って例えば大規模生産が小規模のそれよりも相対的に有利であるならば，利潤は消滅し得ないし減少する傾向にすらあり得ない」．[24] 彼は 1902 年の前述誌上の Till fördelningsproblemet（分配の問題について）に於て，同一の主旨を繰返しつつ更に一つの論点を附加した．即ちかつて彼は，すべての産業は交替的に収益逓増，不変，逓減の法則のいずれかに従うものと考えていたが，ここに於てはこの三つの法則を相互に排他的な交替関係に於て見ずに，一企業の正常な費用曲線の異なれる段階と考えるに至った．企業は先ず，収益逓

---

23) Stigler : *op. cit.*, pp. 366ff.
24) Wicksell : *op. cit.*, cf, Stigler : *op. cit.*, p. 375.

増の法則に従いやがて逓減の法則に従う．まさに逓増から逓減に移行する点に於て瞬間的に収益不変の状態が生ずるが故に，限界生産力理論はこの点に於て妥当することになる．この考察は後の Lectures on Political Economy に於て詳細な展開を遂げる．即ち労働者が同時に企業家であることを前提して exhaustion-of-product の成立する条件は[25]，選択的に次の二つに依存する．第一は，大規模生産も小規模生産も等しく生産的であり，従って生産要素の総てが同時に同一の比率で変化した時に，全生産物も又正確に同一率だけ変化すること，いいかえれば一次の同次函数としての生産函数が前提せられることである．念のためにいうならばここでの考察は各々の企業の連続的産出量に対する設備の規模の調節に関する長期的現象である．ところで上のような条件を満足する生産函数の一つは，$\alpha\beta$ を一定の分数とし $\alpha+\beta=1$ なる時 $P=A^\alpha B^\beta$ によってあたえられる．もしこの P が同一の形を保ちながら $\alpha+\beta>1$ 即ち一次より高次の同次函数であった場合

$$A\frac{\partial P}{\partial A}+B\frac{\partial P}{\partial B}>P$$

が成立する．いいかえれば企業はこの時生産規模が大きければ大きい程生産的であり，限界生産力に従う報酬は全産出量を超過することとなる．かかる状態に於ては大規模企業はよりよい条件で生産要素を雇傭し，小規模生産者は負の利潤によってのみ大規模生産と競争することが出来るであろう．即ち競争はかかる小規模生産者を排除してしまうのである．いいかえれば，その完全な能力に於て使用され得ないところの分割不可能な生産要素の存在に基づく大規模経済の現象は，あらゆる要素の等しい比例的増加が生産物の比例以上の増加を招くという意味に於ての収益逓増の支配を許容する条件である．[26] それ故にもし企業が長期的にかかる条件下に置かれたとすると短期均衡の成立した産出量に於ても長期限界費用は価格より小さいであろう．[27] それ故産出量の変化が，市

---

25) Wicksell: *Lectures*, Vol. I, pp. 126ff.
26) cf. J. Robinson: *The Economics of Imperfect Competition*, Appendix. Increasing and Decreasing Returns.
27) cf. J. Viner: Cost Curves and Supply Curves (*Zeitschrift für Nationalökonomie*, Bd. III, Heft 1) p. 37. 以下長期費用曲線の概念は暫くヴァイナーによる．その詳細な考察は別の機会に譲られる．

場価格に何の影響をもあたえないとすれば，企業はますますその規模を拡張しつづけるであろう．かくしてその企業の活動が価格に極めて顕著な影響を与えることになれば，もはやわれわれは完全競争の世界を去って，独占の領域に一歩踏入れることになる．しかも企業はその時に於ても，長期限界収入が長期限界費用より大なる限りはその規模を拡張し，その産出量を増加しつづけるであろう．このようにして，その全長を通じて逓降的な平均費用曲線を取扱うところの今のわれわれの考察の場合が完全競争の条件と両立し得ないことが証明される．

逆に $\alpha+\beta<1$ の場合に於ては企業はその規模が小なる程有利であり，

$$A\frac{\partial P}{\partial A}+B\frac{\partial P}{\partial B}<P$$

が成立する．企業は必然的に利潤を獲得し，まさにその故に総ての人が企業家たらんとし企業は窮極の不可分な単位に至るまで分割されるであろう．

しかしながら収益が企業の規模から独立であるというこの限界生産力説のための第一条件は一般的に満足せしめられるには余りにも制約されたものである．企業の操業規模は殆ど常にその平均費用に影響を及ぼすが故である．しかもかかる平均費用の影響はもとより同一ではあり得ない．それ故に第二の条件が現れる．

第二の条件はより包括的である．すべての生産企業が，それ以上規模を拡張する事が何等の利益を伴わないような限界に到達していることが即ちそれである．ここでもいうまでもなく長期的観察が要求される．さて企業は産出量の特定点までは大規模生産による収益逓増の傾向を示すであろう．もしもこの傾向が依然として継続するならば，前述の如く長期的平均費用は逓減し競争的均衡は不可能となる．しかしやがて特定の産出量を超える事によって，「より大なる領域が原料補助材料の入手乃至生産物の販売のために利用されなくてはならない時に遭遇する所の費用増加が集中化の利益によって償われなく」なり[28]，収益逓減の世界へ移って行く．かかる費用条件が置かれる企業の行動の原理は生

---

28) Wicksell, *op. cit.*, p. 129.

第1章 限界生産力理論の歴史的系譜

産費極小の条件でなければならない．その条件

$$\frac{\frac{\partial P}{\partial a}}{p_a} = \frac{\frac{\partial P}{\partial b}}{p_b} = \cdots\cdots$$

を k と置けば，k が1より大なる時は生産要素はその限界生産力に応じて報酬を受けてもなお利潤が存在し，完全競争が作用しつづけるならば新しき企業がその産業に流入するであろう．かくして完全なる均衡は $k=1$ なる点に於て，利潤消滅と共に或は正常利潤零の実現と共に確立し[29]，それに於ては

$$P = A\frac{\partial P}{\partial A} + B\frac{\partial P}{\partial B} + \cdots\cdots$$

となり，exhaustion-of-product の問題は充分な解決を受ける事となる．かくしてヴィクセルは完全競争の圧力に基づく長期的均衡点に於て収益不変の法則が支配する事を主張した事になる．

われわれはこのヴィクセルの解決と関連してなお一つの事を吟味して置かなくてはならないであろう．即ちヴィクセルによってこのように強調された完全競争の条件は収益不変の法則と如何なる関連に立つのであろうか．われわれが先にウィクスティードの検討以来理解した如き意味に於ては収益不変の法則は，企業の生産の規模の如何を問わず成立するものであり，その際平均費用もまた不変でなければならなかった．かくして長期に於て生産規模の大小が平均費用に影響を及ぼさないものとすれば，それはまた，それぞれの規模に応ずる短期平均費用曲線の最小点を連続的に貫く長期平均費用曲線が水平線となる事を意味している．産出量の如何に拘らず平均費用が不変であれば，平均費用と限界費用とは常に同一であるから，この水平線は同時に個々の企業に於ける長期供給曲線と看做し得る．[30] 従ってこの不変な長期平均費用が価格よりも大であれば企業はその価格の下では一般に操業を欲する事なく，価格に等しければ任意の産出量を生産する事が出来て企業の産出量は決定を見る事なく，最後に価格より小であれば，もはや価格の如何を問わず無制限の数量を生産するであろう．

---

29) Robiscon: *op. cit.*, p. 92.
30) Viner: *op. cit.*, p. 33.

かくして産業の内部に於けるそれぞれの企業の費用条件が斉一でないならば，最小費用の企業が産業全体を独占するに至るであろう．もし費用条件が斉一であれば産業としての供給曲線は不定となる．所で価格と平均生産費とが一致している場合，一企業がその産出量を拡張して，その産業に於ける産出量を支配し得るに至れば，価格曲線たる平均収入曲線は既に水平線ではなく，限界収入曲線は平均収入曲線の下方に存する事となろう．更にこの場合費用逓増に従う生産要素の介入があれば，限界費用曲線は，既にこれまた水平線たる事をやめた平均費用曲線の上方に存するであろう．これらの事態は相俟って企業の拡張を停止せしめる事となる．しかもかかる経過は決して特定一企業に限られず，他の企業によっても同様に辿られるであろう．かくして一般的に価格は下落し費用は騰貴する．従って長期に於ては過剰生産の不断の傾向が存在しつつ，他方それに伴う損失への反動として過小生産が現象する．いまや，過剰生産と過小生産の循環的変動が発生し，現実の価格と産出量は極めて不安定となる．

さて上に於てわれわれは収益不変の事態を追求しつつ，その帰結を完全競争の条件を捨て去る事に於て導出した．しかしウィクスティドやヴィクセルによってあのように強調された完全競争の条件は果してこれを維持しつづけるならば，企業の長期的均衡は決定し得ないのであろうか．若し然りとすれば限界生産力理論にはいかなる運命が待っているのであろうか．われわれは再び立ちかえって従来の考察に総括的反省を加えながら，この問題への何らかの光明を求めようと思う．それはまた同時に限界生産力理論に於ける exhaustion-of-product の命題の経済学的意味を更に少しく掘り下げる事を意味するであろう．

4 結論的覚書

限界生産力理論の歴史に於いてオイラーの名と結びつけられる所の exhaustion-of-product の命題は，その演繹の前提として，一次の同次函数としての生産函数を想定する事は充分な条件ではあるが，決して必要な条件ではなく，若しも長期平均生産費曲線が少くとも一つの極少点を持つ事を許すならばその点に於て問題の命題が完全に成立し得る事は既に一般的な確認を見たが如くであ

り，以上に於けるわれわれの歴史的考察もまた，時に応じてこれらの事を明確に指摘する事を怠らなかった筈である．しかしこのように理論の類型が二つに分類し得るとすれば，そこにはいかなる経済学的意味が潜められているのであろうか．われわれはまず考察の出発点として企業の性格の分析を取上げる．[31]

考察はまさしく長期均衡にかかわっている．従って一切の生産要素の数量は企業の意志の選択の結果として横たわり，自然的制約による以外にいかなる固定性[32]をもそこに想定する事は許されない．長期に於ける企業の均衡に於いて固定せられた生産要素が存するとすれば，われわれはその固定性を与件として受入れるべきではなく，そのような固定性の現実化した由来を説明しなければならないであろう．所で一方に於て，企業の最適規模の決定は完全競争の下に於ては逓昇的な費用曲線の存在にかかわっている．この事はわれわれの前述した考察からも容易に示唆されるであろう．短期均衡に於ては，生産要素の代用の弾力性が無限大より小なる事換言すれば，二種以上の生産要素の存在に基づく収穫逓減の法則によって，われわれは容易にこの要請に応える事が出来る．しかし長期に於ては生産要素の一切について収穫逓減の法則を考える事が出来ない以上，この条件は簡単に満足せしめられうるものではない．われわれがそこで決定し得るのは生産要素の結合に於ける最適の比率だけであってその絶対的大きさでないと云わなければならない事になる．それ故に最適規模の絶対的大きさを決定するためには，生産函数を構成する要素の少くとも一つについて，自然的制限によるのでなく生産函数の特殊な性格によって企業にとってのその供給が固定せられたところのものを見出す必要が存するであろう．

われわれはかかる事態に直面して，バローネに於て若干触れられた生産要素としての企業家職能（entrepreneurship）を想起する．生産要素としての entre-

---

31) 以下の分析については cf. N. Kaldor : The Equilibriumn of the Firm (*Economic Journal*, Vol. XLIV, No. 173. Mar. 1934).
32) 固定性と分割不可能性とは混同されてはならない．ここではそれらの区別は費用との連関に於いて，一応次の如きものとして観念せられる．費用の構成因子となるのは，その供給が固定されていない分割不可能な要素への支出だけである．分割不可能で同時に固定性を持つ要素は費用の構成因子とはならず，他の要素の能率を変化せしめる事によって費用に影響する．他方固定されてはいるが分割可能な要素は，費用が逓減する時はそれに影響を及ぼさず費用が逓増し始めるに及んで始めて費用に影響する．

preneurship は必ずしも一義的な理解をわれわれに与えるものではないが，その内含する意味を摸索しつつ一応次の如く述べる事は許されるであろう．企業の経営は，既に締結された契約が実行されているか否かにかかわる supervision と，他方如何なる契約を締結すべきかに就いての決意にかかわる所の，いいかえれば与件の配置に対して調整の役割を担当する co-ordination とを必要としている．前者の能力は確に分割不可能ではあろうが，しかし他の生産要素と同時に例えばフォアマンを増加して，産出量に同一比率の変化を与える事は不可能ではないであろう．しかし後者については事情は異なっている．種々の用途への資源の配分や与件の連続的変化に対応する生産の調節にあたっては，一切の決意が過去と将来を考慮しつつ，ただ一箇の頭脳を通じて行われる．それ故に単なる経営のルーティンな運転とは異なる所の重要な決断は，常に本来の企業家の為に保留されなくてはならない．かくして co-ordination は supervision と異なり分業の原理を貫き得ないという重要な差異を持って来る．そうしてこのような co-ordination の能力の供給こそは個々の企業にとってまさに固定せられた要素であると考える事は出来ないであろうか．それは企業に固有な要素であり，企業と共に立ち共に倒れるものでなければならない．この事にして許されるならば，一単位の co-ordination の能力を持った生産的結合という表現こそ最もふさわしい企業の定義となるであろう．かくてわれわれは完全競争下に於て企業の長期均衡を可能ならしめる逓昇的な費用曲線を構成し，その最適規模を決定するための極めて満足すべき因子を獲得したかの如く思われる．しかし実はまさしく反対にわれわれは再び重要な困難に逢着しているのであるが，それに立入る前に以上の考察から若干の帰結を導いて置こう．われわれは先にバローネの entrepreneurship がこの co-ordination に専らかかわるものである事を極めて簡単に触れて来た．この簡単な言及を右のカルダーによるわれわれの考察を以て補充する事が出来るとすれば，生産函数が一次の同次函数である事を必要とせず，平均生産費曲線の極小点に限界生産力の命題を結合するバローネ，ワルラス，ヒックス的な解決が前提した経済社会はかかる企業によって構成されていたといい得るであろう．この点は更に次の如き補説によって多少

の明瞭さを加えるであろう．われわれは先に entrepreneurship の規定に於てそれをひたすら co-ordination とのみ関連せしめて考察した．このような考察はしかしながら極めて一面的ではないであろうか．何故ならわれわれは最も重要な entrepreneurship の一つとして危険乃至不確実性の負担 (risk or uncertainty bearing) を挙げ得るのにこの機能は殆ど完全に無視されていたのであるから．いうまでもなくここには未解決の難問が蔵されている．われわれは一応次の事実の指摘に甘んじなくてはならない．[33] 第一に不確実性負担に於て，いかなる事が理解せられるにせよひとたび不確実性の導入せられた社会に於ては分配理論はその面貌を一新し，もはや生産要素としての企業家について語る事は不可能となるであろう．[34] 将来に対する期待が一切の経済活動の決定に基本的な役割を演ずる事となる．従ってこの方向へ限界生産力理論を拡充しようとすれば，期待の理論との結合が切実に要望せられる事となる．しかも理論のこの分野はなお星雲の状態にとどまっている．かくして兎も角確定し得ることは，企業家がその co-ordination の能力のみをひたすらに発揮して不確実性は何等負担しないような経済の想定に於て，パローネ的世界が展開されて来るという点に存するように思われる．

さてわれわれは企業の長期均衡に一義的決定性を与えるものとして固定せられた生産要素 entrepreneurship の概念を導入しながら，なおそこに重大な困難が横たわっていると述べて置いた．それはこの概念が本来能動的要因である事である．即ち co-ordination の能力は，企業経営にとっての調整が必要な限りに於て，従って企業が均衡にではなく，まさに不均衡に置かれた場合に於て要求される．そうして与件の特定の配置に対する継続的な調整の後には，この能力を要求する課題は減じ，一定の能力が有効に経営し得る事業の数量は増加するであろう．これが極限まですすめば，経営の事業は単なる supervision に転

---

33) 若し企業にとってその供給の固定性という点を前面に出すならば，株式会社の発達と共に危険負担が多くのひとびとに広汎化され，資本の調達も個人所有の限界を遙に越え得るに至った事実の指摘によって，危険乃至不確実性の負担としての企業家職能を，われわれの問題の条件を満足しないものとして考慮の外に置く事も出来るであろう．カルダーはこの方向を取る．

34) F. H. Knight: *Risk, Uncertainty and Profit* 以来のこの方面の理論とわれわれの行論との関連を，充分に検討する機会は別に求められるであろう．

化し co-ordinarion の能力はもはやその稀少性を喪失するに至ると推定出来よう．われわれはここで長期に於ける企業の唯一の固定的要素が消滅する極限状態に当面しなければならない．[36] この状態の下に於ては費用は産出量の増大と共に逓増する事はないであろう．他方技術的過程が完全に分割可能であり従って大規模経済が存在しないとすれば，収益不変の法則が実現し，生産函数の一次同次性を想定する事は何等重要な反対に逢着しない事になる．しかもかかる事態が完全競争の前提に於ては決して企業の最適規模を決定する所以でない事は先にわれわれの吟味した所であった．かくて企業の最適規模に一義性と決定性とを与えるために呼びいれられた entrepreneurship も，完全競争の条件の下に於ては，その解決を期待された課題の負荷に能く堪え得るものでないと判定せらるべきではなかろうか．それは根本的には，生産函数によって与えられず，均衡から独立せず，まさに均衡問題それ自身の一部を形成しているのである．

完全競争の世界に訣別し，あらたに不完全競争の世界に於ける限界生産力理論の帰趨を探る事は，われわれを錯綜した問題の中に導いて行く．[37] この機会に於ては極めて一般的な次の叙述に甘んじなければならない．

完全競争下に於ては先にウィクスティドと共に見た如く，生産物の物理的単位に就いて述べられた処を，ただちに移して価値単位に拡張する事が出来た．しかし不完全競争下に於ける限界生産説は，その生産物は価値に於て (in terms of value) その生産要素は費用支出に於て (in terms of outlay) 表現された数量として考慮されなければならない．従って生産要素の価値に於ける限界生産力は，その物理的生産物に価格を乗じたものではなく，物理的生産物に対し企業にとっての限界収入を乗じたもの（これを仮に限界価値生産物と呼ぶ）として，従って両者の差異は価格と限界収入の比率に対応するものとして理解せら

---

35) このようにして収益不変の状態を一つの極限状態として把握する事は，ヒックスがその「価値と資本」に於て生産理論のリグレッションを解明する時に採用した立場である[36]．彼がそこで fixed productive opportunity と呼ぶ所は，長期に於ては全くわれわれの entrepreneurship と同一のものである．その際ヒックスは彼の旧著「賃銀の理論」が他の多くの論者と共にこの状態を極限状態としてではなく標準状態と見ていた事を指摘している．

36) Hicks: *Value and Capital.* P. 45n.

37) cf. Robinson. *Eurer's Theorem and the Problem of Distribution above mentioned.*

れなければならない．他方賃銀は労働の供給価格に等しくそれはわれわれの新しき条件の下では労働の限界費用より小であり，企業は要素の限界価値生産物をこの限界費用と等しからしめるであろう．かくして収益不変の条件は，雇傭されたあらゆる要素への費用支出の一定の比例的増加が，産出量の価値に於ける同一率の増加を導く時に確保される．そして要素への支出の一定の比例的増加は，要素の数量の同一比率の増加ではなくこの比率に平均費用と限界費用との比率を乗じた率だけの増加を齎すであろう．（後者は前者より小である．）そしてその場合賃銀は要素の物理的単位についての限界価値生産物とは等しくないが，費用支出単位当りの限界価値生産物と等しくなるであろう．

　限界生産力理論の学説史的検討は，以上に於て極めて不満足ながら一応の終結を与えられる．特殊的な賃銀の理論はあらためてかかる基礎の上に建設せられるべきであろう．そして近代雇傭理論との関係に於ては実質賃銀よりも貨幣賃銀の解明が企てられるべきであり，それは本来的には貨幣の導入によって動態の世界にかかわるものであり，貨幣的生産理論との緊密化が要望せられる．そして又他方に於ては団体契約や国家規制は不完全競争の理論の展開と歩調を共にすべきであろう．これらの問題は恰もわれわれが，その入口に於て検討を別の機会に委ねたものである．それ故残された問題は重要にして困難なるものである．それらの解決に向って旅装を整えるひとびとのために，これらの貧しき文字が，多かれ少なかれ参考に供せられるならば，それは筆者にとって望外の幸である．

第2章 ケインズ経済学における問題の所在

1

今日ケインズについて語ることは,その「雇傭・利子及び貨幣の一般理論」(1936年)に於ける問題提起の永続的意味を認識することである.熱烈な待望のうちに世に送り出されて以来,論争と批判のうちに経過した10ヵ年の歳月は,この書をめぐる熱狂が,明日の冷却を約束する一時的沸騰ではなくして,着実に前進する一つの力であることを実証した.公刊後まもなく正統的教義の深く根ざしたオックスフォードやロンドンの学園の中に,やがては巨匠ピグーの指導するケンブリッジの中にすら滲透して行ったこの異端の書は,これを福音書と仰ぐ一団のひとびとを生み出すに至った.シュンペーターが経済学の歴史においてただ二つの類似が,すなわちケネーを囲むフィジオクラットと他方マルクシストとが,存在するのみであると評した「ケインズ学派」がかくして結集されたのである.[1] それは一人の師と一箇の教説とを奉じ,使徒と亜流とを持ち,合言葉と秘伝とを備え,啓蒙と宣伝に従事しつつ幾多のシンパサイザーを周辺に群がらしめる強固な社会的存在であった.いつしかひとは「ケインズ革命」という言葉さえ口にするようになったのである.[2]

然らばケインズ学派とはいかなる存在であり,ケインズ革命とはいかなる事態を意味するか.差当り経済理論のポジティヴな側面において「一般理論」が何を齎したかは,古典的正統的理論と,このいわゆる非ユークリッド経済学とを対比しつつ,それらを共に特殊理論として包含するさらに一般的な理論を建設しようとする優れた理論家の営みの中に最も鋭く示されているであろう.[3] ケ

---

1) J. A. Schumpeter: John Maynard Keynes (*American Economic Review*, 1946) 参照.
2) 米国においてこの言葉を標題に冠する書が近刊を予定されている.すなわち Klein: *Keynesian Revolution*.
3) Meade, Harrod, Hicks, Lange, Samuelson, Smithies 等の論考をいう.最後の二人は Samuelson: The Stability of Equilibrium (*Econometrica*, 1941—2); Smithies: Process Analysis and Equilibrium Analysis (*Econometrica*, 1942).

インズ自身が彼の業績の真実の理論的意味をこれらの学者の明快な分析によって始めて理解しえたと主張することも，あるいは許されていいかも知れない。[4]
われわれもまたこれらの方向に理論的には極めて生産的な稔りを期待するものである．しかしそれは飽くまでも分析の基礎的構造に関わる抽象的側面であり，ケインズ学派とかケインズ革命とか云われる具体的事実の持ついわば社会学的意味を明かにするには充分ではない．一般的にいって内在的論理の展開がいかに精緻と峻厳とを極めようとも，論理そのものが狂熱の時代を劃することはあり得るものではなく，それは論理の運営の中に包含された特定の主張の社会的機能に基づくものである．従って「一般理論」が単なる専門の学問的サークルに跼蹐されない広汎な社会的反響を生み，時に過激派，反資本主義などのイデオロギー的側面が前面に強調せられる場合には，問題は理論的装置の特異な構成そのものに存するのではなく，寧ろかかる装置を駆使して診断を下された現代経済社会の危機的様相にあり，そのために示唆された実践的方策にあったのであり，さらにかかる診断と方策とを支える限りにおいての理論の社会学的側面にあったのである．以下においてはケインズ経済学のかかる特徴が現代社会における問題の所在のいかなる把握の上に立脚するものであるか，さらにかかる把握の視座を実践的帰結に結ぶ概念的機構はいかなるものであるか，総じてそれらはいかなる思想史的意味を有するかについて，解答の一つの方向を採ろうとする試みである．完全な解答はケインズ学派の動向に関する詳細な資料が蒐集困難な現状においては果し得ない課題に属している．従って以下の試みもケインズ革命の大きな謎を解くためには，いまだ予備的な摸索の域を脱しえないものである．

2

ソヴェート・ロシヤを観察した西欧のエトランジェにとって，ほとんど共通した一つの感慨が存するようである．それは共鳴するにせよ反撥するにせよそこに新しき宗教を発見することであり，さらにかかる宗教的信条の統治(Credo-

---

4) Samuelson: Lord Keynes and the General Theory (*Econometrica*, 1946) 参照．

cracy)を認めることである．ケインズもその例外ではありえなかった．しかし彼が新しき信条のうちに盛った具体的内容は極めて特異なものであり，われわれにはそれが極めて特徴的であるだけにかえって彼が現代社会における基本的な問題の所在をどこに見出すかを知る上に実に恰好な手掛りとなるのである．ケインズによればレーニン主義の積極的評価は次の点に存しなければならない．すなわち宗教とビジネスとの結合である．[5] 思うにわれわれの時代のモラルの問題は貨幣をめぐる問題であり，現実生活のほとんどすべてが貨幣動機への訴えにかかわっている．そうして主体的自主性を備えた独立的個人であるための主要な努力は，私人の経済的安全性への追求であり，その家族及び将来のために必要な準備の基礎として，個人的イニシアティヴの肯定の上に立った貯蓄の営みである．そして又その職業倫理においても，ビジネスの世界において money-making に携ることは，それ自身として社会的是認の対象であり，学問，教育，芸術に生涯を捧げることと同一の資格において尊敬に値いし選択の対象となりうるものである．かくして Love of Money とその社会的機能の合成とは独立した一箇の経済的世界を形成し，それは生活水準の連続的上昇の希望をもって，ひとびとに経済的パラダイスの薔薇色の約束を懐かしめていたのである．しかもこの経済的世界が人間と人間との内面的結合を欠如し，まさにその意味に全く非宗教的であったとすれば，右の事態は宗教とビジネスとを精神の全く別箇の区劃に分住せしめることを意味するのである．しかし経験はかかるパラダイスへの懐疑を育成した．どこかにあるであろうところの，あるいは将来の進歩の極限として訪れるであろうところの「神の国」を信じない精神にとっては，「神の国」は現在いま此の処に存するか，もしくは全然そのようなものは「無」であるかでなくてはならない．換言するならば経済的世界の「進歩」になんら道徳的目的が内在しないならば，物質的利益のために道徳を犠牲にすることはバランスの取れないことではなかろうか．かくてビジネスと宗教とを別箇の区劃に保つことは，もはや容易な肯定の対象たりえない．宗教が「貨幣」と云う現実的関心に対する倫理的交渉の資格を喪失し尽したままに放置する事には堪えられな

---

5) Keynes: A Short View of Russia (in *Essays in Persuation*).

いのである．ロシヤ共産主義が大きな好奇の対象となるのは，かくのごとく思索するひとびとに取ってである．それは「貨幣」に対する思惟と感情とを革命して時代の理想の具体的表現となろうとする．それは経済的行為に影響するものとしての貨幣的動機がその相対的重要性を失い社会的是認の方向は従来と全く異った配置を受け，かつて正常であり尊敬に値いした行為が，正常でもなく尊敬に値いするものでもなくなるところの社会的建築を設計しようと試みるものである．そして最も敬重すべき市民的美徳であった貯蓄や節倹，従ってまたこれによる財政的堅実を通じての個人及び家族の独立性の達成は，道徳的に誤謬であるとは判定されないまでも非常に困難なこととなる．ひとはその私的領域を滅却して「社会」のために労働しなければならない．その時社会は彼を支持するであろう．ケインズがロシヤ共産主義＝レーニン主義の精神のなかに見出した基本的特徴としての「ビジネスと宗教との結合」の意味を，彼の断片的表現を綴り合わせてその理路を辿る時に，大略以上のごときものであろう．

さて以上に示されたケインズの観察は，近代西欧の経済的モラル，すなわち所謂「資本主義の精神」の体系的評価を，あるいはレーニン主義＝ロシヤ共産主義の綜合的把握とその歴史的批判とを意図するものではなく，従ってそれらについては多くのことが欠語のままに伏せられてはいるけれども，次の点だけは疑うべくもないであろう．彼の問題の関心が貨幣愛や貯蓄性向といった近代市民生活の日常的なしかし基本的な事実の社会的機能にかかわるものであり，彼が西欧の経済社会において早晩解決を迫られていると見るのはこれらの問題の単に技術的にとどまらない倫理的心理的処置であり，レーニン主義に共鳴を見出すのも，それがこの問題にともかく一応の態度決定を明確に示した限りに於てであるということである．ソヴェート・ロシヤは，彼が平生抱懐していた現代社会の問題の所在をはっきりと呈示するための素材たるにとどまったのである．しかし現代社会における貨幣愛や貯蓄性向の社会的機能に疑いを抱くものにして始めてレーニン主義の本質をこの点に関する革命的理想の設定に求めることが可能であり，そうしてその限りにおいて共鳴することが可能であったのである．これらの市民的美徳と看做されてきたものに対し一点の疑念をもさし

はさむことのない市民社会の安住者が，このような見解に到達することは決して予想出来ないところであり，ソヴェート・ロシヤのこの側面にはただ反撥と誹謗とのみ知っていたであろう．いま，問題をさらに明確にするために若干の補足を附加して見よう．近代市民社会乃至資本主義の精神史的起源をプロテスタンティズムあるいはさらに狭くカルヴィニズムの中に求める試みはマックス・ウェーバーの古典的業績と共に周知のことに属するであろう．それによれば近代社会の特質たる合理的資本形成とその高度化とを結果する心的特性は，当初に於ては強烈な禁欲の精神によって，それも市民の職業生活から隔離した僧房の中の禁欲などではなく，市民的社会の只中における世俗内的禁欲の精神によって，支持せられたものであり，享楽に力を尽くして反対し奢侈を抑圧する肉欲との闘争の中に育成されたのである．ところが禁欲は常に善をもとめつつ同時に悪を行う力であった．なぜなら，ウェズリーもいったように「富の増加するところでは宗教の実質はいつも減少した」からである．宗教は当然に勤勉と節倹とを生み，この二つは必然的に富を増加せしめる．そして富の増加と共に，傲慢と情欲と現世愛もあらゆる形で増大する．そして，ただ「いつでも脱ぐことの出来る薄い外衣」(バクスター) のごとくにのみ配慮されなければならなかった「現世の外物」は，堅固な外枠として人間を終には抑圧するに至る．かくして勝利を遂げた資本主義が機械的基礎の上に定着して以後は，もはや世俗内的禁欲の職業倫理は単なる亡霊となるのである．以上において，ひとは当然に禁欲的倫理の堕落の過程，市民的世俗の中に躍動していた精神の亡霊化の過程に大きな関心を繫ぐかも知れない．しかしいまのわれわれにとっての問題は，寧ろ勤勉と節倹とが，必然的に富を増大せしめると考えられていた事実である．ウェズリーの歎息は，富の増大そのものに置かれたのではなく，富は必然的に増大するが故に，それに必然的に伴う勤勉と節倹との反対物傲慢，情欲，現世案に向けられていたのである．従って堕落と亡霊化の過程がどのようなものであっても，勤勉と節約とは合理的資本形成とその高度化とを押し進め，増大する富のためのいわば精神的生産力の担当者であることには変りはない．換言するならば貯蓄性向はその動機はともかくとして直ちに生産力と結合せられて，経済

的パラダイスを指向する重要な機能を営むと考えられている．節倹の美徳と物質的生産力とのこの直接的結合が懐疑の対象とならない限りは，生産力の向上のために市民的徳性に活力を賦与することは，すなわちその亡霊化を歎き堕落から救済しようとする試みは，ビジネスの世界にとっても適切な意味を持ちうるであろう．アルフレッド・マーシャルの「企業に於ける騎士道」もこの種のものではなかろうか．しかし資本主義は歴史的経過においてそのアキレスの腱をはっきりと露呈した．恐慌と失業の深刻な体験の中において，この最も顕著な生産力の浪費の中において，富の増大と節約の美徳の直接的結合の信念は動揺せずには済まないであろう．後者は，予備，深慮，向上，独立自尊などのもろもろの市民的徳性と共に，社会的是認の対象からあらためて「問題」の対象となるであろう．しかし後述のごとく，これらのことが問題にされたのは異端の間においてに過ぎなかった．ケインズはこの異端の系譜を意識的に取上げ，Love of Money の社会的機能を検討し，「一般理論」の体系を造り上げるのである．

3

伝統的経済理論は以上のごとき倫理的状況に全く適合的なものであった．資本はアダム・スミスにおいて節倹によって増加し，浪費と不始末とによって減少した．アルフレッド・マーシャルにあっても，貯蓄とは，購入した労働及び商品を将来における享楽の手段を得ようと期待する富の生産に投ずることであった．これらはいずれも，資本としての富の生産の拡大が消費を節する個人の行動に必然的に由来することを語る以外の何ものでもないであろう．かくして美徳としての節約への頌は一貫して市民的経済学を灌漑したイデオロギーであり，シュンペーターの表現を借りるならば，貯蓄はまさに「市民的経済学の最後の支柱」であったのである．さて消費の縮小が投資に向うために解放される資源——人的物的資源——の増大を意味し，前者の増大が後者の減小を意味するとすれば，かかる推理の特徴は消費と投資との相競的関係において見出すことが出来る．カール・マルクスは古典学派の批判者として登場しながら，この特徴的命題をそのままに継承した．利潤率低下と利潤絶対量増加のアンティノ

ミーの中に蓄積し蓄積する資本の将来に十字架の苦悶を投げかけながら彼はこの苦悶の基礎づけを，投資は消費の相対的減退によってのみ増大しうるという命題に求めていたのである．そうしてかかる苦悶からの救済はこの命題の拋棄の方向にではなく，「資本制生産様式」の廃絶の方向に求められる．この限りにおいてマルクスは古典的経済学の範疇に属するものであろう．ケインズの古典派からの分離がいわゆる「有効需要の原理」において投資と消費との相補的関係の確認から出発したことと対比して，注目せられるべきである．さらに古典派の特徴を経済学的に規定するために，われわれは次のごとく主張しうるであろう．社会においていくばくを消費しいくばくを投資するかの配分の決定は，欲望の満足──それがいかなる種類のものであれ──を現在と将来とに時間的にいかに配分するかの決意に依存するものであるが，この時間配分に関する経済主体の心理的決意を，すなわち時間選好を，古典的理論は専らただ一つの型に限局し，「現在の消費をさし控えようとする決意」と「将来の消費に備えようとする決意」とを直接的に連繋せしめることを特徴とするものである．例えば個人の貯蓄行為の意味するところは，一般には単にそれが今日の正餐を中止する決意を意味するに過ぎないが，古典理論は同時にそれを将来の特定期日に特定物を消費する決意を必然的ならしめるものとして理解するのである．さらに同一の事態を特徴づける別箇の形式を求めるならば，次のごとくにもいいうるであろう．伝統的理論において利子率は資本用役乃至貸付資金の需給によって決定される．そしてかかる資本の給源が結局において貯蓄である限り，利子率は「貯蓄」という商品の価格として考える事が出来よう．投資需要の時間的変化に基づいてこの商品の価格が増減する．そしてそれにつれて解放される資源の量が増減し貯蓄率が変動する．しかもこの現象は既述の特徴と関係せしめて考察する時，消費率の逆の方向への変動を意味するであろう．従って消費と利子率との間に緊密な相互関係が存在することとなる，この消費率と利子率との緊密な函数的結合を想定するのが古典的理論の一つの特徴である．さてかくのごとく古典的理論の前提を特徴づけるときに，われわれが先に市民社会の倫理的特性として前面に押し出した様々の美徳，特に節倹のそれは，これらの論理的

第2章 ケインズ経済学における問題の所在

な規定と共に立ち共に倒れるものとならないであろうか．少くとも以上の想定から解放された理論的体系が完成せられたならば，もろもろの市民的徳性は全く異なった相のもとに観察せられ，あらためてそのレーゾン・デートルを問わなければならないであろう．

さて，これらの古典的思惟の流れに対しては，事実，異端者が存在した．そして異端者もまたその系譜をもっている．[6] われわれはその端初にマーカンティリスト達を置くことが出来るであろう．彼等は古典的見解以前の存在ではあるけれども後の古典的理論とは対蹠的な色彩を持っている．彼等は不当に高い利子率が富の増加に対する主要な障碍であるとし，利子率の引下げを欲して貨幣数量の増加に専心した．彼等は「奢侈の効用と倹約の弊害とに対する根深い信仰」(ヘクシャー)を抱いていた．「蜜蜂物語」の著者マンデヴィルは「単なる徳性」の支配が生んだ驚くべき社会の窮状をアレゴリカルな詩に唱い上げた．後期のマルサスは恐慌理論をめぐるリカードとの論争において，急速な蓄積の企ては必然的に不生産的消費の著しい減少を伴い生産の動機を毀損することによって，時期尚早のうちに富の進歩を阻害することを主張して過少消費説の基礎を置いた．ホブソンはマンマリーとの共著「産業の生理学」に於て過少消費説を冬眠から揺り起し，熱と力をこめて古典派を攻撃した．貯蓄は個人と共に国家を富ましめ消費は両者を貧乏にすると考えることは，有効な貨幣愛がすべての経済的幸福の根源であると一般的に規定することであるが，この結論は支持し難い．逆に貯蓄習慣の過度の作用は，社会を貧困にし労働者から職を奪い賃銀を引下げ経済界全体に陰鬱と沈滞とを拡大することを明かにしようとするのがその趣旨であった．

しかし，決定的な点であるが，これらの異端者達は，古典派と拮抗するに足る一貫した体系を建設するには終に至らなかった．古典派的世界はいくたびか現実との不一致を曝露し，その無力を顕わにしながらも，結局経済学的思惟における玉座を確保し続けた．「理論」に対抗する「事実」はその性格において，移ろい易く確定し難く，伝統の中に根を下した理論には敵しえなかったのであ

---

6) この系譜については Keynes: *The General Theory*, Chap: 23. 参照.

る．従って畢竟理論に対抗するものは理論でなければならなかった．ケインズは異端者の系譜を継承しつつ，始めてこの要望に応える理論的体系を樹立するに至った．少しく後述するところを先取していているならば，ケインズ以前において彼等は過少消費説の形態において，経済体制の決定者の一つとしての，社会における消費性向という独立変数を分離抽出することにおいて有効な示唆を示しえたにとどまり，過剰投資の原因としての過少消費を強調し過ぎることによって，産出量を拡張する二つの方法の存する事実についての理論的分析を怠ったのである．あるいは一言にして断ずるならば，独立の利子理論を構成するに至らなかったのである．ケインズはその特有の貨幣と利子の一般理論を展開することによって，われわれが先に総括した古典的体系の特徴を理論的に顛倒せしめ，貯蓄性向に対して，単に個々の事実に基づく懐疑や否定でなく，独自の経済的世界像の呈示に基づく峻烈な理論的判決を下したのである．

4

経済理論の方法的側面に多少とも歴史的省察を加えるならば，ひとはそれらの理論が，概ね経済の正常状態を想定してその運行の原則を明かにしようとしていることに気づくであろう．かかる視座からは，現実の動き特に景気循環の現象のごときは，この正常状態すなわちノルムからの乖離或は偏差として把えられる．自然秩序としての経済表を現実秩序に対置したケネーや，市場価格の旋回する中心としての自然価格を説いたスミス以来，多くの試みが挙げられるであろう．投資誘因に関してもこの思惟方法は周知の自然利子と市場利子乃至貨幣利子との比較考量という形態において表現され，ノルムとしての自然利子は投資の規模を決定する規制的要因として専ら理論的関心が注がれていたのである．ケインズはかかるノルムの支配を拒絶した．そのことは何を意味するであろうか．もし現実の状態がかかる正常状態へ収斂する保証が存在するならば，後者について述べることは何らかの現実的意味を持ちうるであろう．しかしこのような収斂性の想定がそれ自身問題であるならば，ノルムを語ることと現実を説明することとは全く別箇のこととならざるをえないであろう．のみならず

経済の正常状態はまた多く静態（stationary）として理解された．静態を時間から全く捨象された静学的（static）存在としてみずに，特殊な条件に置かれた動態の一つとしてみる時に，その特殊な条件とは恐らく次のごとき内容を包含するものであろう．経済的計画行為は個人の消費計画たると企業の投資計画たるとを問わず，ただに現在の時点に関わるものではなく，現在と併せて将来を考慮する展望的性格を担うものであるが，静態的考察は，計画のすべてを現在に関連せしめ，現在と同一軌道の循環が将来も継続すると前提し，いわば時間の将来性を現在の中に解消することを基礎的な公準とするものである．しかし将来を考慮する展望的行為の本質は，将来を完全に予料するのとはまさに異なり，不完全な知識に基づくドクサに従って臆断的に行為がなされるという点に存している．それは予測し難い将来の事象に対する行為者の確率論的判断と，その判断の或は積極的な或は消極的な評価とによって制約されるものである．かくてノルムを拋棄することは，収斂性の想定を捨ててより現実的な接近の道を辿ることであり，それは具体的には何よりもまず展望的行為に前述のごとき性格を持たしめるところの将来における危険と不確実性とを孕む世界に直面することを意味するのである．この方法の適合性は客観的世界においても示されているように思われる．ウェーバーは禁欲的倫理が単なる亡霊と化した後に，代って経済的行為に結びついたのは競争的感情であり，その結果は競技の性格を帯びることを語ったが，このような競争の倫理にとっては，まことに「不確実性と期待とは人生の快楽である」（コングリーヴ）例えば投資の組織を一瞥して見よう，いま資本を一定の計画に従って運用し利潤を追求する行動を「企業」と呼び，市場の心理を予測する活動を「投機」と呼ぶならば，投機が企業に優位を占める情勢は投資市場の組織の改善と共に支配的となり，ひとは所得のために投資することから，評価の基礎の有利な変化に望みを嘱することに専念する．株式取引所は法悦と憂愁とを交互に実現しながら，一つの競技場の性格を帯びてゆく．投機が企業の堅実な流れに浮ぶ泡沫から企業が投機の渦巻の中の泡沫となる．かくして社会の資本発展が遊技術の活動の副産物となる．

このような世界において貨幣はいかなる意味を有するであろうか．以上の考

察を前提として貨幣の特質を理解するために，まず貨幣を多くの資産中の一資産として資産一般の中に解消し，かかる資産が需要せられる一般的考察の中から，あらためて資産としての貨幣の特質を浮き上らせるという行程を歩むこととする．(ここで資産とは収益を生ずる物理的財貨乃至請求権を意味する) 第一にわれわれが当面している経済的世界の選択的行為は単に現在に限定されるものではなく，併せて将来をも考慮するものであった．従ってそこにおける価格は「現物」価格と「先物」価格とを持っている．その場合現実の唯一のイクスプリシットな利子率である貨幣利子率を媒介として，インプリシットな関係であるところの，実物利子率を測定することが出来る．[7] これはそれぞれの資産が自己自身を単位としてその総収益の効率を表示するものである．これを資産の自己利子率と呼ぶならば，われわれは現象的にはともかく本質的に利子率を持つものは単に貨幣のみではなく，一切の資産の属性であると考えねばならない．従って資産を獲得し保有する動機は，この利子率の大きさに依存する．最大の利子率を有するものが，最も多く需要の対象となるであろう．従って問題はかかる資産の自己利子率の中で貨幣のそれはいかなる特性を有するかに存する．そのために第二にかかる自己利子率の内面的構造の分析を企てなければならない．[8] まず一般的な事情の下においては資産は何よりもその生産性の故に保有せられる．しかし新に不確実性の条件が加わる時には，将来における有利な価格変化を期待する投機性と，期待した収益からの偏差に備える安全性とが考慮の対象となる．価値の貯蔵機能の高いとはこの安全性の大なる意味である．便宜上投機性の中に，われわれは将来の市場の完全性の程度にその販売可能性 (換価性) を左右される資産の価格乃至数量をも含めて考えることとする．この最後の関連においては「普遍的受領可能性」の大なるものほど保有の対象となることはいうまでもない．われわれはいま投機性と安全性の二つの性格を流動性と呼ぶことにする．その時は資産の自己利子率の内容を形成するものは，生

---

7) この計算については *General Theory*, p. 223. (邦訳 268 頁) あるいは Hicks: *Value and Capital*, p. 142. 参照.

8) 以下については H. Makower and J. Marshak: Assets, Prices and Monetary Theory. (*Economica*, 1938) 参照.

産性による収益と流動性によるプレミアムである．通常の資産の獲得保有において支配的な動機を構成するものは前者であり，後者は主要な役割を演じないであろう．これに対して，資産としての貨幣はどうか．普遍的な「受領可能性」や「価値の貯蔵」が貨幣の主要な特徴とされているごとく，貨幣にとっては，前者が全く問題とならないのに対して後者はほとんどその独占的な機能であることに注目しなければならない．むしろ貨幣の機能と流動性とをシノニムとして理解し，利子の純粋に貨幣的な性格をこの意味において把握すべきであろう．さて通常の資産の生産性は，そのストックが増大するにつれて次第に減少すると予想され，従って資産の自己利子率は，あるいはこれを貨幣を標準として表現したものを資本の限界効率と呼ぶならば，かかる限界効率は資産の供給が増大するにつれて低下すると考えられるであろう．一方資産としての貨幣を需要する動機としての流動性もまた，その内容を構成する安全性(価値の貯蔵)や将来市場における換価性(普遍的受領性)に鑑み，その供給が増大するにつれてこの機能の効率も低下することは，インフレーションの体験に徴するとき容易に理解しうるであろう．従って資産自己の利子率のうち，何らか特定の資産の利子率が，全体としての資産の需要に対して，すなわち投資の規模に，従ってまた総産出量の大さに制限的な機能を営むことを主張するためには，その資産の利子率が他の資産のそれに比較して，産出量の増加につれて低落する程度が緩慢なものでなければならずそのためにはその特定の資産は他の資産に較べて次の二つの特性を高度に備えることが要求されなければならない．第一にその資産の生産の弾力性が極めて小であり，その供給が容易に増加出来ず相対的に固定しているものでなければならない．第二にそれに対する需要が相対的価格の変化によって容易に他に転換せしめることが出来ず，他の何らかの資産がそれに代用されるという傾向が存しないこと，換言すれば代用の弾力性が極めて小であることを必要とする．ところで先にわれわれが流動性と呼んだ属性は決してこれら二つの特性から独立したものではないであろう．生産の弾力性や代用の弾力性の大なる資産が，前述のごとき安全性や投機性(換価性)をその保有者の心理において高度に維持することはありえないであろう．かくして貨幣とその利

子率は以上の条件を満足せしめることによって、全体としての産出量の規模に制限的な大きさを附するものであることが理解された．この結論が重大な事実であることはいうまでもないが，われわれにとってさらに強調に値いするのは，かかる結論へ導いた過程である．従ってそれをあらためて要約的に再現するならば次のごとくである．先に古典理論の特徴を探った際にそれが時間選好のただ一つの型のみを知るものに過ぎないと述べて置いた．今やわれわれはケインズと共に第二の時間選好の型を考慮しなければならない．それは現在の消費をさし控えられた所得部分をいかなる形態で保有しようとするかを選択する決意である．そして将来に関する不確定性の存在を条件として導入する時には，前述の議論に基づいて流動性に対する欲求が存在する．この直接的な流動的な支配力を特定の期間手離す事に対しては，流動性のプレミアムを補償するだけの報酬が支払われなければならない．それが貨幣利子率である．従ってそれが資本の限界効率より低い限りにおいて，ひとびとは貨幣を捨てて他の資産を選ぶであろう．かくして貨幣利子率は不確定性と流動性とに依存する高度に心理的な現象である．あるいはさらにいうならば将来の不確実性に対する評価は，事実上一種の惰性に頼られている．現実の値は，その期待される値に関する一般的な見解によって著しく支配される．いかなる水準の利子率であるかを問わず充分の確信をもって永続的なものの如く承認されるものが，永続的なものとなるであろう．従って利子率は高度に心理的な現象であるよりはむしろ高度に惰性的な現象である．経済社会において決定的な重要性を占める投資の規模は，この心理的惰性的な利子率と資本の限界効率とによって決定されるものである．

かくして全体的過程を一応の意味において綜括するならば次のごとくである．資本の限界効率が利子率よりも高い限り新投資の誘因が存在すること前述のごとくであるが，新投資が行われ経済社会の活動水準が一般的に上昇するに従って，より高い産出量と所得とを齎すこととなる．所得のそれぞれの大きさに従って消費の規模が消費性向によって決定されるが，それは所得と同じ方向に変動するが故に，投資の増大には消費の増大が伴うであろう．両者が相補的連関において有効需要の内容を構成し，後者が社会の現実的な雇傭量を決定する．か

くして社会の消費率と貯蓄率とは,ケインズにおいては,予備,深慮,向上,独立,自尊等には依存せず,徳不徳はなんらの機能をも営まない.むしろ失業の苦難は,いつ実行するというつもりもない享楽請求権を累積することが個人と国家とを富ましめる最良の策であるとする格率の結果である.

5

さて利子は高度に心理的な,高度に惰性的な現象であると理解された.この理解は一つの重要な帰結を伴ってくる.危機と不確実との世界において常にひとが流動性を選好する限り,流動性を満足せしめるところの貨幣の特質は,利子率として貨幣数量の増加に無感応たらしめ,流動性のプレミアムを常にプラスに維持し,それはある一定値以下には下落しないであろう.あるいは,利子率の将来の経過に関する不確実性は,利子率の変化に基づく資本損失の危険に対して投資者を保証する特定比率以下への利子率の低下を困難ならしめる.その極小点は,ケインズによれば長期利子率において約2分である.「ジョン・ブルは大抵のことは我慢する.しかし2分の利子では我慢出来ない.」かくして利子率はその下方への運動において心理的惰性的な極小値を持っている.これはケインズ利子論における特徴的な指摘であり,それは同時に現代経済社会に対する一つの体制的批判を予告するものである.それがそうであるわけは,転じて資本の限界効率に検討を加える時に明かとなるであろう.資本の限界効率は前述のごとく収益や生産性との関連に立つのであるが,それらの収益や生産性は,企業家によって予想され期待されたそれであり,長期期待という極めて不安定な要因によって左右されるものである.従って限界効率は投資機会の予測が時間的に変化するに従って激しく変動するものであり,ケインズは景気循環現象の解明の鍵をこの限界効率の変動の態様に求めようとしている.しかしいまわれわれはそれを措いて,景気変動自体を一つの短期的現象と看做すような一層長期な secular な観点に立って見よう.その時限界効率の浮動的な性格にも拘らず,投資機会の消尽につれてそれは低下の傾向を持つといえないであろうか.19世紀においては人口増加,発明の発達,新しきフロンティアの開発等

は投資期待を刺戟して資本の限界効率を高度に維持することに成功した．しかしケインズの診断によれば，近代的な技術，資源を蓄積し，人口増加が急速でない社会は，資本の限界効率を一世代の間にほぼ零に等しい点まで押し下げることが出来るであろう．かくして現代における富める社会は限界効率の低落と低位とに曝されている．一方利子率は一つの心理的極小値を持ち，下方において硬着性を示すであろう．かかる条件においては活潑な投資は断じて期待出来ない．勿論これと類似の現象は不況期においても社会を訪れるであろう．それ故にケインズの経済学は economics of depression と評されている．しかし同様にわれわれの現在の長期的観点からは economics of secular stagnation と呼ぶことが出来るであろう．いまこの事態を雇傭理論との連関において示すならば，それは景気変動現象の波動の外に立つところの secular unemployment あるいは強いていうならば構造的失業の存在を論証するものとなる．前述によって明かなごとく，資産の自己利子率乃至限界効率が騰貴した場合，その資産を生産するための投資は増大し，従って雇傭を拡張する効果を持つ．しかし生産の弾力性が零に近い貨幣にあっては，その利子率が騰貴しても，その生産の拡張のために雇傭機会を増大する結果を齎しえない．のみならず，それは生産の弾力性の高いすべての資産への投資を阻害する効果さえ伴うものである．かくして雇傭の拡張に対する障害は，従ってまた，使用可能にして雇傭の機会を求める労働が現実に就業している労働よりも大であるという条件の下では（これはいうまでもなくあまりに現実的な条件であるが），失業の存在は，われわれがすでに見たごとき投資誘因の構造に由来している．これは secular な沈滞に対応して secular な失業の不可避性を示すものであろう．このような事態は，資本制社会の体制的危機を表示するものとして読み取ることが可能である．それは資本主義の必然的な崩壊を予告するものではない．しかし現代の資本主義が崩壊の危機を孕みつつ進行する体制であることを語るものである．さらに又それは少くとも laissez-faire の終焉を完全に告げるものであり，その救済は個々の企業や産業を超えて，国家の新しき Agenda とならねばやまないであろう．[9]

---

9) Keynes: The End of Laissez-faire (in *Essays in Persuation*) 参照．

そして上述の事態が主として投資の構造に由来するものとすれば，その構造の変革が，さしあたっては人為的手段による投資の創造とそのための投資の社会化が Agenda の具体的な内容となるであろう．

　ケインズ経済学の実践的帰結は単に以上に止まらない．それは利子論を通じて伸縮的賃銀政策の社会的効果を否定し，貨幣賃銀に関して全く新しい視野を開拓した．のみならず従来の経済理論が価値判断からの解放のために慎重に回避した所得の不平等の問題に関しても，一般理論はラディカルな示唆を与えることが出来た．ただケインズはこの示唆を「社会科学」として与えたのでなく「社会哲学」として語ったのである．しかしその後のケインズ学派にとってはその存在を賭けた主張となっているように見える．第一に富の不平等を正当化する理由の一つは，資本の増大が個人の貯蓄動機に依存し，その増大の主要な部分は富者の余剰に依存するという点に求められた．しかし資本の増大が実はなんらそれらに依存するものではなく，のみならずそれによって阻止されるのであるならば，高率の直接税を推進するのに躊躇すべき理由を見出しえないであろう．むしろ所得の不平等こそ失業の原因であると主張することも可能となる．第二に高い利子率もまた貯蓄の誘因として正当化せられていた．しかし前述のごとく貯蓄率が投資の規模によって決定せられ，後者は低い利子率によって推進せしめられる限り，雇傭の拡張にとっても富の増加にとっても重要なのは利子率を資本の限界効率よりも低位に保つことである．そしてこの方策が維持せられる限り，やがて「完全投資」への到達も不可能ではなく，その場合資本の稀小性価値を搾取しようとする累積的圧力すなわち金利生活者は極楽往生を遂げるであろう．

　さて革命的なケインズのいわゆる「哲学」をさらに追求することは，現在のわれわれの直接の目的ではない．われわれにとって重要な点は，これらそれぞれの実践的帰結そのものにあるのではなく，むしろ個々の帰結を可能ならしめる理論的基礎として，統一的な経済的世界像が準備せられた点に存している．古典派に代替的なこの世界像は，資本主義の端的な否定を齎すものではないけれども，もはやその円滑な自働的運行を信ずることを不可能ならしめる性質のも

のであった．それは現代社会における Love of Money と個人主義との社会的機能に信頼を喪失した結果として齎された異端者の経済学であった．この点を深く銘記すべきである．ひとは，ケインズの現代社会の診断とそれに基づく実践的帰結とが 1935 年の英国の経験に制約されたものであり，彼の「今日」は 1947 年においては「昨日」であり，真の「今日」はケインズと違った「明日」を持つことをあるいは信ずることが出来るであろう．[10] しかしケインズの呈示した世界像は，その多くの個別的欠陥にも拘らず，永い生命を有することを実証して行くであろう．

---

10) Wright: The Future of Keynesian Economics (*American Economic Review*, 1946).

第3章　近代理論経済学の発展動向

　理論経済学の最近の動向として，本稿ではただ二つの問題を展望した．一つはヒックスが「価値と資本」の改訂版(1946年)に於て1938年から46年に至る間の，最も重要な理論的発展と目した所の「動学的安定条件」の問題であり，これを多数市場の経済均衡の安定条件として扱いつつ，サミュエルソンのいわゆる「動学と静学の対応の原理」の意味を多少とも明かならしめようと努力した．もう一つは，クラインの新しき提唱に端を発した「マイクロエコノミックス」と「マクロエコノミックス」との連関に関する論争の鳥瞰を意図するものである．何れも経済理論の最も基礎的な側面にかかわる根本問題であるが故に，その厳密な取扱いは，多少とも複雑な数式的展開なしには済まされないものである．しかしここでは誌面の性質上，数学的命題は証明を除いて単なる結論の言及のみに止めなければならなかった．これは洵に遺憾な事であり，納得的な議論を著しく困難としている．そのような場合には，むしろ全面的な省略を可としたかも知れない．しかし議論の外延を不充分ながら指示する為に，しばし本稿では敢てこの危険を冒すこととした．諒承を乞う次第である．最近の問題としては以上の外にもなお，若干を数えることができるであろう．しかしこれらは他の項目でより適当な筆者によって解説される事を期待して，ここでは全然言及しなかった．

1

　多数市場の経済的均衡に関する安定条件の吟味をめぐる一連の議論は，従来不充分な取扱いしか受けていなかった経済理論の一領域があらためて検討を加えられているといった程度に止まるものではなく，経済学の基礎的方法に関する新展開を含み得るものである．静学的理論から動学的理論への思想の革命をもし古典力学から量子力学への転換になぞらえる事が許されるとすれば，安定

条件の議論は，この新旧二つの理論の連関を解明することに比しうるであろう．この方面のパイオニア，ポール・サミュエルソンはこのように自負している．そこでわれわれもまたこの展望において当面の問題の理論的意味をサミュエルソンの自負に副って方向づけようと思う．かくして安定条件の理論とはここでは経済静学と経済動学との連関を明示する原理を探ろうとする議論である．

　一般均衡理論の創始者たるレオン・ワルラスが市場均衡の安定性を扱うにあたってはなお部分均衡論者として止まったこと，そして又この問題を一般均衡論的に解明する仕事は J. R. ヒックスにまで残されていたこと，これらの事実は周知に属するとして，今，この両者を通ずる安定的均衡に就いての最も重要な想定を探りあてるとするならば，それは均衡からの乖離が，それ自身均衡へ復帰する運動を再生するという点に存するであろう．しかし均衡へ復帰する運動とは，変数の時間を通じての運動一般のうちの一つの特殊な運動であるに過ぎない．従って一般的には，安定的均衡に関する議論は，任意の初期条件から出発するすべての変数が，時間の経過と共に示す運動の態様を決定する動学的理論を前提しているわけであり，いかに粗樸であってもいかに黙示的であっても，動学的考察なしには済まされないものである．従って真実の安定条件は，むしろ時間をイクスプリシットに考慮する動学的条件として規定されなければならないであろう．かくして変数 x_i を時間の函数 $x_i(t)$ とする時，それが時間を無限大とする時の極限値として，初期条件の如何にかかわらず均衡値 x_i に近づくならば，すなわち $\lim_{t \to \infty} x_i(t) = x_i$ であるならばこの変数を含む体系の均衡は安定であるということが出来る．そしてこの一般的に規定された安定条件の中には，均衡値からの転位が微小有限な場合の安定条件は当然に包含されている．即ち後者は前者の必要条件であり，そして数量的証明は略するが，後述の如き一次近似の体系の安定条件は後者の充分条件である．従ってこの安定性の定義は均衡値の近傍における変化を取扱うワルラス－ヒックスの場合をも完全に蔽いつくしていることとなる．

　さて以上の安定性そのものの動学的性格に関する形式的認識はワルラス－ヒックスの継承乃至批判として如何に具体化されて行くか．そのためには先ずわ

第3章 近代理論経済学の発展動向

れわれは価格の時間を通じての運動についての想定を求めなければならない．ワルラス－ヒックスは前述の如く安定条件を基礎的には価格の均衡値からの乖離とそれへの復帰に求めたけれどもイクスプリシットにはこれと代替的に，均衡水準からの価格の下落(上昇)が超過需要(供給)を生ずるという形において議論を進めた．このことは逆に超過需要(供給)が価格を上昇(下落)せしめるという想定を暗黙のうちに潜めるものである．それ故に時間を通じての価格の変化率と超過需要とが符号を等しくするという条件の下に前者を後者の函数としてイクスプリシットに定立するならば，この式によってこの想定を明示する事は可能である．そしてこの微分方程式を解くことによって価格の時間を通じての運動 $p(t)$ を求めることが可能となる．以上の批判はワルラスとヒックスとに共通に従って一財市場と多数市場とを問わず，一律に差向けられるべきものである．

次には，ヒックスが部分均衡の安定条件を一般均衡に拡張した際における暗黙の想定を検討する必要がある．一般均衡の体系内部においては一財貨の超過需要(供給)が他の財の価格に依存する事と共に更に一財の価格変化が他の財の価格に及ぼす反応をも考慮しなければならない．この事に対するヒックスの処理方法は周知の通り次の如くである．すなわち，彼は，体系内の任意の一財貨の均衡値からの下落(上昇)が，体系内の他の全部――又は一部――の財貨の価格がこれに反応して再びそれぞれの市場で需給均衡を維持するように調整された時に，最初の一財貨に対して超過需要(供給)を生ずるならば，この均衡体系は不完全な――又は完全な――安定性を持つと考えたのである．この方法は明かに二つの操作に分解される．任意の一財を他の財貨との市場関連から孤立せしめてその最初の価格変動を維持する操作と，残りの市場における需給調整の操作とである．今われわれの動学的観点から需給調整についてそれぞれの市場の相対的速度を問題にする時には，ヒックスのこの操作は，孤立化された一財貨の需給調整の速度は，他の市場のそれに比較して極めて小である事を前提するものである．この前提を正当に考慮する時ヒックスの安定条件は極めて奇怪な矛盾に陥る．体系が安定である為には前記の条件が体系内の任意の財貨につ

いて満足されなければならないから，いまこの任意の財貨を例えば A とすると A の市場の需給調整の速度は他の財貨例えば B の市場の需給調整の速度に比して極めて小でなければならない．次に任意の財貨を B とすると A の市場は残された他の市場の中に包括されるから，A に関する調整速度は B に関する調整速度に比して極めて大でなければならない．この矛盾はヒックスが事実上，それぞれの財貨の市場に関してそれぞれ異なった動学的体系を考慮していた事を露わすものである．従って彼の安定条件は動学的安定性が需給調整の相対的速度から独立している特別な場合でなければ全体系の安定条件として適用する事は許されない．かくして安定条件は一般的にはヒックスが示した如く単に超過需要函数の勾配に依存するのみではなく需給調整の相対的速度に依存するものである．それ故真の動学的安定条件はこの事をも明確に表示するものでなければならない．

　以上の批判的考察に基づき真の動学的安定条件を数学的に導出する操作を簡単に示すこととする．

　先ず n 個の財貨を含む経済体系において時間に関する価格変化率 $\dot{P}_r$ を超過需要 $X_r[=D_r(P_1, P_2, \cdots, P_n) - S_r(P_1, P_2, \cdots, P_n)]$ の函数 F_r と置く．ここで便宜のため X_r の成分 P_s は均衡価格 $P_s{}^0$ からの乖離部分のみを示すこととする．F_r, X_r をそれぞれ展開しその一次の項だけ残して高次の部分を省略し，また均衡条件 $F_r(0)=0$ を代入し，$a_{rs}=\dfrac{\partial X_r}{\partial P_s}$ とする時は

$$\dot{P}_r = \frac{dP}{dt} = F_r(X_r) = F_r' \sum_{s=1}^{n} a_{rs}{}^0 P_s$$

$$(r=1, 2, \cdots, n)$$

ここで $F_r' \equiv F_r'(0)$ も $a_{rs}{}^0 \equiv a_{rs}(P_1{}^0, P_2{}^0, \cdots, P_n{}^0)$ も定数であるからわれわれは常数係数の線型同次連立微分方程式を持つこととなる．かくして得られた線型体系の安定条件に依存することは証明なしに先に言及した如くであるがこの点は一次函数の近似的方法が取扱いの一般性を喪失しない意味に於て興味深い．（そして価格変化率が超過需要に比例的に変化する事を示す指数 F_r をわれわれはヒックスが無視して需給調整の速度の意識的導入と解釈する．或は F_r' の

正・零・負に応じてそれぞれ価格 P_r を伸縮的,非伸縮的—固定的及び負の伸縮的と呼ぶ事も出来よう.安定条件は $\dot{P}_r$ と X_r とが同符号である事を要求するから F_r' はプラスであり後の二つの場合は除外される事となる.)さて,この連立方程式の解は,その特性方程式

$$f(\lambda) \equiv |F_r' a_{rs}{}^0 - \lambda \delta_{rs}| = 0$$

の h_k 箇の相異なれる根を $\lambda_s (s=1, 2, \cdots, h)$ とする時,

$$P_r(t) = \sum_{s=1}^{h} g_{rs}(s) e^{\lambda_s t}$$

によって与えられる.$g_{rs}(t)$ は t に関する多項式でその次数は λ_s の重複根の数より一だけ小さい.函数 $P_r(t)$ 時間を通じての価格の運動を示すものであるから,この運動の径路が時間の経過と共に P_r を均衡価格 $P_r{}^0$ に導くならば,すなわち均衡からの乖離が零となり $\lim_{t=\infty} P_r(t)=0$ が成立つならばこの動学的体系は安定である.λ_s を複素根として実数部 $R(\lambda_s)$ と虚数部 $I(\lambda_s) \equiv \beta i$ とに分つと

$$l = l^{R(\lambda_s)t}(\cos \beta t + i \sin \beta t)$$

となる.それ故安定条件は $R(\lambda_s)<0 (s=1, 2, \cdots, k)$ として示すことが出来る.

かくして価格変化率が超過需要に比例的に変化する事を明示する線型微分方程式の連立体系に関してその特性方程式の根の実数部分がマイナスである事が真実の動学的安定条件である.この条件を特性方程式の係数によって判定する方法はラウスの考案した検定函数或はそれを改良した検定行列式の符号によることは力学的には古典的事実である.従ってわれわれは根の性質と交替的にこの函数の性質を安定条件とすることも可能であろう.そして,この動学的安定条件がヒックスの安定条件に比して遙に理論的完璧を誇り得るものである事は既に充分に明かであると信ずる.しかしその理論的優越を全面的に承認しながら,この安定条件が経済的に無意味であり空虚である事を強調する論者もあるので,この条件の経済学的意味を検討する便宜のために,暫くその所論を引用させて載くこととする.安井教授は(季刊大学第5号において)断言される.「真の動学的安定条件は固有方程式(=特性方程式)の根の実数部分が負値をもつことであった.しかし固有方程式の根のマイナスの実数部分とはそれだけでは純粋に数学的な概念にすぎない.サミュエルソンもランゲもこれがいかなる経済

的意味を有するかを全く説明していないのである．これに比すればヒックスの安定条件は極めて明白な経済的意味をもっている」と．確かに $R(\lambda_s)<0$ という条件はこれを孤立して観察しただけでは全く数学的な概念に過ぎない．併しその導出された過程を知るものはこの数学的概念が超過需要が時間を通じて価格を騰貴せしめる事を前提した場合，その価格が均衡価格に収斂する条件を明示的に示していることを忘れてはならない．この事はヒックスの安定条件がヤコビアンの正負によって与えられ，従ってそれ自身としては純粋に数学的な概念でありながら，前述の如き特殊の操作によって多数市場の安定性を吟味するときに価格の下落が超過需要を生ぜしめる条件を示している事と全く同一の事態である．何故に特性方程式の根は空虚となりヤコビアンは充実し得るか．以上の如く両者がそれぞれの経済的意味を表現する以上，そしてその経済的意味が最初に立てた方程式組織の意味に依存する以上動学的考察そのものが全面的に拒絶されるのでなければ $R(\lambda_i)<0$ は空虚となる事は不可能である．しかも既に教授は動学的方法の理論的完璧を承認された以上，このような結論を導くことを必然たらしめるが如き意味において，「経済的意味」を云々されたのではないであろうと思われる．しかし教授が動学的条件に与える事を惜しみ，ヒックス的条件に進んで授ける「経済的意味」に就ては，積極的には何事も示されていない．それに拘らずわれわれが教授の意図の一つを次の如く忖度する事は許されるであろうか．ヒックスの市場の安定条件はもし所得効果が無視し得るならば，それは二次形式 (xAx) (但し $A=[X_{rs}]$, X_{rs} はヒックスの代用項)が，負の二次形式たる条件と一致するものでありしかもこの二次形式の負定形たる事は，消費者及び企業の立場における個別的代用項の総和から求められた市場における代用項の性質の一つを示す $\sum\sum P_r P_s X_{rs}<0$ によって示唆されている．従って市場均衡の安定条件を主体的均衡を媒介として導出する道が拓かれることとなりこれは市場数量を常に個別的主体の合理的行動の結果として説明する一般的方法と基調を同じくしている．これに対してサミュエルソン等の方法は市場の論理を全く機械的に追求し経済主体の意図とは無関係に切離して了う．それ故に前者は経済的に意味があり後者は経済的に空虚である．この解釈は全

くわれわれの忖度であって，教授の前掲の論文に表現された文字とは「空虚」と「意味」とを除いては些かの関わりを持たない．われわれはただ教授の投げ出された断片的な結論を自己流に意味づけたに過ぎない．しかしかくの如き推測が許され得るとすれば，われわれはその何れが空虚であり何れが意味あるかを問わず，市場現象を常に主体的均衡を迂回して把握するか或はそれ自身として端的に把握するかの経済理論における二つの対立的態度のコントラストを此処でも見出す事が出来るように思われる．教授は更に動学的安定条件に対してはもう一つの批判としてそれが分析用具として無力である事を主張される．しかし分析用具としての効率の判定は，一方において「理論」に対する要請が以上の如く異なるとすれば，まさにその故に他方において何を分析の対象とするかに関連して相関的にのみ考慮すべきであるが故に軽々になし得ない所であろう．一般的形態においては何れも操縦し難いものであり，商品群の観点の導入等によって変数を限定して始めて興味ある分析を遂げ得る事は両者とも共通であろう．又先にも一言し後にも具体的に例示されるように動学と静学との対応関係を分析することを，動学的安定条件の課題と考えるならば，この課題に対してはヒックスの方法はその負荷に堪え得ないものであろう．

さて，以上における安定条件の議論は，従来殆ど何等の関連なくそれぞれ異なった二つの探究方法として考えられて来た静学と動学との間に存する形式依存関係を指摘する事を可能にするであろう．静学においては需給の不一致に際しての価格の運動や，嗜好，生産方法等の与件の変化に対応する均衡体系の運動の法則について冷い沈黙が支配し，動学においては累積的変動の時間的継起や，何等かの正常な水準をめぐる体系の振動については好んで語られつつも，累積過程と均衡条件との関連や所謂正常な水準については多くの事が欠語のままに伏せられていた．この総合化の最初の歩みはヒックスによって着手せられたわけであるが，彼の方法は動学的体系の処理について既述の如く不充分であった．彼の理論を動学的に拡充するサミュエルソン等の努力によって，ひとたび攪乱された場合に再び均衡を回復する傾向を持つ体系は動学的安定条件を満足せしめている均衡体系のみであるが故に，静学的分析は実際には動学的安定条件を

前提することが，従って又静学的方法は動学的に安定でない経済体系に対しては何等の意味を持ち得ないことが，明瞭に論証された．サミュエルソンはこの点を，特に比較静学と動学との間の緊密な関係にアクセントを附して闡明しようとした．そして体系の動学的安定性の研究が比較静学的分析に多くの有用な定理を齎し，又後者に関する既知の知識が体系の動学的性質の規定に際して利用し得るという，いわば可逆的な関係を対応の原理(Correspondence Principle)と名付け，この原理の周到な探究を自らの課題としている．

この主張の一般的展開はここでは当を得ないので以下は最も簡単な場合についてその対応を例示して見る．何れも与件を一定とした際の均衡体系が，与件の変化に対して如何なる変動を示すかという比較静学の問題に対して動学的安定条件が確定的な答案を用意することを明示しようとする．

1. 通常の需給分析に関して次の如き単純な体系を考える． $q-D(p,\alpha)=0$ 及び $q-S(p)=0$ ここで p, q が未知数であり α は嗜好を示すパラメーターとする．更に $D_\alpha>0, D_p<0$ 然るときは

$$\frac{dp^0}{d\alpha}=D_\alpha{}^0\frac{1}{S_p{}^0-D_p{}^0}, \quad \frac{dq^0}{d\alpha}=D_\alpha{}^0\frac{S_p{}^0}{S_p{}^0-D_p{}^0}$$

かくて α の変化に対する p の運動は均衡点における需給曲線の価格軸に対する勾配の代数的差に依存し q の運動は供給曲線の勾配とこの代数的差との符号関係に依存する所で動学的安定条件を求める為に次の如く置く．これから

$$\dot{p}=\frac{dp}{dt}F[D(p,\alpha)-S(p)]=F'(D_p{}^0-S_p{}^0)(p-p^0)$$

$$p(t)=p^0+(p-p^0)e^{F'(D_p{}^0-S_p{}^0)\ t}$$

p^0 は初期条件によって与えられ，なお $F'>0$ であるから $D_q{}^0-S_q{}^0<0$ （中立的均衡は除く）．

なる時 $\lim_{t\to\infty} p(t)=p^0$ となり動学的に安定である．かくて体系が動学的安定条件を充たしているならば先の $\frac{dp}{d\alpha}$ の符号は確定し，$\frac{dq}{d\alpha}$ については供給曲線の勾配の研究だけが残される事となる．以上は対応の原理を最も簡単に例示することを意図しただけで結論そのものはむしろ自明であろう．

2. 次にわれわれはケインズ体系の安定性とその変動法則との連関をうかが

第3章　近代理論経済学の発展動向　　　　　　　　　　　　53

って見よう．一般理論に示されたケインズのモデルを数学的形式に於て陽表的に表現する試みとして，ミード，ヒックス，ランゲ等を数えることが出来るが，ここではケインズ体系の基礎的な要因である所の消費性向，資本の限界効率，流動性選好を表現する三つの函数関係を次の如く置く．

$$C(i, Y) - Y + I = -\alpha, \quad F(i, Y) - I = -\beta, \quad L(i, Y) = M$$

他の記号は周知のこととして，特に α, β は，消費性向並びに資本の限界効率が増大するにつれて増加する所の，従ってこれらの心理的函数の動きを表示する一般的なパラメーターであるとする．この三つの方程式から未知数 i, Y, I をパラメーター α, β, M によって示すことが出来る．与件の変化に対応する未知数の運動をあきらかにすることが出来るならば前述の如く比較静学の有用性を確認することが出来るわけであるが，今その中の1箇例えば $\dfrac{di}{d\alpha}$ の記号を考えることとする．先の方程式体形によってその $\dfrac{di}{d\alpha}$ を解けばそれは $\dfrac{-L_Y}{\Delta}$ となる．但し

$$\Delta = \begin{vmatrix} C_i & C_Y & -1 \\ F_i & F_Y & -1 \\ L_i & L_Y & 0 \end{vmatrix}$$

である．経験的に L_Y は正であるから Δ の記号が確定すれば消費性向の増加に対応する利子率の変化を明かにすることが出来る所で静学的分析に終始する限りこの課題は解くとが不可能なように思われる．それ故右のケインズの静学的体系を特殊な場合として包含するような一般的動学体系を想定してみる．それには先の考察とアナロガスに所得変化率が投資と貯蓄との差に比例する（但し比例常数は省略）と考えて，$\dot{Y} = I - [Y - C(i, Y) - \alpha]$ とおきこれを前記の最初の方程式に代替する体系を考えてみる．するとその特性方程式は

$$\Delta(\lambda) = \begin{vmatrix} C_i & C_Y = 1 - \lambda & 1 \\ F_i & F_Y & -1 \\ L_i & L_Y & 0 \end{vmatrix}$$

$$= \Delta + \lambda L_i = 0$$

であるから，経験的に $L_i < 0$ を考慮すると，安定条件 $\lambda < 0$ は確定的に $\Delta < 0$ を要求する．すなわち動学的安定条件は比較静学の課題の解決に役立ったことにな

る．次に例えば $\dfrac{di}{dM}$ の記号を考えよう．静学的体系において $\dfrac{di}{dM}=\dfrac{1-C_Y-F_Y}{\Delta}$ 今中央銀行の操作によって利子率がコンスタントに保たれるとする．このことは流動性選好の方程式を捨て，他の方程式において利子率を常数として扱うことに等しい．この場合均衡が安定であるならば

$$\begin{vmatrix} C_Y-1-\lambda & 1 \\ F_Y & -1 \end{vmatrix}=(1-C_Y-F_Y)+\lambda=0 \quad \text{から} \quad -\lambda=(1-F_Y-C_Y)>0$$

このことは限界消費性向と限界投資性向との和は安定な体系においては 1 より小である $\left(\text{複合乗数}\ \dfrac{1}{1-(F_Y+C_Y)}\ \text{の収斂条件}\right)$ ことを示す一方 ceteris paribus のもとに $\dfrac{di}{dM}$ の負たることすなわち貨幣量の増大は利子率を引下げることを物語っている．これもまた安定条件を媒介とする動学と静学の対応の一例である．

　ヒックス条件の批判に出発して以上の如く展開されたこの動学的安定条件に対する，ヒックス自身の見解を，われわれは最近において一瞥する機会に恵まれた．以下にその要旨を記すこととする．

　ヒックスは 1946 年の「価値と資本」の第 2 版において，「極めて簡単にそして不適当な形ではあるが」この動学的安定条件に言及せざるを得なかった．かくして，巻末に附加された「需要の一般的法則」，「一時的均衡体系の不完全安定性」の二つのノートと並ぶ第三のノートとして，われわれは「サミュエルソン教授の動学理論」を見る事が出来る．第二のノートはその題名にも拘らずこの稿で展望されて来た新しき方法とは直接連関を持たないものである．従ってわれわれは第三のノートにおける彼の主張を窺うことにする．ただそれが僅かに 2, 3 頁の全くの覚書に過ぎないことは予め諒承されなければならない．そして彼もまたサミュエルソンの方法に充分に習熟するものではないこと，しかもそれが冒頭に引用した如く「1938 年と 1946 年との間に起った最も重要な理論的展開」であるが故に敢て言及することを断っている．さてヒックスの静学的均衡は動学的分析の予備階梯以上のものを意図することなく，従って静学的安定も時間の契機を棄てむしろ意識的に timeless な考察に終始した．この態度は彼のいわゆる動学に議論が移ってもいささかも異なるものではなかった．すな

わち一時的均衡への調整の過程は短期間「週」において完成され,「週」の内部における価格の変動は無視されて動学的経済体系は一時的均衡の系列として考えられた. 安定条件はこの週の内部の問題であり従って依然として timeless であったわけである. 彼がマーシャルの伝統を継承して採用した所の, 一時的均衡への迅速容易な到達という想定は, マーシャルの一財市場と異なり多数市場へ適用しようとするヒックスの場合においては, その正当化の試みにより深く立入る必要を感じなければならない. かくしてあの「価格の形成」と名付けられたノートがその課題の為に記された. ヒックス自身ここの解決に満足するものではなかったが, しかもそれは, 彼の用いた技術が果し得るすべてであった.

これに対しサミュエルソンは遙かにいかめしい数学的技術を駆使して重要な前進を遂げることが出来た. 彼は一時的均衡への迅速容易な移行という想定にかえて, 価格変化率が需要供給の相対差の函数であるという想定を採用する. かくして彼の全理論は, ヒックスの動学すなわち週における均衡体系の系列とは異なる意味において, しかも数学的には更に納得の行く意味において「動学」化される. そして議論は微分方程式ないし定差方程式に即して進行し, 振動や週期性に関する興味ある可能性が展開されて行く. このサミュエルソンの方法は, 体系がその初期状態において均衡から乖離している時に始まる運動が, 均衡状態に収斂するものであるか否かを検討するという形で静学的体系の安定性を吟味することを許すものである. そしてこの動学的体系は新な自由度を持つが故に, その安定条件がヒックスのそれとは異なった形を取り更に彫琢の加えられたものであっても驚くにはあたらない. 彼の体系の安定性はヒックスの示した要因のみならず, 異なった市場の適応調整率や取引参加者の反応率などにも依存するのである. これらすべての事は, 従来究め尽くされなかった方向に極めて多くの成果を約束するものである.

サミュエルソンの業績はかくして市場連関のメカニックに関しては全く劃期的な理論的進歩を意味している. しかし彼の静学理論の「動学化」の中には, ヒックスの意味における「動学」と併行するものが欠けている, 丁度この点がヒックスのサミュエルソンに対する唯一の批判点となる. 即時的調整の想定によ

ってヒックスの動学理論はその純粋にメカニックな部分を最大限度に単純化した．それは今日ではむしろ単純化し過ぎたと評すべきである．しかもそうすることにおいて，比較的メカニックでない部分について若干の進歩を遂げる自由を保留した．このことは彼の動学の方法としての期待の方法を主として考慮において主張されているようである．ヒックスは彼の方法の含むいわばノン・メカニックなこの部分を純粋なメカニズムの考察に終始することによって抛棄して了うことを惜愛する．サミュエルソン型の理論はエコノメトリックのモデルに対しては，そして又統計的操作のためのモデルに対しては最上のものであろう．しかし経済体系の理解のためには，ひとびとの行為とその動機にまで溯源する something が必要なのである．この something と共にメカニズムの理論の長所とを併せ有する考察の方途がもし開かれるならば，それは望蜀の感を絶つものであろう．しかしわれわれはまだこのような道を発見しているとは考えられない．実際一般均衡理論においてサミュエルソンの成し遂げた所と，カレツキィその他のエコノメトリストによる景気循環の理論との間には顕著な併行関係が存している．従って解決を残されている最も大きな経済問題は，景気循環は定差方程式体系によって最も容易に説明せられるか，それともケインズ型の一時的均衡理論の方が究極に於てはより有能であるかという点である．この問題に対する答えが，詳細な点においては兎も角，その接近の方法に就いてのサミュエルソンとヒックスとの間に残された争点を附随的に解決して了うであろう．

　以上がサミュエルソン等に対するヒックスの態度の表明に関して価値と資本の改訂版からわれわれが窺い知ることの出来る殆どすべてである．

　さて，真の動学的安定条件とヒックスの安定条件とは一般的には無関係である．この点の説明はここでは省略する事として，特殊の条件の下における両者の連関を辿る試みの若干について，単に摘記して見よう．このような特殊の条件を備えた場合は，ヒックス的方法の静学理論的不備が，動学的に補完されると共に，実際の安定条件の検出に際しては動学的考察にまで立入らずに静学体系の行列式によって判定し得る便宜性を獲得することとなる．これらの試みは

決して安井教授のいわれるように「動学的安定条件がヒックスの条件と結びついてのみ，あるいはヒックスの条件の形に特殊的に限定されてのみ，有用である間は，サミュエルソン-ランゲ流の理論はいまだそれ自身の足で立つことができないといわれねばならぬ」ことを示すものではなく，ヒックス的条件と結論が一致すると否とを問わず，或いはまたそれ自身の足では理論的に一人立ち出来ないヒックスの条件に充分に原理的保証を与えながら，動学的考察を静学的考察で代用し得る操作上の便益を有効に利用出来るケースを求めるに過ぎないものではなかろうか.

さて前記の特性方程式において，実数を要素とする行列 $[F_r{}'a_{rs}]$ が対称行列であれば λ はすべて実根である．この実根がすべて負であることは，右の行列からの首座小行列式が交互に負，正となる時にのみ可能である．それ故にヒックスの完全安定条件は，$F_r{}'a_{rs}=F_s{}'a_{sr}$ の時に動学的安定条件と一致する．この対称性は $\frac{\partial}{\partial p_s}\left(\frac{dp_r}{dt}\right)=\frac{\partial}{\partial p_r}\left(\frac{dp_s}{dt}\right)$ と書き換える事が出来る．従ってこの特殊条件を言葉で表現するならばそれは，価格 p_s の変化が価格 p_r の調整速度に及ぼす限界効果が，価格 P_r の変化が価格 p_s の調整速度に及ぼす限界効果と等しい事である．この事は，静学的均衡並びに安定条件の適用が，財貨の各の市場に於ける需給調整速度が同一である事を，前提とするという主張の誤謬である事を示す．しかし調整速度がすべての市場で同一でありさらに $a_{rs}=a_{sr}$ が成立するならば，これは前記の特殊条件の更に特殊の場合としてヒックス条件の妥当するケースである．$a_{rs}=a_{sr}$ なる条件は，収支均等条件なしの純粋な需給函数の理論におけるホテリングの条件と呼ばれるものと類似する.

ヒックスの条件が個々の市場の需給調整の速度を無視している事は前述した．従って動学的体系がこの調整速度から独立して安定である時にのみヒックスの条件が顧みられる事は容易に推測出来るであろう．所で体系が安定であるためには特性方程式の根の実数部が正又は零となることは許されないが，それは n 次の行列式 $|F_r{}'a_{rs}|$ の符号が $(-1)^n$ の符号と等しい事を必要条件とする．この性質を使用するならば動学体系があらゆる調整速度の可能なる組合せに対して安定であるためにはヒックスの完全安定の条件が必要条件である事を主張す

る事が出来る．すなわちいかなる調整速度に対しても安定であるならば，その中の若干が完全に伸縮性を失い F_r' の一部が零であっても，なお且残された方程式によって表現される市場体系は安定でなければならない．すなわち n より小さい任意の m 次の行列式 $[F_r'a_{rs}]$ についても n 次の場合と同様の事が妥当しこの行列式の符号は $(-1)^m$ と同一でなければならず，しかもこの行列式は先の n 次のそれの首座小行列式である．従ってこれらの行列式は，正数 F_r' を別として（これは常に行列式の外に括り出すことが出来る）ヒックスの完全安定条件に表われる行列式に外ならない．かくして多数市場の動学的安定性が F_r' の零を含む如何なる値の集合についても維持されるためには，ヒックスの完全安定の条件が必要となる．但し後者がみたされても市場体系は不安定であり得る．従ってそれは充分な条件ではない．

次に真の動学的安定条件とヒックスの完全安定の条件とが一致する場合がある．一財の価格の騰貴がその財の超過需要を減少し，他のすべての財の超過需要を増大せしめる時にすなわち任意の r 及び s に関して $a_{rr}<0, a_{rs}>0$ なる時がそれである．この時 $\dfrac{dp_r}{dt}=F_r'\sum_{s=1}a_{rs}p_s (r=1,2,\cdots,n)$ の微分方程式体系に関連して $y_r(t)=(F_r'a_{rr}+1)y_r(t-1)+F_r\sum_{r\neq s}^{1}a_{rs}y_s(t-1)(r,s=1,2,\cdots,n)$ の定差方程式体系を考慮すると前者と後者とは安定不安定を共にし，後者の安定条件はその特性方程式の根が 1 より大きい或は 1 に等しい正の実根を持たない事であることが証明されデカルト符号律を援用して，ヒックスの完全安定の条件がこの定差方程式の安定条件にとって充分条件であることが示され，更に又別個にそれが必要条件でもあることが証明される．かくてこの特殊な $a_{rr}<0, a_{rs}>0$ の条件の場合は動学的安定条件とヒックス条件とが一致する．そしてこの特殊条件は一般的には多数市場に於て満たされているとはいえないけれども国際間の所得変化の分析に際しては右の条件に適合する微分方程式並びに定差方程式の分析が必要となる事が示唆される．

安定条件の問題はなお大いなる射程を示すものであるが，ここでは以上にとどめる．

2

　マイクロエコノミックスの構想する世界は周知の如く，個々の企業及び家計の主体的行為とその相互連関とから織りなされる循環の秩序として示されている．そして，企業に関しては限界生産力の方程式が，家計に関してはいわゆる限界効用の方程式が利潤極大，効用極大の条件をそれぞれ明示する一方において，同時にまたそれらの経済主体の合理的行為の則るべき規準を物語るものでもあった．そしてマクロシステムの函数としての総体的概念は個別的経済単位の計画的行為によって主観的に決定せられる数量の，何等かの意味における客観的社会的集計として把握されるものとされていた．従ってかかる総体的数量の性格はこの総体性を個々に分解して各々の主体に帰属せしめいわゆる「主観的に思われたる意味」との連関をたどる事によって説明せられるべきであった．それにもに拘らず，多くの理論家は他方において，全体としての経済に関して，或はまた消費財産業と生産財産業というが如き大別的な分類に関して，集団としての企業家群が，総体的に利潤量の極大を目指して行動するかの如く想定し，何等の正当化の試みなしに個別企業における限界生産力の方程式と全く同一の形をこれらの経済全体乃至産業群に適用する事をはばからない．しかし伝統的な個別的経済主体の合理的行動の理論と社会的乃至集団的行動の理論との関連を単なる類推の域を越えて緊密に架橋し，両者の対応を確定する事は明かに未だ果されざる一の課題である．

　この課題をあらためて取上げるクラインの方法は極めて特徴的であるということが出来る．われわれの当然の期待に反して，彼はマイクロエコノミックスの理論からマクロシステムを誘導するという行程を拋棄する．マイクロシステムを一方において前提し，他方においてそこに表われる変数の変換として何等かの指数を考案し，かくてこの両者を基としてマクロシステムを建設しようとしても，総体概念として従来考案されたタイプの指数は多く恣意的であり，その構成に際し課せられる規準は相互に斉合しない事さえあり，かかる指数を以てしては，マクロシステムを充分明確に規定する事は極めて困難であると考え

るからである．かくして，マイクロシステムと指数構成法とを既知の与件として，そこからマクロシステムを導出する代りに，彼の方法は，マイクロシステムとマクロシステムとを与件として，むしろ，誘導されるべきものは指数の形における総体概念であるとする．すなわちマイクロシステムとマクロシステムとを通じてコンシステンシイを持つ客観的な規準を想定し，この規準を満足せしめるような経済的総体概念を構成するのである．いうまでもなくこのような総体概念はマクロモデルが有用性を示すような例えば景気循環理論の実践と目的とに副うものでなくてはならない．このマクロエコノミクスの新しい方法の適用の場所として先ず生産の理論が選ばれる．

かくしてこの方法において最初に設定せられるべきものはマイクロシステムとマクロシステムを通じて斉合する所の命題でありそれが総体概念構成にあたっての規準となるのである．生産理論の領域においては，それは次の二つである．(1) 産出量と投下量とを結合する函数的関係が個人企業に対して存在するならば経済全体乃至部分的集団に対しても総対的産出量と総体的投下量とを結合する函数関係が存在すべきである．すなわち $x-X$ を産出量, $n-N, z-Z$ をそれぞれ労働及び資本の投下量とするとき，企業に対して $f\alpha(x_{1\alpha}, x_{2\alpha}, \cdots\cdots, x_{m\alpha}; n_{1\alpha}, n_{2\alpha}, \cdots\cdots, n_{r\alpha}; z_{1\alpha}, z_{2\alpha}, \cdots\cdots, z_{s\alpha})=0$ $(\alpha=1, 2, \cdots\cdots, A$ 企業の番号m, r, s は生産要素のそれぞれの種類の数) が存在するならば，マクロシステムにおいても $F(X, N, Z)=0$ が存在する事を要求する．(2) 完全競争の下において限界生産力の命題が妥当する事,すなわち企業において $\frac{\partial x_{i\alpha}}{\partial n_{j\alpha}}=\frac{w_j}{p_i}(i=1, 2, \cdots, m; j=1, 2, \cdots, r; \alpha=1, 2, \cdots, A)$ 及び $\frac{\partial x_{i\alpha}}{\partial z_{j\alpha}}=\frac{q_j}{p_i}(i=1, 2, \cdots, m; j=1, 2, \cdots, s; \alpha=1, 2, \cdots, A)$ ならば，全体として $\frac{\partial X}{\partial N}=\frac{W}{P}$ 及び $\frac{\partial X}{\partial Z}=\frac{Q}{P}$ が妥当しなくてはならない($p-P, w-W, q-Q$ はそれぞれ $x-X, n-N, z-Z$ の価格) 以上の二つの規準を満足するような X, N, Z, P, W, Q が構成され得るならば，われわれはマクロシステムを2種類の生産要素を使用して1種類の商品を生産する企業の如く取扱う正当さを主張することが出来る．

第二の公準のみに基づいた理論の一つとしてヒックスの商品群の考察法を見ることが出来る．彼はすべての価格が同じ比率で変化する商品の群は，これを

合成して一商品の如く取扱っても価値に関するスルーツキーの基本方程式はインヴァリアントに妥当する事を示している. これはその限りにおいて総体概念の問題に対する充分な解決であろう. しかしすべての価格が同一率で変化するという前提に制約されている限りにおいて，我々はここに停滞すべき理由を持たないであろう. フランシス・ドレッシュもまた第二規準のみに基づいた理論を広汎に展開した.[1] ドレッシュのアプローチはマイクロシステムとディヴィジア型指数とによってマクロシステムの変数の動きを規定しようとする所のクラインとは別個なクラインの捨てた方法である. それ故にクラインのドレッシュに対する批判を見る事は二つの態度の差異を一層明瞭にするに役立つであろう.

ドレッシュの理論を各〻一種類の生産物をつくる競争企業の場合について吟味する. 企業の生産函数は $x_\alpha = f_\alpha(n_{1\alpha}, \cdots, n_{s\alpha}; z_{1\alpha}, \cdots, z_{s\alpha})$, 完全競争下の利潤極大の必要条件は $\dfrac{\partial x_\alpha}{\partial n_{i\alpha}} = \dfrac{w_i}{p_\alpha}$, $\dfrac{\partial x_\alpha}{\partial z_{i\alpha}} = \dfrac{q_i}{p_\alpha}$. さて総産出量 X についてのディヴィジア型指数は微分方程式

$$dX = \frac{X}{V_x} \sum_1^A p_\alpha dx_\alpha$$

但し $V_x = \sum_1^A p_\alpha x_\alpha$ によって定義される. $n_{i\alpha}$ だけが変化し $z_{i\alpha}$ はコンスタントであると考えると生産函数から

$$dx_\alpha = \sum_{i=1}^s \frac{\partial f_\alpha}{\partial n_{i\alpha}} dn_{i\alpha}$$

これを右の微分方程式に代入して，n の変化のみで z の変化は存しない場合の総産出量の変化を示すと，

$$dX = \frac{X}{V_x} \sum_{\alpha=1}^A \sum_{i=1}^s p_\alpha \frac{\partial f_\alpha}{\partial n_{i\alpha}} dn_{i\alpha}$$

総労働量 N についてもディヴィジア的定義は同様にして

$$dN = \frac{N}{V_n} \sum_{\alpha=1}^A \sum_{i=1}^s w_i dn_{i\alpha}$$

但し

$$V_n = \sum_{\alpha=1}^A \sum_{i=1}^s w_i n_{i\alpha}$$

---

1) F. W. Dresch: Index Numbers and the General Economic Equilibrium (*Bulletin of the American Mathematical Society*, Feb. 1938).

今 dX/dN を求める時,個別企業の利潤極大の条件を考慮するならば,それは V_n/N と V_x/X との比として示される.前者を総体概念としての賃銀,後者を総体概念としての価格と考えるならば均衡においては労働の限界生産力は実質賃銀率に等しいという命題は,マクロシステムに対してもマイクロシステムに対すると同様に妥当するかの如く見える. dX/dZ が V_x/Z と V/X との比に等しいという関係も同様に解釈する事が許されるであろう.

所で,以上のドレッシュの理論に対して提起される疑問は dX/dN の経済学的意味如何ということである.すなわちこの比が正当に限界生産力 $\partial X/\partial N$ と規定出来るかどうかという点にかかわる.もしこのような偏導函数が限界生産力としての意味を持つとするならば,その時には微分可能な総体的生産函数が存在しなければならない.換言すれば,個々の企業に関して,充分に確定せられた内容を示す偏導函数を持つ生産函数 $x_\alpha = f_\alpha$ が存在するならば,総体概念においても充分に確立せられた内容を持つ偏導函数を持つ生産函数 $X = F(N, Z)$ が存在しなくてはならない.ディヴィジア型指数で示された X, N, Z の間にこのような生産函数が想定出来,しかもその偏導函数が先に計算せられた dX/dN と等しいかどうかは決して自明な事ではない.

そこで一般的に,総体的生産函数の存在する条件を次の如く考察して見る.企業の生産函数 $f_\alpha(x_{1\alpha}, \cdots, x_{m\alpha}; n_{1\alpha}, \cdots, n_{r\alpha}; z_{1\alpha}, \cdots z_{s\alpha}) = 0$ を, $x_{1\alpha} = f_\alpha'(x_{2\alpha}, \cdots, x_{m\alpha}; n_{1\alpha}, \cdots, n_{r\alpha}; z_{1\alpha}, \cdots, z_{s\alpha})$,と書き換え,この条件の下に

$$X = G(x_{11}, \cdots, x_{m1}, \cdots, x_{1A}, \cdots, x_{mA})$$
$$N = H(n_{11}, \cdots, n_{r1}, \cdots, n_{1A}, \cdots, n_{rA})$$
$$Z = I(z_{11}, \cdots, z_{s1}, \cdots, z_{1A}, \cdots, z_{sA})$$

に従って, $x_{i\alpha}, n_{i\alpha}, z_{i\alpha}$ が X, N, Z に変換されるとする.この時 $F(X, N, Z) = 0$ の存在する条件は次の行列

$$\begin{bmatrix} \left[\dfrac{\partial G}{\partial x_{1\alpha}} \dfrac{\partial x_{1\alpha}}{\partial x_{i\alpha}} + \dfrac{\partial G}{\partial x_{i\alpha}}\right] & 0 & 0 \\ \left[\dfrac{\partial G}{\partial x_{1\alpha}} \dfrac{\partial x_{1\alpha}}{\partial n_{i\alpha}}\right] & \left[\dfrac{\partial H}{\partial n_{i\alpha}}\right] & 0 \\ \left[\dfrac{\partial G}{\partial x_{1\alpha}} \dfrac{\partial x_{1\alpha}}{\partial z_{i\alpha}}\right] & 0 & \left[\dfrac{\partial I}{\partial z_{i\alpha}}\right] \end{bmatrix}$$

の階数が2である事であり，それは結局 $\frac{\partial H}{\partial n_{i\alpha}}$ 及び $\frac{\partial I}{\partial z_{i\alpha}}$ がすべては零に等しくないとする時，次の式が恒等的に成立する事を意味する．

$$\frac{\partial x_{1\alpha}}{\partial x_{i\alpha}} \equiv -\frac{\partial G}{\partial x_{i\alpha}} \Big/ \frac{\partial G}{\partial x_{1\alpha}}$$

$$\frac{\partial x_{1\alpha}}{\partial n_{i\alpha}} \Big/ \frac{\partial x_{1\beta}}{\partial n_{j\beta}} \equiv \frac{\partial H}{\partial n_{i\alpha}} \Big/ \frac{\partial H}{\partial n_{j\beta}} \cdot \frac{\partial G}{\partial x_{1\beta}} \Big/ \frac{\partial G}{\partial x_{1\alpha}} \quad 等．$$

（$z_{i\alpha}$ については略す．）X, N, Z の間に一義的関係が存在するために満たされなければならないこれらの恒等式は，総体的生産函数と個別的生産函数との間に形式における類似性が存在するべき事を物語っている．またもし，単純な総和が総体概念を作成する自然なタイプであると考えるときは，すなわち $X = \sum\sum x_{i\alpha}, N = \sum\sum n_{i\alpha}$ 等の変換を考えるときは，右の条件式は $\frac{\partial x_{1\alpha}}{\partial x_{i\alpha}} \equiv 1$, $\frac{\partial x_{1\alpha}}{\partial n_{i\alpha}} \equiv \frac{\partial x_{1\beta}}{\partial n_{j\beta}}$ 等の恒等式となり，この最も自然なタイプと考えられる総体概念は例えば一企業における任意の労働の限界生産力が，他の企業に於ける任意の種類の労働の限界生産力と恒常的に均等な時にのみ適当な方法である事が示される．更に，価格をウェイトとして構成される指数 X, N 等については，問題の条件たる恒等式は例えば限界代用率が常に価格の比に等しい関係を要求し，均衡においてのみ成立する方程式を恒常的に満足されるべき関係として要請するような不斉合を来すであろう．これらの事態は，既存の指数構成法が，ここで立てられた問題にふさわしくない事を証明して余りあるであろう．

　ドレッシュの採用したディヴィジア型指数は，先の G・H・I が点函数であるのに対して，その式の表示する如く線積分すなわち汎函数であり，それは価格及び数量の運動する全体の道程に依存する．それにも拘らずこのタイプもまた前述の恒等式に対応する関係を保証するものではない．従ってドレッシュ理論もまたクラインの立てた二つの規準を満たし得ないと評さなくてはならない．

　ドレッシュの理論に対する以上の如き批判を通じて明かにされたクラインの要請を満たす解決は如何にして与えられるか．彼はこれに対する一般的な解決は与えていない．いわば一つの特殊解として生産函数の形を特定化する方法を示唆している．彼は生産函数の形を以下に示すが如く特定化する事によって，

総体的生産函数の意味を説明しようとする．個別的企業についての生産函数は，それが労働函数と資本函数との積の形に分ち得るという特定条件を与えられる事によって次の式で表現される．$x_\alpha = B_\alpha f_\alpha(n_{1\alpha}, \cdots, n_{r\alpha}) g_\alpha(z_{1\alpha}, \cdots, z_{s\alpha})$ 或は更に $x_\alpha = C_\alpha \prod_{i=1}^{r} n_{i\alpha}^{ai} \prod_{t=1}^{s} z_{i\alpha}^{bt}$ と記すならば，そのコブ―ダグラス型生産函数との親近性を見るべきである．

マイクロシステムの変数からマクロシステムの変数への変換は次の四つの式によって与えられるととする．

$$X = \left[\prod_{\alpha=1}^{A} x_\alpha \right]^{\frac{1}{A}}$$

$$N^a = \left[\prod_{\alpha=1}^{A} f_\alpha(n_{1\alpha}, \cdots, n_{r\alpha}) \right]^{\frac{1}{A}}$$

$$Z^b = \left[\prod_{\alpha=1}^{A} g_\alpha(z_{1\alpha}, \cdots, z_{s\alpha}) \right]^{\frac{1}{A}}$$

$X = DN^a Z^b$ 即ちここではマクロの変数は便宜上直接の総体ではなく平均において取扱われる．

これらの変数によって確定されるマクロシステムがクラインの課する二つの規準を満足するか否かを次に問題とする．第一規準については前記の最後の式によってイクスプリシットにその充足が語られている．第二規準は次の如くして適用される．P, W, Q を

$$P = \sum_{\alpha=1}^{A} p_\alpha x_\alpha / A \cdot X$$

$$W = \sum_{\alpha=1}^{A} \sum_{i=1}^{r} w_i n_{i\alpha} / A \cdot N$$

$$Q = \sum_{\alpha=1}^{A} \sum_{i=1}^{s} q_i z_{i\alpha} / A \cdot Z$$

によって定義する．しかるときは

$$W/P = X/N \cdot \sum\sum w_i n_{i\alpha} / \sum p_\alpha x_\alpha$$

$$Q/P = X/Z \cdot \sum\sum q_i z_{i\alpha} / \sum p_\alpha x_\alpha$$

一方，総体的生産函数から

第3章　近代理論経済学の発展動向

$$\frac{\partial X}{\partial N}=a\frac{X}{N},\ \frac{\partial X}{\partial Z}=b\frac{X}{Z}$$

それ故にマクロシステムにおいて限界生産力の命題 $\frac{\partial X}{\partial N}=\frac{W}{P},\ \frac{\partial X}{\partial Z}=\frac{Q}{P}$ が成立つためには，$a=\sum\sum w_i n_{i\alpha}/\sum p_\alpha x_\alpha,\ b=\sum\sum q_i z_{i\alpha}/\sum p_\alpha z_\alpha$ でなければならない．これがマクロシステムの均衡条件と考えられるべきものであり，左辺は，総対的生産函数が巾函数であるからその指数 a, b は産出量の弾力性を示し右辺は労働乃至資本の相対的分配を示す．さて個別企業の生産函数の弾力性を $a_{i\alpha}\left(\equiv\frac{\partial x_\alpha}{\partial n_{i\alpha}}\Big/\frac{x_\alpha}{n_{i\alpha}}\right),\ \bar{v}_{i\alpha}\left(\equiv\frac{\partial x_\alpha}{\partial z_{i\alpha}}\Big/\frac{x_\alpha}{z_{i\alpha}}\right)$ として前記の変数の変換式に $a=\sum\sum a_{i\alpha}p_\alpha x_\alpha/\sum p_\alpha x_\alpha;\ b=\sum\sum b_{i\alpha}p_\alpha x_\alpha/\sum p_\alpha x_\alpha$ を加えると，これは体系全体の産出量の弾力性が個々の企業のそれの加量平均であることを想定するものである．マイクロシステムにおいて各企業が極大利潤の条件を充しているとすれば $\frac{\partial x_\alpha}{\partial n_{i\alpha}}=\frac{w_i}{p_\alpha},\ \frac{\partial x_\alpha}{\partial z_{i\alpha}}=\frac{q_i}{p_\alpha}$ となるからこれを $a_{i\alpha}, b_{i\alpha}$ の定義に代入し $a_{i\alpha}=\frac{w_i n_{i\alpha}}{p_\alpha x_\alpha},\ b_{i\alpha}=\frac{q_i z_{i\alpha}}{q_\alpha x_\alpha}$ を得て i については1から r 乃至 s まで，α については1から A までの総和を求めると

$$\sum\sum a_{i\alpha}p_\alpha x_\alpha=\sum\sum w_i n_{i\alpha};\ \sum\sum b_{i\alpha}p_\alpha x_\alpha=\sum\sum q_i z_{i\alpha}$$

となり，両辺を $\sum p_\alpha x_\alpha$ で除すると，マクロシステムの均衡条件が成立する．従ってここに第二規準が満たされて，マイクロシステムにおいて個別企業に関して限界生産力の命題が妥当する時には，常にマクロシステムにおいても，限界生産力の命題が妥当する．しかしこのマクロシステムの変数は，もし f_α, q_α について正確な知識を得られるときは，前述の変換式によって，明確に確定する数量であり，更にその実践的適用にあたっては，最初に特定された企業の生産函数が統計的に承認され易いコブ—ダクラス函数の一般化であるが故に高度の有用性を持つであろう．

　以上の議論は不完全競争の場合にはもちろん適当な修正を受けなければならない．しかしともかくこれによって総体概念の問題に対しては，マイクロエコノミックスの理論から，適当な指数の援用によってマクロシステムを誘導するというアプローチ以外に，マイクロとマクロのシステムを予め前提してその想定と斉合する総体概念を発見するというアプローチの可能性が示唆されたので

ある．そしてマクロシステムとして単純化されたモデルの変数や函数にいかなる経済的実在が対応するか，それらを操作的に意味づける事が出来るか等の問いに明確に答える事によってこのような方法の有用さは理論的承認を克ち得ることとなるのである，そしてそのあかつきには，経済的相互依存の錯雑した連関を透視し，雇傭量，産出量，消費，投資等の重要な数量の大きさについて合理的な判定を加える事は，実にマクロエコノミックスのモデルによってのみ可能となるのである．

所でこのクラインの新しき方法に対してはケニス・メイや S・S・プーによって直接的間接的な批判が加えられ彼等の間に若干の応酬が交換されている．メイは基本的にはドレッシュの線を継承してマイクロシステムからマクロシステムを誘導するという方向に対して積極的な貢献を試みようとする．この積極的な部分についてはわれわれはただ次の点を指摘するに止めよう．彼は，ケインズその他の理論の背後に横たわっている一産業モデルを構成し，そこに表われる総体概念を一般均衡との関連において解明するために，先ず彼の一産業モデルとエヴァンスの二産業(消費財産業と資本財産業)モデルと比較し，前者の純産出量，その生産函数，その価格を後者の消費財産業の産出量，その生産函数，その価格と対応せしめるならば一産業モデルは二産業体系の一義的に決定された正確なモデルと見做し得る事を論証し，次にこの二産業システムをマイクロシステムに近づけるために資本財の類型的差別，消費財の類型的差別，労働の非同質性を順次に理論の中に導入しながら二産業システムの場合と同様の，しかしより複雑化した議論を展開し，それぞれのシステムの正確なモデルとして一産業モデルを取扱うことの可能性を示している．そして，消費財の類型的差別を取入れた際はその総体概念としてディヴィジア型指数を採用し，この点ドレッシュと基本的には同一であること，労働の非同質性を取入れるときにはその総体概念の指数としては非同質的な労働の単純な総和を採用し，従って理論の適用が，総雇傭量の変動が相異る類型の労働量の相対的比率乃至賃銀の相対的比率を変動せしめない場合に限定せられること，最後に一産業モデルとより一般的な体系との相関を辿る際の規準として，何よりも比較される二つのモ

デルの自由度の数が同一であるように，すなわち単純化されたモデルは一般的モデルによって知り得る一切の知識を総体的概念について与えるように構成されるべきことを強調していること，これらの諸点が併せて注意される必要があろう．かくの如きアプローチが間接的にクラインの批判となる部分を，クラインの直接的批判を目的としながら必ずしも正鵠を射当てたようには思われないプーの主張と共に，クラインの理論が何を意味し何を意味しないかを明瞭にするという観点から取上げて整理して見よう．

先ずクラインの理論に対する簡単な誤解を一掃する事から始めよう．第一にクラインの総体概念は経済的に無意味であるか．彼の示唆的解答に示された N や Z はわれわれが現実に関心を持つ労働や資本の雇傭量と何等の関わりがないか．例えば個々の企業の雇傭量の単なる総和の方がクラインの N より有意味であるか．（プーの批判）われわれが日常的経験の常識的立場に立つ限りこれらの疑問は尤もであろう．しかし確定的な理論を求める立場においてはその理論体系にとっての有用性によって判定せられなければならない．その際総和と相乗積と何れが採られるべきか．算術平均と幾何平均とは何れが採られるべきか，は問題となし得ることであり，その経済的意味の解釈もまた適当になし得る所であろう．

次にクライン第一規準の要請は総産出量が N と Z との絶体量のみに依存し，従って N と Z とが個々の企業に或いはまた種々の類型が如何様に分たれるかに無関係である事を要求するものであるか，換言すればそれは投下量の分布法則の差異を一切無視するものであるか．（プーの批判）クラインのマクロシステムの変数はマイクロシステムの変数と函数とに依存している．従って後者の変化によって総体概念が変化する事は当然のことである．そして企業の生産函数が前記の $x_\alpha = C_\alpha \prod n_{i\alpha}^{ai} \prod z_{i\alpha}^{bi}$ によって与えられると考える時は N, Z は弾力性によってウェイトをつけられた $n_{i\alpha}, z_{i\alpha}$ の幾何平均となる．それ故もし同質の投下量に関して各企業の限界生産力が均等となることが投下量の企業間への分布を示す一つの型であるならば，そうしてこの分布の型を前提して単なる総和としての総体概念とその間の函数関係を導く事（これがプーの積極的見地で

ある)が許されるならば,弾力性によるウェイトもまた投下量の分布を示す一つの型であり,それによる総体概念の導出は充分にインプットの分布効果を反映するものといわねばならない.重要な差異は次の点に存する.限界生産力均等を以て分布の型を示す場合に獲得された総体概念は企業の利潤極大条件に依存するのに対し,弾力性によるウェイトを以て分布の型を示す時は,総体概念はかくの如き企業の均衡条件から独立している事である.

クラインの理論に起り得べき誤解の為に記された以上の予備的注意の後に,われわれはドレッシュ,メイ,プーの共通な理論的特徴としてマイクロシステムからマクロシステムを誘導するという問題の立て方における共通性とは一応別個に更に次の点を指摘する事が出来る.マクロシステムにおける変数としての総体概念とその方程式とがすべて,マクロモデルによって単純化されるべき本来の体系のすべての均衡条件の満足に依存しており,従ってマクロシステムの方程式にしてそのシステムの均衡条件から独立なものは一つも存しないということである.しかしながら一般的にマイクロシステムの方程式の中には均衡条件から独立した若干の方程式が存在している.生産の均衡においては生産函数がその代表的なものでありこれは全く技術的な函数関係である.従ってマクロシステムがマイクロシステムに充分な対応を示すためには前者の中にも,均衡条件から独立した方程式を要求すべきであろう.クラインの総体的生産函数はまさにこの要望を満たすために考案されたものである.今生産のマイクロシステムを $f_\alpha(x_{1\alpha}, \cdots, x_{m\alpha}; n_{1\alpha}, \cdots, n_{r\alpha}; z_{1\alpha}, \cdots, z_{s\alpha})=0$ $\frac{\partial x_{i\alpha}}{\partial n_{j\alpha}}=\frac{w_j}{p_i}$, $\frac{\partial x_{i\alpha}}{\partial z_{j\alpha}}=\frac{q_j}{p_i}$ の方程式群 (A) によって表現するならば最初の方程式 f_α は利潤極大の企業の均衡条件から独立した技術的な生産函数である.従ってこれに対応したマクロシステムとしては $F(X, N, Z)=0$, $\frac{\partial X}{\partial N}=\frac{W}{P}$, $\frac{\partial X}{\partial Z}=\frac{Q}{P}$ の方程式群 (A) であり,F は総体的生産函数として f_α の性質に対応すべきであろう.これがクラインの辿った道程である.それに対し今 (A) 体系を $x_{i\alpha}, n_{i\alpha}, z_{i\alpha}$ を p_i, w_i, q_i に関して解くならば,われわれは体系 (B) として $x_{i\alpha}=x_{i\alpha}(p_1, \cdots, p_m; w_1, \cdots, w_r; q_1, \cdots, q_s)$; $n_{i\alpha}=n_{i\alpha}(p_1, \cdots, p_m; w_1, \cdots, w_r; q_1, \cdots, q_s)$, $z_{i\alpha}=z_{i\alpha}(p_1, \cdots, p_m; w_1, \cdots, w_r; q_1, \cdots, q_s)$ の方程式群を得ることが出来る.これに対応するマクロシステム (B) は

第3章 近代理論経済学の発展動向

$X=X(P, W, Q), N=N(P, W, Q), Z=Z(P, W, Q)$ として表現される．(B) 体系によって決定される産出量も生産要素の需要量も，すべて技術的関係のみならず，経済的均衡関係に依存し，従って経済主体の決意に依存しているのである．このことは (B) 体系についても同様に妥当する．ドレッシュに始まりこれを本質的に継承するメイ，プーの思想はこの事実を前提し承認するものでなければならない．

しからばこれらの2組の体系のそれぞれのメリットは何処に存在するか．先ず (B) ― (B') のタイプはその理論の具体的展開において一般的均衡それ自身が要求する以外に函数関係の何等の特定化も必要とせず，個別的生産函数も一般的な形において利用する事が可能であったが，クラインの主張する (A) ― (A') のタイプは一般的な解答は示されず個別的生産函数の形を特定化する事によって始めてその主張を貫徹する事が出来たわけである．そしてこの事はメイやプーの立てた規準をクラインが立てなかった事に関連するであろう．プーは投下量の分布法則が確定的な型によって示される事をマイクロシステムからマクロシステムを導出する際の最も重要な一般的規準とした．そして限界生産力均等の条件をこの確定的な分布の型を示す一つの例として考えた．

この含むところは先にメイの定立した規準の中に見出した二つのモデルの自由度が同一であること，すなわちマクロモデルはその変数についてマイクロモデルがその変数について与える総ての知識を与えねばならないと主張した，あの規準と同一の主張に帰一するように思われる，この規準の意味する所を従って又この規準を遵守するプーやメイの具体的に展開した理論の含蓄を数学的に表現すれば次の如くなるであろう．マイクロシステムが α 箇の変数と β 箇の独立の方程式を包含するとする，その時この体系は $\alpha=\beta(=p)$ の自由度を持つという事が出来る．他方マイクロシステムの変数によって総体概念，すなわちマクロシステムの変数を定義する式が γ 箇あり従って r の独立な総体概念があるとする．そのとき r が p より大である限り，r 箇の中から任意に p 箇を取出して先の β 箇の方程式組織に加えてマイクロシステムの変数を全部マクロシステムの変数で置換すると，マクロシステムに関して $r-p$ 箇の独立な方程式が得

られ従ってこのマクロシステムの自由度もまたマイクロシステムと同様に p である．そしてこのことはマクロシステムの函数がマイクロシステムの函数のすべてに依存し，総体概念の性質はマイクロモデルの全体系から得られる知識に規定され，それ以上でも以下でもない．かくして γ が p より大なる限りマイクロシステムの函数に何等特定の制約を設ける事なしにマクロの変数を規定する事が出来ることとなりメイやブーの体系はこの条件に適合するものであった．しかるにクラインの体系においては，マクロモデルとマイクロモデルとの関連はその全体系を通じての関連でなしに，先ず体系の一部たる生産函数において連結されるのみである．そしてその連結される部分において $r(=3)$ は $p(=m+r+s-A)$ より一般に大でない．従ってマイクロシステムの生産函数を最初から特定の形に制約する事が必要とならざるを得なかった．そして又二つのシステムの自由度もまた相異なる．マイクロシステムは $m+r+s-A$ マクロは2となる．従って，自由度が相等しい場合には総体的生産函数は既に総体概念を規定する方程式の中に包含されていたのに対し，この場合は総体的生産函数は新に附加されるべきものであり，従ってその形態も前述の如く演繹的には規定出来ないこととなり，あらためて特殊の条件を附加する必要に逼られるであろう．生産函数を一般的な形で利用するかこれを特殊化して利用するかの二つのタイプに示された差異の数学的インプリケーションは以上の如くであり，この対立の経済的意味は結局マクロシステムの生産函数の意味如何を中核とするものであり，総体的生産函数は個別的生産函数の如く純粋に技術的なものであるべきか，それとも技術的関係のみならず経済的計画に関する主体の決定にも依存するとみるべきか，この点に関する見解の分岐から帰着するように思われる．

　さて，経済社会の総体的生産力は，個々の企業の技術的生産性のみならず，一般にかかる技術的可能性が利用される経済社会の制度的構造にも依存するものであろう．従って総体的生産函数がかかる社会的生産力を数字的に表示することを目的とするならば，それは単に技術的な関係のみならず総体的生産の社会的性格を反映することは当然の事態であろう．従ってかかる生産函数が経済的均衡条件に依存すると考えることはこの当然の事態を意識的に表明すること

となる．(A)—(A') 型の方法に対してはかかる考慮がその正当化の根拠を与えるように思われる．

これに対して，マクロシステムが予測(forecast)の為に用いられるとするならば，そこにおける総体概念もまた，何を予測するかの目的と相関的に構成されるシステムのタイプに基づいて，決定せられるであろう．予測の目的がただ総体的産出量に存するならば，技術的生産函数は欠如しても需給方程式によって総体概念を規定するだけで充分であろう．これには (A)—(A') タイプが適合する．しかし体系の基本的なパラメーターの変化や何等かの自発的行為が体系に与える影響を予測する事が望まれる時は問題の様相が変らなければならない．そして問題の構造的変化が生産函数のパラメーターの変化であるとするならば，その函数の知識なしには変動の効果を予測することは出来ない．ここにおいて (B)—(B') 型の方法が正当化される．いうまでもなくそれが経済的均衡条件から独立して総体的生産函数の明示的な採用を意図するからである．例えば生産財産業における技術的改良によって労働の限界生産力が E だけ変化したとする．生産財産業の生産函数は，$\frac{\partial F_2}{\partial N}=\frac{\partial F_1}{\partial N}+E$ を満足するような F_2 によって代替され W/P もまた $\frac{\partial F_1}{\partial N}$ ではなく $\frac{\partial F_2}{\partial N}$ に等置されなければならない．以上の差異を持った二つの体系は例えば国民所得の解を全く異ならしめるであろう．この二つの解を比較することによって労働の限界生産力の変化が国民所得水準に与える影響を示すであろう．かくの如くして生産力の変化について語るとき，利潤極大の経済的計算から独立の技術的変化を心に描くならば，投下量と産出量の連関を価格体系から独立した関係として表示する事の出来るように新な指数を構成しなければならない．クラインのモデルはその一つの解答として示されたのである．

以上においてわれわれはマクロエコノミックスとマイクロエコノミックスとの関連についての最近のアプローチとそれをめぐる争点の所在を明かにして，最後に論争の機縁を与えたクラインが彼の側からなお未解決に残されていると考える点を列挙してこの稿を閉じよう．

1. 総体概念は未だ生産理論の領域において構成されたに過ぎないが，マク

ロシステムとしては，それが，家計の合理的行動並びに企業と家計の市場連関を蔽いつくすように組織されねばならない．

2. 総体概念は使用可能なデータから容易に求められるものでなくてはならない．

3. 完全競争の想定が捨てられなければならない．

4. 総体概念の全理論はマイクロ並びにマクロエコノミックスのストカスニィックなモデルについて更に研究されなければならない．

---

1) 1での文献は P. A. Samuelson: The Stability of Equilibrium: Comparative Statics and Dynamics. (*Econometrica* Vol. 9. No. 2.) O. Lange: The Stability of Economic Equilibrium (*Cowles Commission Papers*, New Series, No. 8. Appendix reprinted from Price Flexibility and Employment) L. A., Metzler: Stability of Multiple Markets: The Hicks Condition. *Econometrica* Vol. 13. No. 4. を主とする．なお P. A. Samuelson: The Stability of Equilibrium: Linear and non linear systems. (*Econometrica* Vol. 10. No. 1.)
The Relation between Hicksian Stability and True Dynamic Stability (*Econometrica* Vol. 12.) A. Smithies: The Stability of Competitive Equilibrium (*Econometrica* Vol. 10. Nos. 3&4.) 園正造市場均衡の安定条件等には立入る余裕を持たなかった．

2) 2での文献は L. R. Klein: Macroeconomics and the Theory of Rational Behavior (*Econometrica* Vol. 14. No. 2.); K. May: The Aggregation Problem for a One-Industry Model; S. S. Pu: A Note on Macroeconomics; Klein: Remarks on the Theory of Aggregation; May: Technological Change and Aggregation (*Cowles Commission Papers*, New Series, No. 19.)

第2部　安定分析

第1章　均衡概念の動学的考察

まえがき

　レオン・ワルラスの経済理論を特徴づける最後の言葉「一般均衡」(general equilibrium)は現代の経済学の殆どすべてを共通に灌漑する基本的水脈であるとみなされている．しかしこのことは，所謂近代理論が，方法論的には「方程式と未知数との数の一致」を以て能事おわれりとなすことを決して意味するものではない．最近時の基礎的理論の展開コースの中に顕わに浮び出た一つの問題——「均衡体系の安定性」——を，その理論的及び応用的重要性に於て，認識するひとは，一般均衡の伝統を最も忠実に継承しようとする理論家達すらが，既に方法的に「均衡分析」に停滞する段階を越えて，「安定分析」とも称すべきアプローチを，経済的世界に対して試みつつ，実践的な成果の獲得にいそしんでいるのを見出すことができるであろう．われわれも内外の研究家の跡を逐ってこの問題に多少の反省を試みており，正面からこれを解説することはすべてそれらに譲るとして，[1] この分析に於けるすぐれて特徴的なポイントの一つを指摘するとすれば，それは市場均衡の安定性が，動学的に考察され，動学的に定義されている点に存するであろう．即ち，均衡が問題にされ，安定が議論される何よりも前に，経済体系に於ける変数は，需給量と価格とを問わず，時間の経過と共に変化する時間の函数であり，かくしてそれらの未知函数の間の構造的連関としての経済体系は，特定の初期条件を伴った動学的方程式によって表現さ

---

1) P. A. Samuelson; *Foundations of Economic Analysis*, Part II. O. Lange; *Price Flexibility and Employment*. Mathematical Appendix 等参照．邦語文献としては安井琢磨「収斂性の公準と動学的安定条件」(社会科学評論創刊号) 同「経済的均衡の動学的安定条件」(経済思潮第9集) 参照．なお拙稿「経済均衡の安定分析」(東大経済学部30週年記念論文集1「理論経済学の諸問題」所収) も便利であろう．簡便な通俗的解説としては安井「アメリカ理論経済学の一考察」(東京大学の新聞社出版「近代経済学の課題」所収) 拙稿「近代理論経済学の発展動向」(エコノミスト創刊25週年記念「最近理論経済学の展望」所収) がある．（ここに引用されている著者の論文は本書に収められてある．—編者）

れなければならず，体系を表現するこの動学的方程式は，問題に応じて微分方程式定差方程式積分方程式或はそれらの混合形となることが強調されているのである．そしてこの動学的体系の特殊の状態として定常的均衡状態が規定され，更に，時間の経過と共に，初期条件の如何を問わずこの均衡状態へ収斂する条件が安定条件と考えられるのである．レオン・ワルラス流の均衡概念は，本来，経済的変量にとってそこへの到達が保証されたものではなく，もし均衡が実現されたならば，おのおのの未知数がいかなる条件を満たすべきかを明示するに過ぎないものであったが，いまや，この動学的考察の立脚点からは，それが時間についての配慮をイクスプリシットには欠如する静学的均衡であり，一般的な動学体系の特殊の状態として前者の中に包摂せられるべきこと，しかも静学的均衡に対応するこの特殊の状態が，動学的安定条件を満足する時に於てのみ，一たび均衡から乖離した変数が再び均衡値を回復することができるのであるから，静学的均衡分析は動学的安定条件を前提して始めて有意義たり得ること，これらのことが反省されなければならないのである．[2]

均衡概念の検討を主題として与えられたわれわれは，上の如き問題意識との連関に於て均衡概念にどのような内容を盛りこむべきかを，動学的に考察することとしよう．[3]

1

前述の如くわれわれの観点からは，経済的未知変数の間の構造的連関が，微分・定差・積分方程式等の形で表現される動学的体系が先ず考慮されなければならない．かくしてこの方程式体系は，未知数 n 箇の間の n 箇の独立な函数関係を示すものとしても，それは未知数 $x=(x_1,\cdots\cdots,x_n)=[x_1(t),\cdots\cdots,x_n(t)]$ に

---

[2] この立言の意味のたちいった理解については前註に挙げた文献に拠られたい．以下には，このような考察の線に沿っての均衡概念の吟味が企てられるに過ぎない．そしてこれは前掲拙稿「経済均衡の安定分析」に於て不充分な関説しか得られなかった部分に対する補註の役割を兼ねるのであろう．

[3] 執筆中公私の事情により充分の時間を割くことが出来なかったため，以下に見られる如く全くの紹介の覚書に了った．編輯の意図に充全に報い難いと思われるこの未定稿の掲載については，編輯者の厚意に負っている．このノートの作成の基礎となった文献は主として次の二つである．R. Frisch: On the Notion of Equilibrium and Disequilium (*Econometrica*, Vol. III). P. Samuelson: Some Fundamentals of Dynamic Theory (*Foundations of Economic Analysis*, Chap. XI).

ついて,単なる x のみならず,或は時間 t についてのその変化率乃至更に高階の導函数 $\dot{x}(t)=dx(t)/dt, \ddot{x}(t)=d^2x(t)/dt^2$ 等を含み(微分方程式)或は時間についてのその(ウェイトをつけた)積分 $\int w_s x(s)ds$ 等を含み(積分方程式)更に或いはラグのない変数と共にラグのついた変数 $x(t-\theta)$ 等を含む(定差方程式)であろう.微分係数もまた特定の時点の近傍に於ける函数の動きを示すと考えるならば,右に例示されたような異なった時点に於ける変数の関係を経済的に包含する体系が,われわれの規定する動学体系にほかならない.フリッシュは時点 t に於ける $x(t)$ のことを変数の瞬時的形態 (instantaneous form) と呼び,変数が体系の中に現われる他の姿——$\dot{x}(t)$, $\int w_s x(s)ds$, $x(t-\theta)$ 等——を変数の動学的形態 (dynamic form) と呼んでいる.体系が n 箇の方程式と n 箇の未知変数によって示されているから,初期条件が与えられるならば,方程式を解くことによってこの体系の時間的展開は一般に確定することが出来る.しかし方程式と未知数の数が一致していてもいうまでもなく静学的体系の均衡の値の確定とは異なるから,体系の運動が停止することはあり得ない.そして $x(t)$ の時間的形態は体系の示す函数関係によって決定される.従って変数の運動の分析のためには,動学的考察プロパーに於ては一般に如何なる意味の均衡概念もとりたてて必要としないであろう.しかしわれわれが静学と動学との対応を考察し,安定分析によって両者の連関を辿り静学的方法の有用性を確保するためには,そして広く体系の運動の種々の性質を簡明に特徴づけるためには,均衡概念の採用は便利である.そうして動学的体系に於けるこの言葉の定義は,力学の定常状態 (stationary state) になぞらえて次の如く行われる.

体系の時間的運動を通じて,特定時点 t に於ける,変数の瞬時的形態と動学的形態とは何れも与えられる.体系が更に運動を続ける時に,変数の瞬時的形態は,t に於けるその大さ $x(t)$ から乖離し,体系の形状変化が生ずるのが一般であろう.しかしわれわれはそのような乖離が起らず形状変化が生じない特殊な状況の存在を考慮することは許されるであろう.かかる特殊な状況を定常状態或は定常的均衡と呼ぶこととする.この状態のために最初に必要な条件は,明かに $\dot{x}(t)$ が t に於て零となることである.この条件が満たされる時体系は

瞬間的に定常である(momentarily at rest)ということができる．体系が永続的に定常である(permanently at rest)ためには，高階な導函数もすべて零となるという条件を加えなければならない．また積分やラグのついた変数が方程式の中に現われる場合には，その変数の瞬時的形態が過去の時点に於ても t に於けると同一の大きさを持っていたことを要求しなければならない．かくして，体系の示す函数関係の性質によってこのような特殊の状況の発見が可能であるならば，それを満足する変数の瞬時的形態 $x^0 = (x_1^0, \cdots, x_n^0)$ は，恣意的にではなく，時間についてのすべての導函数を零と置き，ラグの有無を問わず，すべての X を x_0 と置くことによって得られる n 箇の静学的方程式によって決定せられるわけである．即ち変数の動学的形態は特定された大きさを持ち，(導函数は零等々) 変数そのものは x^0 の大きさを持つ状態こそ，まさしく「均衡」状態であり，x^0 は変数の「定常値」乃至「均衡値」と呼ぶことが許されるであろう．右のように規定された均衡状態に置かれた体系は，もはや時間の進行と共に形状変化を示すことはあり得ない．それは依然として均衡状態を続けて行くであろう．X^0 は時間から独立な常数である．

さて，初期条件の如何を問わず $\lim_{t \to \infty} x(t) = X^0$ が成立するならば，この均衡は，安定均衡と呼ばれることは前述した．しかし，これとは交替的に安定均衡は均衡にある体系が，均衡から乖離した場合，再び均衡を回復する運動を生ずるか否かをメルクマールとして定義することが出来る．だが，右の如く時間の進行と共に体系は形状変化を生ぜずに均衡を維持することが，均衡状態の定義の中に含まれているとすれば，安定性を問題とする時の前提としての均衡からの乖離は如何にして可能であろうか．われわれはこの問題を処理して置こう．以上に於ける均衡乃至定常状態の規定をめぐる考察に於ては，体系の運動は，本来の函数方程式の示す所によって自由に進行し外部から何等の攪乱(disturbance)も与えられないことが前提された．均衡状態の継続もまた実はこの前提の上に始めて可能であったのである．それ故現在の問題の核心はこの「攪乱」についていかに考えるかの裁断に存するであろう．そこで定常状態にあると否とを問わず，体系の運動によって決定される時点 t に於ける状態を，それ以後に展開される

運動に対しての初期条件を構成すると考えてみよう．即ち任意の時点に於ける体系の形状を，その後の運動に対してそれぞれ新しき出発点とみなすこととする．いま t に於てかかる初期条件に任意の変化を与えれば，体系の時間的経過は，本来の函数関係が予想せしめるとは異なった何物かを包含することとなろう．函数の形に変化が生じても事態は同一である．かくの如く本来の確定的な理論体系に何等かの新しい要素が導入された時，われわれはそれを「攪乱」と呼び，前述の意味の初期条件の変化や函数方程式の形の変化が，不連続な場合をフリッシュは更に細かく衝撃（shock）と呼んでいる．さて定常的均衡状態からの乖離が自生的に均衡の復活によって従われる時，前述の如く安定的均衡を語ることが出来るとすれば，このような均衡からの乖離とは，ただ右に示した攪乱が定常状態に作用した時にのみ可能となるのである．そしてこの攪乱の瞬間的介入は，初期条件の変化を齎すが，体系の運動を規定する函数の構造を変動せしめないとすれば，安定均衡に関する後の定義は，それに関する最初の定義と一致するのである．

2

前節にわれわれが規定した如き動学体系の定常乃至均衡状態は，函数方程式の構造如何によっては必ずしも常に存在するとは限らない．たとえば $\dot{x}=e^x-x$ で示される体系は，$e^x-x=0$ が実根を有しないから定常的均衡値を有しないであろう．また $\dot{x}=1$ も当然に均衡状態を欠如している．しかしこのように摸索的でなく更に基本的にこの均衡の存在に関して重要な意味を担う区別を動学的体系に対して導入してみよう．体系が時間をイクスプリシットに包含するか否かに応じてサミュエルソンはこれを歴史的(historical)と因果的(causal)とに分けている．因果的体系とはその運動が，初期条件及び初期以後の経過時間に依存するのみで，何時初期条件が確定されたかの歴史的時点はその過程に影響しないものであり，歴史的体系とは初期条件の確定される歴史的時点がその運動に対して，本質的に関係するものである．いま $\bar{x}$ を初期 t_0 に於ける初期条件を示すとすれば，前者の解は $x=f[t-t_0;\bar{x}(t_0)]$ の形をとり，後者の解は $x=f[t;$

$t_0 ; \bar{x}(t_0)]$ の形をとる．時間をイクスプリシットに含まず，その解が $x(t)=\bar{x}(t_0)e^{-(t-t_0)}$ となる微分方程式 $\dot{x}+x=0$ が因果的体系の例であり，それに反して，時間をイクスプリシットに含み，その解が $x(t)=(t-1)+[\bar{x}(t_0)+1-t_0]e^{-(t-t_0)}$ となる微分方程式 $\dot{x}+x=t$ が歴史的体系の例である．そして因果的体系については，定常状態はこの節の最初に示したようにこれを欠如する若干の特殊例は存するが，ともかく前節の方法によって明確に確定できるであろう．しかし歴史的体系の場合に於ては，極めて例外的にのみ常数としての定常的均衡値を見出すことができるにとどまる．（例えば $t\dfrac{dx}{dt}+x=0$ の如き歴史的体系は，変換 $t=e^{t'}$ を加えれば $\dfrac{dx}{dt'}+x(t')=0$ という因果的体系に変じ，均衡値 $x=0$ を有することとなり，この例外の一つである．）そこで定常状態を歴史的体系について一般的に規定するために均衡概念を拡張し，均衡状態がそれ自身時間の函数として開展する，いわば「動的均衡」(moving equilibrium)を考慮する立場について検討してみよう．

　最初に動的均衡の概念を理解する便宜のために $f_r(x_1,\dots,x_n;t)=f_r(x,t)=0 \ (r=1,\dots,n)$ の如き体系を考える．これは t をイクスプリシットに含むが変数の動学的形態は包含していないから歴史的静学的体系とも称すべきであろう．$f_r[x^0(t),t]=0$ となるような $x=x_0(t)$ がこの体系の解であり，それは最も自然に動的均衡と名付けることが許されよう．そしてこの体系の場合にはこの動的均衡が時間的運動の唯一の可能な形態であることはいうまでもない．さて，われわれの目的は変数の動学的形態を含む真の動学体系の可能な運動の中から，この動的均衡に比すべきものを探求することにある．そのために動学体系のモデルとしてヘンリー・ムーアの示した需給調整関係を一財市場に即して取上げてみよう．このモデルに於ては需要はそれと同一の時点の価格と時間との函数であり，供給は一単位前の時点の価格と時間との函数であり，従ってそれは $q_t=D(p_t,t), q_t=S(p_{t-1},t)$ によって表現される．もしここに t がイクスプリシットに入って居らず需給両曲線がシフトしていないとすれば，定常的均衡は $D(p^0)-q^0=0, S(p^0)-q^0=0$ によって定義され，この定常的運動に対しては，$p_t=p_{t-1}=\dots=p^0, q_t=q_{t-1}=\dots=q^0, \Delta p_t \equiv \Delta q_t \equiv 0$ となるであろう．しかしなが

ら，tを明示的に含みながらこの状態とアナロガスなわれわれの求める動的均衡状態はいかに考えられるであろうか．ムーアが統計的なトレンドを以てこの動的均衡を表現しようとした試みが，普遍的な妥当性を欠くことについての周知の批判は措くとしてここではムーアのかかる見解が部分的に依拠していたと思われる動的均衡の規準について検討する．それはこのモデルに於て需要と供給とが「均等」することを以て動的均衡の規準とみなす方法である．一見定常状態の自然の拡張と見えるこの方向も，与えられた価格に対して需要は即刻に反応し，供給は一単位時間のラグを以て反応する現在の場合に於て，需要と供給との均等化ということが，如何なる意味を有するかは決して明瞭ではない．しかし需給曲線のシフトが非常に緩慢である時には，第一次接近としてわれわれは p_t と p_{t-1} との差が無視し得るものであり，この $\Delta p_t \fallingdotseq 0$ の想定の下に，$D(p_t,t)=S(p_{t-1},\bar{t})=S(p_t-\Delta p_t,t)\fallingdotseq S(p_t,t)$ を得ることが出来る．

そこで $D(p_t,t)-S(p_t-0,t)=0$ を解いて $p_t=p_1(t)$ が導かれる．これが価格に対する動的均衡と名付けるべきものかも知れない．即ち極めて逆説的にも，価格が変動していないと想定することによって，初めて価格の動的均衡の通路を導き出し得たのである．こうした逆説的な事態はむしろ逐次接近方法の特徴である．第二次接近は $\Delta p_t = \Delta p_1(t)$ とし $D[p_2(t),t]-S[p_2(t)-\Delta p_1(t),t]=0$ から，第n次接近は $D[p_n(t),t]-S[p_n(t)-\Delta p_{n-1}(t),t]=0$ の関係から得ることが出来るであろう．かくして得られる函数の系列 $[p_r(t)]$ が，極限の函数 $\bar{p}(t)$ に平等に収斂するならば，後者は最初のモデルの示す本来の体系の一つの解であろう．

右の方法は，緩慢な変化を蒙る生物学的乃至化学的体系に於て動的均衡を定義する方法と本質的に同一であるといわれている．即ちそこに於て動的均衡は，体系が $\dot{x}=f(x,t)$ で示され f_t が小なる時に，第一次接近として $d(x_0)/dt=0=f(x_1,t)(x^0$ は常数)によって与えられ，第二次接近 $x_2(t)$ は $\dot{x}_1=f(x_2,t)$ によって，第n次接近 $x_n(t)$ は $\dot{x}_{n-1}=f(x_n,t)$ によって与えられる．函数列 $[x_r(t)]$ が極限函数に平等に収斂するならば，後者は本来の体系の一つの解である．この定義の利点は，一つは，時間をイクスプリシットに含まない因果的体系に対

しては，第一次接近によって正確な定常的均衡を求めることができることに存し，他方では逐次接近は，変数の変換 $y=f(x)$，時間の変換 $t'=g(t)$ に対して不変であることに存する．しかしこれらの長所にも拘わらず，それを圧倒する次の欠点は依然として存するであろう．いま本来の体系 $\dot{x}=f(x,t)$ のすべての解の正確な形が知られたと仮定するならば，最早逐次近似に訴えるいかなる理由も存しない．この時これらのすべての解のうち，何れが正当に，真の動的均衡であると称することができるであろうか，逐次接近方法によって得られる極限函数は体系の解の一つの特殊なるものであった．そして近似函数の系列は一般には同一の初期条件を満たすものではなく，最後の解がいかなる初期条件を満たすかは，極限に於て決定し得るに過ぎない．かくてこの方法は，一つの解を恣意的に選んで，それに動的均衡という名称を与える操作に帰着して了う．たとえ特解を求めるために適当であろうとも，一義的な動的均衡を求めるためには，かくて逐次近似方法は一般には斥けられるべきであろう．

なお，第一次接近について次の如き解釈が可能であることは注意すべきである．それはサミュエルソンが receding equilibrium と名付ける所にかかわる．われわれは均衡状態が実現される前に，歴史的な変動要素の介入のために recede するような均衡概念を考えることができる．この時，時点 $\bar{t}$ に対して，もし $\bar{t}$ 以後のすべての時に歴史的変化がすべて発生しないと仮定するならば，一つの定常的均衡状態を想像することが可能であろう．たとえば $\dot{x}+x=t$ という歴史的体系の場合，$\bar{t}$ に等しい t に於けるかかる定常状態は，方程式の中にイクスプリシットに現れる t についてバーを附しこれをコンスタントとして取扱う仮設的な因果的体系 $dx/dt+x(t)=\bar{t}$ の定常状態として考えられる．即ちそれは $0+x=\bar{t}$ によって与えられ，$\bar{t}$ を動かしてこれを時間の函数と見るのが云う所の receding equilibrium に外ならない．そしてこれが先に示した第一次接近により導出された $x_1(t)$ と同一であることに注意しなければならない．けだし後者はこの場合 $dx_0/dt=0=t-x_1$ によって与えられるからである．

次にわれわれは動的均衡に対しフリッシュが与えた定義とそのための操作を考察しよう．所謂フリッシュの barring process とはこれである．n 箇の未知

函数を含む n 箇の函数方程式の動学的体系に於て，まず第一に n 箇の変数が二つの組に分類される．m 箇かなる一組の変数は ($m \leqq n$) 均衡分析の対象となる変数として，それらに対して正常(normal)値の概念が導入される．そして残りの変数が，正常値も，それからの偏差も問題とされないのに対して，これらの選ばれた変数の性質は正常値と偏差とによって表現される．かかる正常値は後に明かとなるように，前節で与えた定常的均衡値が常数であるのに対して，時間の函数となる．この組に属する変数の標識のためにバーを附することとしよう．第二の操作は，一定数 k 箇の補足的な仮設的方程式を加えることである．これらの方程式は変数の瞬時的形態と動学的形態とを含むであろう．前者に対しては，均衡分析の対象となる変数の上に同じくバーを附する．第三には，本来の体系から h 箇の方程式を選び出し ($h=m-k$) 以上の操作と同様に均衡分折の対象となる変数の瞬時的形態をバーを以て指示する．この組に属する変数の動学的形態及びこの組に属しない変数の瞬時的及び動学的形態に対しては，時点 t に至るまで開展して来た体系の運動によって決定された値をそのまま代入する．かくしてこれらの階梯を踏んだ結果として，われわれはバーを附された m 箇の未知数について同じく $m(=h+k)$ 箇の静学的方程式の連立体系を獲得する．それは性格に於て本節の冒頭に述べた所謂歴史的静学的体系と同一のタイプに属するであろう．この体系によって決定された未知数の値が前述した「正常」値の名称を与えられる．かかる正常値の決定の過程は，体系の時間的開展の任意の段階に於て，即ち任意の時点に於て遂行せられるものである．従って正常値は前述の如く，常数ではなく時間の函数であり，この観点に於てそれは動的均衡と呼ばれることが可能となるのである．この barring process による動的均衡の特徴は，補足的な仮設的方程式を加え原体系の方程式の若干を除外することである．この操作を欠如し，もし原方程式の体系そのままに対して，すべての変数の瞬時的形態にバーを附し動学的形態に t に至るまでの体系の運動によって決定せられる値を代入したならば，われわれは何等の意味での「正常」値にも到達することができず，バーを附された値は，バーを附することなくして求めた場合と正確に一致する結果が得られるに過ぎないことは，全く自明で

あろう.

　右の barring process を例示するために，ヴィクセルの自然利子論を取上げて見よう．ここで自然利子率とは資本市場の均衡を齎す利子率とする．われわれはまずこの理論に登場する基本的方程式としてさしあたり，資本(capital disposition)の需要函数として投資を定義する式 $I_t=F(r_t,\cdots\cdots)$ と，資本の供給函数として貯蓄を定義する式 $S_t=G(r_t,\cdots\cdots)$ とを考慮する．r_t は現実利子率であり，$F.G$ はなお r_t 以外の変数の函数であろうが，それらはいま必要でないから明示せずに置く．均衡分析の対象として正常値とそれからの偏差を問題とする変数として，I_t, S_t, r_t の3箇を選択しバーを附する．即ち $m=3$ である．仮設的方程式として貯蓄投資の均等を示す1箇の方程式を補足する．即ち $k=1$. ヴィクセル理論の全体系の中から $h=m-k=2$ 箇の方程式を選出するのが第三の操作にあたるわけであるが，われわれはこれを前記の資本の需要及び供給函数とする．かくして得られた体系は，$I_t=S_t, I_t=F(r_t,\cdots\cdots), S_t=G(r_t,\cdots\cdots)$ によって表現せられる．これらから $\bar{r}_t$ は更に $F(\bar{r}_t,\cdots\cdots)=G(\bar{r}_t,\cdots\cdots)$ によって決定される．定義によって $\bar{r}$ は自然利子率である．ヴィクセル的貨幣及び利子理論の中心は以上の如く現実利子率と自然利子率との乖離に存するが，その点がこのフリッシュの barring process では次の如く解釈されているわけである．即ち投資貯蓄の均等を示す $I_t=S_t$ は，単に仮設的方程式として補足されたのにとどまり，本来の体系は $I_t=S_t$ を示す方程式を包含しておらず，従って自然利子率は観察された大さ(observed magnitude)ではなく，任意の時点に於て仮設的に与えられ得る一つの方程式の根に過ぎないのである．以上の如く自然利子率を，前述の「正常」値の一例として，またそれ自身時間の函数であるから動的均衡の例示として挙げることは，当然にヴィクセル理論が歴史的体系であることを前提する．しかしもしそれが因果的体系であるとするならば，自然利子率は上記の如き解釈を与えるまでもなく，前節に定義した定常的均衡値の一つと考えることができる点を忘却してはならない．

　さてかかる正常値の運動をわれわれの求める動的均衡の要請と対比した場合，なお基本的な点に於て不満足のように思われる．第一にこの正常値は，本来の

体系の解ではなく，第二にそれは一義的ではない．すべての変数の動学的形態とバーを附されぬ変数の瞬時的形態とは，第三の操作に示した如く本来の体系のtに於ける解が代入されるわけであるが，その解は初期条件の特殊な組に対応して決定される一つの特殊な解であるから，これに依存する正常値は，初期条件を特定するに必要なパラメータに依存して一義的ではない．第三にそれは本質に於て静学的に決定せられるから，たとえ歴史的体系であるとしても，その安定性を問題とすることは無意味となる．然るに定常的均衡の拡張としてわれわれの求めた動的均衡は，前者について安定性が定義し得る如く，同様に安定性を問題となし得るものでなければならなかった．

　従来の文献に示された重要な動的均衡の概念を検討したわれわれは，そのいずれに於ても理論的に満足すべからざるを感得した．それ故にわれわれは翻って何のために動的均衡の定義が要求されたかを省みてみよう．いうまでもなく，それが因果的体系に於て便宜的に定義された定常的均衡の概念を歴史的体系にまで一般的に拡張するためであったことは記憶に新たであろう．そして更に退いて，体系の可能な運動の一つの態様に過ぎない定常的均衡に，何故に関心を繋ぐかを反省するならば，われわれがそこで静学と動学との連関を運動の安定性を問題とすることによって洞察できるからであった．そして定常的均衡が安定であれば，任意の他の運動が極限に於てこれに接近するわけであるが，この関係は逆に極限に於て均衡状態が任意の他の運動に接近することでもあり，従ってすべての運動が均衡に近づく場合には，いかなる運動も，任意に選択された一つの運動に近づかなければならないのである．ところで，動学的体系の考察は，本来，運動の特定の態様のみにかかわるものではなく，そのすべての態様にかかわるものである．この問題が単一の特殊な状態の探究によって果されるのは寧ろ偶然的な事態であろう．かくてたとえ因果的体系に於てすら，われわれが均衡状態以外の運動に関心を集中することも各々の運動が互に接近しあう場合決して不当ではないであろう．この断片的な反省はわれわれを導いて，動的均衡に対する最初の問に，極めて消極的に次の如く語らしめるであろう．即ち，われわれは歴史的体系に於て動的均衡という特権的称号を与えられるよ

うな,特殊の一運動の安定性に関心すべきではなく,むしろ一切の運動悉くの安定性に関心すべきであろう．そして任意の運動の安定は次の如く定義することが出来る．本来の体系の一つの解としての任意の運動を$[u_1(t), \ldots, u_n(t)]$として,函数方程式に於ける $x_r(t)$ に $u_r(t)+\eta_r(t)$ を代入すると, $u_r(t)$ は与えられた函数であるから, n 箇の函数関係は $\eta_r(t)(r=1, \ldots, n)$ の方程式となる. n は原体系の解であるからこの新しい η を未知数とする体系については$(0, \ldots, 0)$ の形の解が存するであろう．そこで初期条件の如何にかかわらず $\lim_{t \to \infty} \eta_r(t) = 0$ が成立すれば, $u_r(t)$ と云う解は安定である．そして通常 η に関する体系は小範場囲に於ては, η の線型体系となることが期待され,数学的取扱いが簡易化されることは,定常的均衡の安定分析の場合と同様であろう.

ともかく,以上に於ける均衡概念をめぐる動学的観点からの遍歴は,この言葉が何等規範的目的論的意味を潜めるものではなく,主として便宜的決定に基づく称呼であり,問題に応じて,たとえ伝統的用法と背馳しても,適当に意味内容を与えられて何等さしつかえないことを示唆しているであろう.

第2章　経済均衡の安定分析

ま　え　が　き

　分析的理論の経済的現実に対する接近の第一歩は，未知変数とパラメーターとの指定に基づく仮設的モデルの建築である．いかなるモデルがうち建てられるかは，従って何が変数とされ何が与件とみなされるかは，専らわれわれの提起した問題の重心に依存する．完全競争下に於ける個別的消費単位の合理的行為や個々の企業の均衡条件の分析に際しては価格はパラメトリックな常数である．しかし市場の相互連関を解明するにあたっては，価格は最も重要な変数である．即ち，一般的な意味に於ては，変数と与件としてのパラメーターとは，ただ構成されたモデルとの相対的な連関に於てのみ確定する流動的な存在である．さて，こうしたパラメーターを含みながら変数の間に想定された函数関係の存在は，われわれのモデルが連立方程式体系の形式をとることを可能とする．この経済体系を未知変数と方程式との数が一致するように整理して解を求めるときに，定立された函数関係の要求する条件のすべてを満たす未知数の一義的な値が確定する．体系の含む方程式関係がすべて静学的(statical)であり，且つ何らかの意味に於て需給均衡条件に関係する限りに於て，このような考察の方法は，われわれをレオン・ワルラスに始まる所謂一般均衡理論の基本的なアイディアの前に導くこととなる．そして彼のエレマンの理解を半世紀の将来に期待したワルラスの念願は，現代の理論経済学が「一般均衡」をいわば世界貨幣として通用せしめている事実によって，充分に報いられていると云ってよいであろう．勿論この際一般という形容詞に絶対的な意味を附することは許されない．われわれはいかなるモデルの建設にも何らかの ceteris paribus を必要とするし，「一般均衡」か「部分均衡」かの差異は，要するにパラメーターの設置の差異に過ぎないからである．[1] 従ってわれわれのこの世界貨幣に対する評価は，

それが斉合的な経済的モデルを，方程式体系による均衡値の決定という形で提供したという点にのみ関わり，しかもそれにつくされる．むしろわれわれは，「方程式と未知数との数の一致」による静学的均衡値の決定という問題の彼方に新しき理論の展開を待望するのである．

経済的分析の第一歩は，前述の如く未知変数とパラメーターとの指定に基づく仮設的モデルの建築であった．そしてこの経済的モデルは従来殆ど静学的均衡体系として構想され，ワルラスの一般均衡方程式組織はその最も輝かしい代表となることが出来たのである．しかしわれわれは更に進んでかかる体系が，パラメーターとして前提する要因の変化に対応して，いかように変動するかを見出し得るならば，不生産的な形式主義という均衡理論に投げかけられた呪咀の言葉を祓い捨てて，有用な認識の果実を獲得する途が拓けるであろう．事実，「現代の古典」ジョン・リチャード・ヒックスの『価値と資本』全体を貫くライトモティーフは彼の所謂「変動の法則」[2] (laws of change) の確立に存したのであり，この「変動の法則」こそ，与件の変化が均衡体系に如何なる運動をひき起すかを闡明することを自らの課題として担うものであった．ポール・アンソニー・サミュエルソンは近著『経済分析の基礎』[3] に於てこの問題領域を「比較静学」(comparative statics) と名付けている．かくして静学的均衡値の一義的決定という段階を越える分析的経済理論の第二の歩みは，かつての如く単純に相異った与件に対応する相異なった均衡値の存在を云々するにとどめて，分析を不徹底に放置することをやめて，比較静学の方法に基づきつつ，これらの数量

---

1) われわれはこれによってローザンヌ学派とケブンリッヂ学派の差異を解消するものではない．むしろ，この両学派の思想史的背景をも含めての対決は興味深いテーマである．ここではわれわれはモデル形成の操作上の観点から「一般」と「部分」との差異を相対化するに過ぎない．

2) 「ワルラス体系のこの不生産性の理由は，主として，彼が一般均衡体系にとっての変動の法則を構成するに至らなかった点に存する．彼は一定の資源と一定の選好状態に於て，価格が如何なる条件を満たさなければならないかについては語ることが出来た．しかし，嗜好や資源が変化する時に何事が起るかを説明しようとはしなかった．」J. R. Hicks, *Value and Capital* 2nd ed. 1946. p. 61.

3) Paul Anthony Samuelson, *Foundations of Economic Analysis*, 1947. 本書は，先にヒックスが「1938 年と 1946 年の間に於ける最も重要な発展」と評価した，*Econometrica* 誌上の The Stability of Equilibrium と題する周知の二論文を Part II として含んでいる．この二つの論文を主として参考としながら本稿を作成していた筆者は，中途にこの最近著を繙く機会を得て，論点をより明快に整理することが可能となったように思う．この論稿が全体として彼に極めて多くを負うことは予め記されるべきであろう．

が如何に対応するかの変動の形態を明かにすることに向けられて来たのである．そして「安定条件」が最も重要な役割を演ずるのは，ほかならない問題のこの頷域に於てである．かくして現代の理論経済学は，その最も基礎的な方法論の側面に於ても，レオン・ワルラスを既に超克しているのである．しかも安定条件の詳細な考察は，後に示されるように，われわれのモデルを静学的領域に蹈躇させることを不可能とし，時間の変化に応ずる体系の運動を明かにする動学的方法の採用を不可避ならしめ，静学的体系を特殊の場合として包摂する一般的な動学体系の摸索に乗り出すこととなる．この間，静学と動学との関連についての検討は，両者の形式的依存関係を解明する「対応原理」(Correspondence Principle) の提唱となり，部分的には顕著な成果を示している．以下に於てわれわれはこれらの問題の展開を経済均衡の方程式組織を出発点に取り，方法的原理の闡明にかなりの力点を置きつつ順次に試みようと思う．

1 比較静学の基本方程式と安定条件

パラメーターの変化に対する均衡体系の変動の法則を明かにする比較静学の方法の特質は，既にヒックスによって明快に宣言せられている．『価値と資本』の第5章の劈頭にわれわれは次の如き言葉を読みとることが出来る．「価格体系の変動の法則は，個人的需要の変動の法則と同様に，安定条件から導き出されなければならない．」[1] このプログラムの意味を明確に理解するために，数学的定式化を以下に試みてみよう．通例の如く，n 箇の未知変数 $x=(x_1, x_2, \ldots, x_n)$ を含む n 箇の独立な函数関係によって，静学的均衡体系を表現する際に，特にこの体系に於て与件として取扱われる要因を m 箇のパラメーター $\alpha=(\alpha_1, \alpha_2, \ldots, \alpha_m)$ によって代表せしめ，それを体系の中に明示して置く．これは比較静学の課題を数学的に明かならしめるための用意にほかならない．かくして

$$\begin{aligned} f_1(x_1, x_2, \ldots, x_n; \alpha_1, \alpha_2, \ldots, \alpha_m) &= 0 \\ f_2(x_1, x_2, \ldots, x_n; \alpha_1, \alpha_2, \ldots, \alpha_m) &= 0 \\ &\vdots \\ f_n(x_1, x_2, \ldots, x_n; \alpha_1, \alpha_2, \ldots, \alpha_m) &= 0 \end{aligned} \quad (1.1)$$

---

1) Hicks, *op. cit.*, p. 62.

或はマトリックス形式で簡潔に

$$f(x, \alpha) = 0$$

と置く．予め与えられた a の値 $a^0 = (a_1^0, a_2^0, \ldots, a_m^0)$ に応じて，x の均衡値 $x^0 = (x_1^0, x_2^0, \ldots, x_n^0)$ が求められる．そして与えられる a の値の変化に応じて x^0 の値も変化する．このことは

$$\begin{aligned} x_1 &= g_1(\alpha_1, \alpha_2, \ldots, \alpha_m) \\ x_2 &= g_2(\alpha_1, \alpha_2, \ldots, \alpha_m) \\ &\vdots \\ x_n &= g_n(\alpha_1, \alpha_2, \ldots, \alpha_m) \end{aligned} \qquad (1.2)$$

或は簡潔に

$$x = g(\alpha)$$

と記すことが出来る．[2] 与件の変化に応ずる変数の運動とわれわれが先に名づけたところは，数学的には函数 g の形を意味し，従って独立変数 α の函数として g の形が充全に規定せられるならば，比較静学の課題は充全に果されることを期待してよいであろう．この意味に於て (1.2) 或いはさかのぼって α を明示する (1.1) を，比較静学体系と呼ぶことも許されよう．然るに従来多くは，この体系の意味を，単に未知数とパラメーターとの間に於ける函数関係の存在についての形式的表現として理解するにとどまり，その限りに於てこれは自明の事実の単純な指摘として，何等生産的な認識を齎すことを期待することは出来なかった．この段階を越えて，比較静学の方法を有効ならしめるための前進は，g の形の具体的検討へ方向づけられなければならないであろう．

かくして問題は純粋理論のかかわる限りに於て，f の性質から，如何なる g の性質を読み取ることが出来るかに存している．所で経済理論が f に於て期待する所は，それに関する具体的数値としての量的知識ではなくして，f の勾配や曲率などに関する質的な知識である．かくして g に関して f から導出し得ること

---

[2] (x^0, α^0) なる点の近傍に於て f 及び f_x が連続であり $f(x^0, \alpha^0) = 0$ 及び函数行列式 $\dfrac{D(f_1, f_2, \ldots, f_n)}{D(x_1, x_2, \ldots, x_n)}$ が (x^0, α^0) に於て零とならないならば，即ち後述のマトリックス $[F]$ が退化しないならば，陰函数の存在定理によって，α^0 の近傍に於て $f(g(\alpha), \alpha) = 0$，$x^0 = g(\alpha^0)$ を満足するような連続な函数 $x = g(\alpha)$ が確定する．そしてこの函数 g は α^0 に於て微分可能であり一般に g の高階微分は f の可能な高階微分の階数と一致する．

もまた，かかる質的性格を担った法則であろう．それ故に比較静学の課題についてのわれわれの最初の有意義な操作は，$\dfrac{\partial x_r}{\partial \alpha_s}(r=1,\cdots\cdots,n\,;\,s=1,\cdots\cdots,m)$ の検討に始まることとなる．

最初の均衡状態が，予め規定された $\alpha^0=(\alpha_1^0,\alpha_2^0,\cdots\cdots,\alpha_m^0)$ に応ずる $x^0=(x_1^0,x_2^0,\cdots\cdots,x_n^0)$ によって示されているとする．いま α のうち α_1 のみが変化し他の $(\alpha_2,\cdots\cdots,\alpha_m)$ はコンスタントにとどまるとして，体系(1.1)を α_1 に関して偏微分し，それをマトリックス形式で表現すると，

$$\begin{bmatrix} f_{11} & f_{12} & \cdots & f_{1n} \\ f_{21} & f_{22} & \cdots & f_{2n} \\ \vdots & \vdots & & \vdots \\ f_{n1} & f_{n2} & \cdots & f_{nn} \end{bmatrix} \begin{bmatrix} \dfrac{\partial x_1}{\partial \alpha_1} \\ \dfrac{\partial x_2}{\partial \alpha_1} \\ \vdots \\ \dfrac{\partial x_n}{\partial \alpha_1} \end{bmatrix} = - \begin{bmatrix} f_1\alpha_1 \\ f_2\alpha_1 \\ \vdots \\ f_n\alpha_1 \end{bmatrix} \tag{1.3}$$

ここで $f_{rs},\dfrac{\partial x_r}{\partial \alpha_1},f_r\alpha_1,(r,s=1,2,\cdots\cdots,n)$ はそれぞれ

$$f_{rs}=\dfrac{\partial}{\partial x_s}f_r(x_1^0,x_2^0,\cdots\cdots,x_n^0\,;\,\alpha_1^0,\alpha_2^0,\cdots\cdots,\alpha_m^0)$$

$$\dfrac{\partial x_r}{\partial \alpha_1}=\dfrac{\partial}{\partial \alpha_1}g_r(\alpha_1^0,\cdots\cdots,\alpha_m^0)$$

$$f_r\alpha_1=\dfrac{\partial}{\partial \alpha_1}f_r(x_1^0,x_2^0,\cdots\cdots,x_n^0\,;\,\alpha_1^0,\alpha_2^0,\cdots\cdots,\alpha_m^0)$$

を意味し，即ちこれらは均衡点に於ける偏微係数を示すものであるが，われわれは混同のおそれのない限り，均衡点に関連する記号は省略することとする．かくして $f_{rs},f_r\alpha_1$ は均衡状態と共に確定する常数であり，(1.3)は n 箇の未知数 $\left(\dfrac{\partial x_1}{\partial \alpha_1},\dfrac{\partial x_2}{\partial \alpha_1},\cdots\cdots,\dfrac{\partial x_n}{\partial \alpha_1}\right)$ に関する連立一次方程式である．いま f_{rs} を元素とする n 次のマトリックスを $[F]$, $\dfrac{\partial x_r}{\partial \alpha_1}$ より成る列マトリックスを $\left[\dfrac{\partial x}{\partial \alpha}\right]$, $f_r\alpha_1$ より成る列マトリックスを $[f_\alpha]$ と置けば (1.3) はより簡潔に

$$[F]\left[\dfrac{\partial x}{\partial \alpha}\right]=-[f_\alpha] \tag{1.3}$$

となる．$[F]$ が退化しないマトリックスであり，従って $[F]$ の行列式 $F \neq 0$ であるならば，$[F]$ の逆行列 $[F]^{-1}$ は一義的に確定し，

$$[F]^{-1} = \begin{bmatrix} \dfrac{F_{11}}{F} & \dfrac{F_{21}}{F} & \cdots\cdots & \dfrac{F_{n1}}{F} \\ \dfrac{F_{12}}{F} & \dfrac{F_{22}}{F} & \cdots\cdots & \dfrac{F_{n2}}{F} \\ \vdots & \vdots & & \vdots \\ \dfrac{F_{1n}}{F} & \dfrac{F_{2n}}{F} & \cdots\cdots & \dfrac{F_{nn}}{F} \end{bmatrix}$$

によって与えられる.[3] ここで F_{rs} は行列式 F に於ける第 r 行第 s 列の元素 f_{rs} の余因数である. これを用いて解ベクトル $\dfrac{\partial x}{\partial \alpha}$ を求めれば,

$$\left[\frac{\partial x}{\partial \alpha}\right] = -[F]^{-1}[f_\alpha] \tag{1.4}$$

これは云うまでもなく, クレーマの公式による連立方程式 (1.3) の解

$$\frac{\partial x_r}{\partial \alpha_1} = -\frac{\sum_s f_{s\alpha_1} F_{sr}}{F} \quad (r=1, 2, \cdots\cdots, n)$$

をマトリックス形式で表現したものに過ぎないが, われわれが問題とする $\dfrac{\partial x}{\partial \alpha}$ が二つのマトリックスの性質に依存することを端的に明示する利点が存する. そしてこのうちベクトル $f_\alpha = (f_{1\alpha_1}, f_{2\alpha_1}, \cdots, f_{n\alpha_1})$ については, 変動せしめる1箇のパラメーターが α_1 に限らず任意の番号を持ったものでも上述の議論がそのまま妥当することは, あらためていうを用いない点であるが, 更に, 通常われわれが理論に於て逢着する問題にあっては, 1箇のパラメーターの変化はただ1箇の函数を移動せしめるに過ぎず従って f_α はたとえば $(f_{1\alpha_1}, 0, \cdots\cdots, 0)$ の形を取ることを, 一般性を失わずに想定出来る場合が多く, しかもこの際 $f_{1\alpha_1}$ の符号は問題の性質から多く自明の事実として定め得ることを附加しなければならないであろう. かくして実践的には, $\dfrac{\partial x}{\partial \alpha}$ の性質は, 殆ど全くマトリックス $[F]$ によって決定せられることとなるのである. 所でこの $[F]$ の性格についての知

---

[3] このことは, このマトリックスの階数が n であるというに等しい. マトリックスが退化して階数が $r(r<n)$ であれば, (1.3) が解を有する必要充分条件は, $[F]$ に一列 f_α を加えたマトリックスの階数もまた r となることである. この場合に於て階数 r に等しい独立方程式を特定すれば, 他の方程式は恒等的にそれらの一次結合となる. 即ち (1.3) を $\varphi_m = 0 (m=1,2,\cdots\cdots,n)$ とすれば, 最初から r 箇を独立としたとき, 恒等式

$$\varphi_m = c_1\varphi_1 + c_2\varphi_2 + \cdots\cdots + c_r\varphi_r$$

が $m>r$ なるすべての方程式について成立する.

識を提供するものが，まさに均衡体系の安定条件にほかならない．従って比較静学が課題とする変動の法則を安定条件から導出するというヒックスのプログラムは，われわれの数学的定式化によってはっきりと示されたこととなる．この意味に於てわれわれは，先の式

$$\left[\frac{\partial x}{\partial \alpha}\right] = -[F]^{-1}[f_\alpha] \tag{1.4}$$

を比較静学の基本方程式と呼ぶことも許されると信ずる．後に示す如く，スルーツキー或はヒックスの価値の基本方程式と呼ばれるものも，全くわれわれのこの基本方程式の特定の場合に過ぎないものである．さて$[F]$の性格を規定する均衡体系の安定条件とは如何なる条件であろうか．節をあらためてこれを検討することとしよう．

2　主体的均衡の安定条件

　経済理論に於て問題とされる均衡条件は，大別して二つの種類に分たれている．即ち，個々の経済単位に於ける主体的均衡と，経済単位の相互連関から成立つ市場に於ける客観的均衡とがそれである．前者は通常その亜種として，消費財の需要にあたり相対的に最も選好せられた状態を目指す消費主体＝家計に関するものと，利潤の極大を目指す生産主体＝企業にかかわるものとの，少くとも二つを含んでいる．そしてこれらの均衡状態が，かくの如く何等かの意味に於ての経済主体の極大化行為によって実現されると想定される以上，この均衡状態の判別は，一階の微分に関する極値の必要条件たる等式と，二階の微分に関する不等式条件との，2種類の吟味を俟って完全となるであろう．もし均衡状態がこの二つの条件の何れをも満たしているならば，その状態からの転位は極大条件の弛緩を意味し，また，第一の極値条件を満たしただけで第二の不等式条件を満たさない状態は，極大を求める主体にとって安定すべき位置とはなり得ない．かくして主観的均衡条件が経済主体の合理的斉合的な極大化行為の想定を規準とする以上，われわれは第二の条件を以て主観的均衡の安定条件とみなすことが出来るであろう．他方，客観的な市場均衡を表現する需給一致の条件は，主体の均衡に於けるが如く極大化行為によって支持されるものでは

なく，従ってその安定性の考察もまた，おのずから別箇の道程を歩まなければならないであろう．そして市場均衡の安定条件こそ最近時の理論の最も高調した討議の対象であり，われわれも後節に於てこれに関する立入った検討を遂げるであろう．ここでは先ず主観的均衡の安定条件を数式的に明示することを問題とする．しかもここで現われる数学的形態は，近時の文献に於て ad nauseam に見出されるものであり，それ故われわれの力点もただ，安定条件と，比較静学の基本方程式，就中 [F] に相当するマトリックスの性格との対応に置くことにとどめられる．

函数 $z=f(x_1, x_2, \ldots, x_n; \alpha)$ に於て $(x_1, x_2, \ldots, x_n)$ は n 箇の独立変数，パラメーターは後に変化せしめる1箇のみを明示して α とする．(函数記号は前節と同様 f で示されるが内容的には何の連関もないことはいうまでもない．) x^0 に於て z が極大となるとすれば，その極大条件は

$$dz = \sum_r \frac{\partial f}{\partial x_r} dx_r = \sum_r f_r dx_r = 0$$

従って

$$\frac{\partial f}{\partial x_r} \equiv f_r(x_1, x_2, \ldots, x_n; \alpha) = 0 \quad (r=1, 2, \ldots, n) \tag{2.1}$$

及び

$$d^2z = \sum_{r,s} \frac{\partial f}{\partial x_r \partial x_s} dx_r dx_s \equiv \sum_{r,s} f_{rs} dx_r dx_s < 0 \tag{2.2}$$

によって与えられる．(2.1) が (1.1) に対応する静学的均衡体系であり，(2.2) が上述の如くその安定条件を提供する．さて $x_r = x_r^0 + h_r$ と記し h_r をすべてが零でない任意の実数とすれば，h_r の間の比は x^0 からの任意の方向を示す．この h_r を列マトリックスに記したものを h，その転置マトリックスを h' とするならば，(2.2) は h に関する二次形式 $h'[f_{rs}]h$ と符号を同じくする．$[f_{rs}]$ は f_{rs} を元素とする n 次の正方マトリックスである．かくして安定条件 (2.2) の語る所は $h'[f_{rs}]h$ が負定形の二次形式であるということであり，それをまた今後 $[f_{rs}]$ が負のマトリックスであるということとしよう．f_{rs} は f に関する二階の偏微分によって得られたものであるから，それらが連続であれば $f_{rs}=f_{sr}$ であり，$[f_{rs}]$ は対称的なヘッセのマトリックスとなる．

第2章 経済均衡の安定分析

さて均衡体系 (2.1) がパラメーターの変化に応じていかなる変動を示すかは，各の方程式を α に関して偏微分して得られる連立一次方程式

$$[f_{rs}]\left[\frac{\partial x}{\partial \alpha}\right] = -[f_\alpha] \tag{2.3}$$

によって示される．かくしてこの際の静学の基本方程式は殆ど専ら $[f_{rs}]$ の性格に依存し，これが前節の $[F]$ に対応するマトリックスである．しかもその負たる性質は，恰もわれわれが主観的均衡の安定条件によって導出したばかりであった．安定条件から変動の法則へというヒックスのプログラムは主観的均衡に関してはかくて原理的に確認しうるようである．しかし経済理論に於ける極大化行為は，今迄説明せられた如く変数 x の動く範囲が無制限に許されている場合は殆どなく，それは多く，制限条件下の極大という形態を取る．それ故かような取扱いに適合し得るように上述の議論を補完する事が望ましいであろう．

z が $x=(x_1, x_2, \cdots\cdots, x_n)$ に関する m 箇 $(m<n)$ の条件式

$$g^i = 0 \quad (i=1, 2, \cdots\cdots, m.\ \text{巾記号ではない．}) \tag{2.4}$$

によって制約されて，極大となる条件は，ラグランジュの乗数 $\lambda=(\lambda_1, \cdots\cdots, \lambda_m)$ を用いてつくられた函数

$$\begin{aligned}\varphi &= \varphi(x_1, \cdots\cdots, x_n;\ \lambda_1, \cdots\cdots, \lambda_m;\ \alpha) \\ &= f + \sum_i \lambda_i g^i\end{aligned} \tag{2.5}$$

の極大を，x が何等の制限を受けないかの如く，そのすべてを対称的に取扱いながら求めることによって与えられる．まず前記の (2.1) に代っては，

$$\frac{\partial \varphi}{\partial x_r} = f_r + \sum_i \lambda_i g_r^i = 0 \quad (r=1, 2, \cdots\cdots, n) \tag{2.6}$$

が現われ，この n 箇の式は (2.4) に与えられた m 箇の条件式と共に，$(n+m)$ 箇の未知数 x と λ との均衡値を定める静学的体系となり，(1.1) の体系に対応する．この極大の必要条件を λ から独立に示すためには，次のようなマトリックス

$$\begin{bmatrix} f_1 & g_1^1 & g_1^2 \cdots\cdots g_1^m \\ f_2 & g_2^1 & g_2^2 \cdots\cdots g_2^m \\ \vdots & \vdots & \vdots \\ f_n & g_n^1 & g_n^2 \cdots\cdots g_n^m \end{bmatrix} = \begin{bmatrix} \dfrac{\partial f}{\partial x_r} & \dfrac{\partial g^i}{\partial x_r} \end{bmatrix} \tag{2.7}$$

を考え,その階数を $[g_r{}^i]$ の階数と等しく m とすればよい.その時,λ について一義的な解が得られ,それによって (2.6) は f_r と $g_r{}^i$ とに関する $(n-m)$ 箇の独立な条件を与えることとなる.次に (2.2) に対しては,均衡値 x^0, λ^0 の近傍で

$$\sum_r g_r{}^i h_r = 0 \quad (i=1, \cdots\cdots, m) \qquad (2.8)$$

の条件の下に,二次形式

$$\sum_{r,s}\left(f_{rs} + \sum_t \lambda_i g_{rs}^t\right) h_r h_s = h'[\varphi_{rs}]h \qquad (2.9)$$

が負定形となることが交替する.[1] このためには n 次のマトリックス $[\varphi_{rs}]$ が負のマトリックスであることは,充分な条件であろう.しかしこれは無条件に即ち (2.8) の制約なしに,(2.9) がマイナスとなる条件であるから,われわれにとって必要ではない.必要にして充分な条件は,$g_r{}^i$ によって m 重に縁づけられた行列式を持つ $(n+m)$ 次のマトリックス

$$[\varPhi] = \begin{bmatrix} \varphi_{11} & \cdots\cdots & \varphi_{1n} & g_1{}^1 & \cdots & g_1{}^m \\ \vdots & & \vdots & \vdots & & \vdots \\ \varphi_{n1} & \cdots\cdots & \varphi_{nn} & g_n{}^1 & & g_n{}^n \\ g_1{}^1 & \cdots\cdots & g_n{}^1 & 0 & & 0 \\ \vdots & & \vdots & \vdots & & \vdots \\ g_1{}^m & \cdots\cdots & g_n{}^m & 0 & & 0 \end{bmatrix} \qquad (2.10)$$

に於て,そのサブ・マトリックス $[\varphi_{rs}]$ の k 次 $(m+1 \leq k \leq n)$ の首座行列式に適当な縁をつけた行列式例えば

$$\begin{vmatrix} \varphi_{11} & \varphi_{12} & \cdots\cdots & \varphi_{1k} & g_1{}^1 & \cdots & g_1{}^m \\ \varphi_{21} & \varphi_{22} & \cdots\cdots & \varphi_{2k} & g_1{}^2 & \cdots & g_2{}^m \\ \vdots & \vdots & & \vdots & \vdots & & \vdots \\ \varphi_{k1} & \varphi_{k2} & \cdots\cdots & \varphi_{kk} & g_k{}^1 & \cdots & g_k{}^m \\ g_1{}^1 & g_2{}^1 & \cdots\cdots & g_k{}^1 & 0 & \cdots & 0 \\ \vdots & \vdots & & \vdots & \vdots & & \vdots \\ g_1{}^m & g_2{}^m & \cdots\cdots & g_k{}^m & 0 & \cdots & 0 \end{vmatrix} \qquad (2.10')$$

が $(-1)^k$ と同符号であることである.これが制限条件の課せられた極大化行為によって主観的均衡が示される場合の安定条件である.そしてわれわれの均

---

1) 藤原松三郎『微分積分学』第2巻97頁以下.

衡体系は前述の如く (2.4) と (2.6) との $(n+m)$ 箇の方程式によって与えられているわけであり，これが α の変化に応じて示す運動は (2.3) に対応する連立一次方程式

$$\begin{bmatrix} f_{rs}+\sum \lambda_i g_{rs}^i & \vdots & g_r^i \\ \cdots\cdots\cdots\cdots\cdots & \vdots & \cdots \\ g_s^i & \vdots & 0 \end{bmatrix} \begin{bmatrix} \dfrac{\partial x_r}{\partial \alpha} \\ \vdots \\ \dfrac{\partial \lambda_i}{\partial \alpha} \end{bmatrix} = -[f_\alpha] \qquad (2.11)$$

によって示される．左辺の正方マトリックスは (2.10) にほかならず，従ってこの場合にも，静学の基本方程式は，このマトリックスの性格に依存し，後者は安定条件によって決定せられることは全く前と同様である．

なお，われわれは比較静学の基本方程式に於て $[F]$ の逆マトリックス $[F]^{-1}$ を利用した．従ってこの節に於てそれに相当する $[f_{rs}]$ 及び $[\Phi]$ の逆マトリックスに関して，その性質を吟味して置こう．$[f_{rs}]$ は対称なマトリックスであり，安定条件によって $h'[f_{rs}]h$ は，負定形の二次形式であった．いま h に変換 $h=[f_{rs}]^{-1}k$ を施すと

$$h'[f_{rs}]h = k'[f_{rs}]^{-1\prime}[f_{rs}][f_{rs}]^{-1}k$$
$$= k'[f_{rs}]^{-1\prime}k = k'[f_{rs}]^{-1}k$$

かくして本来の二次形式は $[f_{rs}]^{-1}$ をそのマトリックスとする k の二次形式に等しく，従って $[f_{rs}]$ の逆マトリックスも亦，負定形のマトリックスである．

類似の性質は $[\Phi]$ に関してはやや複雑となる．$[\Phi]$ の逆マトリックス $[\Phi]^{-1}$ に於て，前者のサブ・マトリックス $[\varphi_{rs}]$ に対応する後者のサブ・マトリックスは Φ を $[\Phi]$ の行列式，Φ_{rs} を $[\Phi]$ に於ける φ_{rs} の余因数とすれば

$$[\hat{\varphi}] = \frac{1}{\Phi}\begin{bmatrix} \Phi_{11} & \cdots\cdots & \Phi_{n1} \\ \vdots & & \vdots \\ \Phi_{1n} & \cdots\cdots & \Phi_{nn} \end{bmatrix} \qquad (2.12)$$

となる．相反行列式に関するヤコービの定理によって

$$\begin{vmatrix} \Phi_{11} & \cdots\cdots & \Phi_{r1} \\ \vdots & & \vdots \\ \Phi_{1r} & \cdots\cdots & \Phi_{rr} \end{vmatrix} = \Phi^{r-1}\Phi\begin{pmatrix} 1 & \cdots\cdots & r \\ 1 & \cdots\cdots & r \end{pmatrix} \quad (r \leq n) \qquad (2.13)$$

が成立する. $\Phi\begin{pmatrix}1\cdots\cdots r\\1\cdots\cdots r\end{pmatrix}$ は Φ に於て $1,2,\cdots\cdots,r$ 行と $1,2,\cdots\cdots,r$ 列とを除いた $(n+m-r)$ 次の小行列式を意味する. その時, $n-m<r\leq n$ に対しては $\Phi\begin{pmatrix}1\cdots\cdots r\\1\cdots\cdots r\end{pmatrix}$ が零となることは (2.10) の $[\Phi]$ の形から明かであるから, 従って (2.13) の左辺の行列式も零となり, マトリックス $[\hat{\varphi}]$ の階数は $(n-m)$ であることが判明する. しかも Φ については (2.10′) の如き行列式の符号が安定条件によって決定せられることは前述の如くであるから, $\Phi\binom{1}{1}/\Phi, \Phi\binom{12}{12}/\Phi, \Phi\binom{123}{123}/\Phi$ …… 等は交互にマイナス, プラスとなり, (2.13) の関係を顧慮すれば, それは結局, 階数 $(n-m)$ のマトリックス $[\hat{\varphi}]$ が, nonpositive な, 即ち低位負形式のマトリックス[2]であることを物語っている. 蓋しそのために必要にして充分な条件は $[\hat{\varphi}]$ の $(n-m)$ 次以下の小行列式の符号が振動することであるからである.

さて先にわれわれは主体的均衡条件の導出にあたり, 独立変数たる x に関しては, 何等特殊の規定を設けなかった. 従って均衡条件がその一般性を主張し得るためには, (2.7) の階数条件や (2.9) の定形性が, 独立変数 x の変換に対しても不変であることが示されなければならない. このことの経済的意味は, われわれの経済的経験に於て財の分類や合成は恣意的であるが故に, いかなる分類や合成が採用されても, 安定的均衡の性質が不変であることを要求するにほかならない. いま x が一次変換 $x=Ay$ $|A|\neq0$ によって y に変換されたとする. そのとき

$$\left[\frac{\partial f}{\partial y_r}\frac{\partial g^s}{\partial y_r}\right]=A'\left[\frac{\partial f}{\partial x_r}\frac{\partial g^s}{\partial x_r}\right]$$

となり, A は退化しないマトリックスであるから, 極大の必要条件としての (2.7) の階数条件は変換に対して不変である. また $y=y^0+t\bar{h}$ とすると,

$$\left[\frac{\partial\varphi}{\partial y_r\partial y_s}\right]=A'\left[\frac{\partial\varphi}{\partial x_r\partial x_s}\right]A, \quad \bar{h}=A^{-1}h, \quad \left[\frac{\partial g^i}{\partial y_r}\right]=A'\left[\frac{\partial g^i}{\partial x_r}\right]$$

となるから, $[\varphi_{rs}]$ が $h'[g_r^i]=0$ の下に負のマトリックスであるという条件もまた不変である. かくしてわれわれの主観的均衡及び安定条件は一般的に妥当する性質を具えている.

---

2) 高木貞治『代数学講義』383頁.

以上の考察は,その特殊の場合として,ヒックスの消費者及び生産者の選択理論に於ける基本方程式並びに連関財の法則を包含する.即ち (2.4) の如き制限条件を1箇の収支均等式とし,極大化されるべき対象 z を,「序数的」効用函数と考え,パラメーター a を任意の一価格にとれば,われわれの所謂比較静学の基本方程式は,ヒックスの「価値理論の基本方程式」となり,制限条件を生産函数乃至転形函数とし,z を利潤とすれば,企業均衡に関する基本関係を示すこととなる.そして連関財の六則もまた,われわれのマトリックス $[\Phi]$ の性質を個別的に叙述する以外のものではない.更にまた複数の制限条件を取扱うことはたとえば所謂 Rationing の理論に於て応用の機会を見出すであろう.かくしてわれわれは充分に一般的な展望に於て,安定条件から変化の法則へと目指す所の比較静学の問題を,主体的均衡に関する限り,その原理的側面に於て考察し終ったように思う.

3 動学的安定分析の方法的基礎

次にわれわれは市場均衡の安定条件を吟味するべき順序にある.ここに於ては主体的均衡と異なり,均衡と安定とを主体の極大化行為によって律することは不可能である.従ってこれらの概念について ab ovo に検討し直すことが,差当り必要となるであろう.経済理論の文献に於ける市場均衡の安定性の意味は一財市場に考察を限定したワルラスやマーシャルの古くより,終始一貫,均衡状態からの乖離が,自動的にもとの均衡へ復帰する運動を再生し得るか否かを最も基本的な内容として担っている.さてこの安定概念の基礎に潜むものを明示的に表現するならば次の如くである.先に変数とパラメーターとを指定して構成したモデルが専ら静学的であったのに対し,今やそれらの変数が時間を通じて運動するものと考えて体系を動学化し,この体系の時間的運動がいかなる初期条件から開始されても,やがて時間の経過と共に必ず一つの状態に収斂して行くことを以て安定条件とするに等しいであろう.そしてこの収斂の極限としての一つの状態が,静学的均衡状態と対応するならば,それをわれわれは安定的均衡と称することが出来る.かくして市場均衡の安定性の根源的な省察は

第一にわれわれのモデルの静学から動学への編成替えに直面しなければならない．

一般的に，動学的体系は，時間についての n 箇の未知函数 $[x_1(t), x_2(t), \cdots\cdots, x_n(t)]$ が特定された初期条件の組を伴って微分方程式・定差方程式・積分方程式，或いはそれらの混合形によって，n 箇の方程式体系として関係づけられた時に確定する．そしてこの動学的体系は，その中に時間 t が明示的に含まれているか否かの観点から二つに分類出来る．例えば微分方程式 $\dot{x}+x=0$ と $\dot{x}+x=t$ とを比較すれば前者は時間を明示的に含まず（タイプ A），後者はこれを含んでいる（タイプ B）．いまそれぞれの解を求めると前者は $x(t)=\bar{x}e^{-(t-t_0)}$ 後者は $x(t)=(t-1)+[\bar{x}+1-t_0]e^{-(t-t_0)}$（何れも $\bar{x}$ は $t=t_0$ に於ける x の値として初期条件によって決定される）となる．かくしてタイプ A に於てはその解は $x=f[t-t_0, \bar{x}]$ の形を取り，初期条件と，その初期条件が確定した時点以後に経過した時間間隔とに依存し，初期条件がいかなる歴史的時点に於て確定したかに依存しない．しかるにタイプ B にあっては，その解は $x=f[t, t_0, \bar{x}]$ の形をとり，初期条件が確定した歴史的時点にも依存する．[1] 動学的体系に於けるこのタイプ A とタイプ B との区別は，われわれが体系の定常状態（stationary state）[2] を規定するにあたって重要となる．タイプ A に於ては後述の如く，その定常状態は明確に定義出来るのであるが，それをタイプ B にまで拡張することは別箇のたちいった考察を要求するであろう．[3] しかし以下に於てわれわれの問題たる安定分析に取扱う体系はタイプ A であり，タイプ B には以後言及

---

1) サミュエルソンはタイプ A を causal system タイプ B を historical system と呼んでいる．P. A. Samuelson, *op. cit.*, pp. 315-319.
彼の一般的表記法に於ては，前者は
$$F_r\left[\underset{-\infty}{\overset{t}{x_1(\tau)}}, \underset{-\infty}{\overset{t}{x_2(\tau)}}, \cdots\cdots, \underset{-\infty}{\overset{t}{x_n(\tau)}}\right]=0 \quad (r=1, 2, \cdots\cdots, n)$$
後者は
$$F_r\left[\underset{-\infty}{\overset{t}{x_1(\tau)}}, \underset{-\infty}{\overset{t}{x_2(\tau)}}, \cdots\cdots, \underset{-\infty}{\overset{t}{x_n(\tau)}}; t\right]=0 \quad (r=1, 2, \cdots\cdots, n)$$
となる．

2) stationary state に対しては，われわれの考察の力学的類同性から定常状態と呼ぶことにする．従って stationary solution, stationary value も定常解，定常値と呼ぶ．経済学に於いて通有な「静態」という極めて多義的で曖昧な表現はこれを回避するのが妥当であろう．

3) P. A. Samuelson, *op. cit.*, pp. 320-333.

しないこととする.

　考察の対象としての動学的体系の形式的性格についてこのような限定を与えた後に於て,われわれの問題となるのはかかる体系の定常状態とその安定性とを規定することである. 所で後に現われる経済的に意味づけられた動学的体系は微分方程式体系もしくは定差方程式体系によって表現せられ, そして微分方程式体系と定差方程式体系とは多くの場合パラレルに論ずることが許されるので, ここでわれわれは前者特に常微分方程式によって論証を進め, 後者については必要に応じて言及するにとどめることとする.

　常微分方程式体系は, 新しい函数の定義によって一階の微分方程式の連立体系に整頓することが出来, そして更に後者は一般性を失うことなしに正規形

$$\frac{dx_r}{dt}=f_r(x_1, x_2, \cdots\cdots, x_n) \quad (r=1, 2, \cdots\cdots, n) \tag{3.1}$$

に変形することが可能である. その時定常解は

$$\frac{dx_r}{dt}=0=f_r(x_1, x_2, \cdots\cdots, x_n) \quad (r=1, 2, \cdots\cdots, n) \tag{3.2}$$

を満足する変数の値の組 $x^0=(x_1^0, x_2^0, \cdots\cdots, x_n^0)$ によって与えられる.[4] 後述する市場の需給調整の動学的体系の如く, 問題の性質上これが静学的体系の決定する均衡値に等しい場合には, われわれの定常状態は同時に静学的均衡状態と見ることが出来る. かくて, 静学的体系を動学的運動の一つの特殊な場合とみなすことが出来, しかも静学的均衡が動学的観点に於ける一つの定常状態と対応するこのような場合に於ては, 均衡の安定性とは, 前述の予備的考察の示す所では, 任意の初期条件から始まる体系の動学的運動が時間経過と共に必ずこの定常状態に収斂することを意味していた. かくして数式的には

---

[4] 先の一般的表記法に対応して定常解を示すとすれば, $(x_1^0, x_2^0, \cdots\cdots, x_n^0)$ は

$$F_r\left[\underset{-\infty}{\overset{t}{x_1^0}}, \underset{-\infty}{\overset{t}{x_2^0}}, \cdots\cdots, \underset{-\infty}{\overset{t}{x_n^0}}\right]=0$$

を満足しなければならない. われわれの定義にとってタイプ A に属するすべての体系にかかる定常解が存在することは必ずしも必要ではない. たとえば $\ddot{x}+\dot{x}=e^x$ はそれを有しない. われわれはただ確定的に定常解が定義出来ることを以て満足するのである. またタイプ B に属する形でも例外的にかかる定常解を有するものがある. たとえば $t\frac{dx}{dt}+x=0$ は $t=e^{t'}$ による時間変換によって, t' に関してタイプ A に属する $\frac{dx}{dt'}+x(t')=0$ となり, 定常値 0 を有することとなる. Samuelson, *op. cit.*, p. 261, p. 286 et. seq. p. 320.

$$\lim_{t\to\infty} x_r(t) = x_r^0 \tag{3.3}$$

が初期条件の如何に拘らず成立つことが，われわれの安定条件の終局的な定義となる．この条件を更に具体的に (3.1) の微分方程式体系に即して考察して見よう．

(3.2) の与える (3.1) の定常解を $(x_1^0, x_2^0, \cdots\cdots, x_n^0)$ とし，変数の変換 $y_r = x_r - x_r^0 (r=1, 2, \cdots\cdots, n)$ を行う．函数 $f_r(r=1, 2, \cdots\cdots, n)$ が定常値の近傍に於て正則であり，従って巾級数に展開出来るとすれば，

$$\begin{aligned}\frac{dy_r}{dt} &= f_r(y_1+x_1^0, y_2+x_2^0, \cdots\cdots, y_n+x_n^0) \\ &= f_r(x_1^0, x_2^0, \cdots\cdots, x_n^0) + \left(y_1\frac{\partial}{\partial y_1} + y_2\frac{\partial}{\partial y_2} + \cdots\cdots + y_n\frac{\partial}{\partial y_n}\right)f_r(x_1^0, \cdots\cdots, x_n^0) \\ &\quad + \frac{1}{2!}\left(y_1\frac{\partial}{\partial y_1} + y_2\frac{\partial}{\partial y_2} + \cdots\cdots + y_n\frac{\partial}{\partial y_n}\right)^2 f_r(x_1^0, \cdots\cdots, x_n^0) + \cdots\cdots \\ &= 0 + \sum_s \alpha_{rs}y_s + \sum_{s,p}\alpha_{rsp}y_sy_p + \cdots\cdots \quad (r=1, 2, \cdots\cdots, n)\end{aligned} \tag{3.4}$$

添字を附した係数 α は定常状態に於て決定せられることはいうまでもない．いま定常値からの乖離 y_r を充分小さくすれば，第三項以下は第二項に対して高位の無限小となる．従ってわれわれが f_r の第一次近似函数を以て原函数に代用し得る y_r の変域内に於ける体系の安定性を第一階の安定 (first-order stability) と呼ぶこととすれば，それはまさしく動学的体系

$$\frac{dy_r}{dt} = \sum_s \alpha_{rs}y_s \quad (r=1, 2, \cdots\cdots, n) \tag{3.5}$$

の安定性にほかならない．そしてこの体系は常数係数の線型一階同次連立常微分方程式であるから，数学的には後述の如く極めて容易に取扱うことが可能であり，その解に於て (3.3) の成立する条件が即ち第一階の安定条件である．いうまでもなくこのような線型体系の安定性を以て，一般的な非線型体系の安定性に対する答案とすることは許されない．しかしながら，いま非線型体系に於いて，(3.3) の成立が初期条件の如何に拘らず成立する場合を完全安定 (perfect stability) とし，これに対して定常値からの乖離が充分小さい場合に (3.3) が成立つとき，これを一般に小範囲の安定 (stability in the small) と名付けるなら

ば，小範囲の安定は完全安定にとっての必要条件となるであろう．そしてこの非線型体系に於ける小範囲の安定と，線型体系の示す第一階の安定とは密接な関連に立つことも予想され得るところであろう．[5] しかもわれわれの比較静学の課題はパラメーターの変更に応ずる均衡値の微小変動にかかわるものであった．かくして線型体系を以て行論を展開することは，一般的な動学理論(そして景気変動理論はその最も重要なものである）の観点からは少なからぬ限定であるけれども，現在のわれわれの問題にとっては，決定的な意義を持ち得るものである．かくして線型体系 (3.5) の検討に移ろう．それは前述の如く常数係数の同次式であるから，その固有方程式

$$D(\lambda) \equiv \begin{vmatrix} \alpha_{11}-\lambda & \alpha_{12} & \cdots\cdots & \alpha_{1n} \\ \alpha_{21} & \alpha_{22}-\lambda & \cdots\cdots & \alpha_{2n} \\ \vdots & \vdots & & \\ \alpha_{n1} & \cdots\cdots \alpha_{n2} & \cdots\cdots & \alpha_{nn}-\lambda \end{vmatrix} \equiv |\alpha_{rs}-\lambda\delta_{rs}|=0 \qquad (3.6)$$

が相異なる n 箇の根 $(\lambda_1, \lambda_2, \cdots\cdots, \lambda_n)$ を有するとすると, (3.5) の一次独立な n 組の解は，それぞれ $c_{r1}e^{\lambda_1 t}, c_{r2}e^{\lambda_2 t}, \cdots\cdots, c_{rn}e^{\lambda_n t}(r=1, 2, \cdots\cdots, n)$ によって与えられる．c_{rs} は $\lambda_s(s=1, 2, \cdots\cdots, n)$ に対応してマトリックス $[\alpha_{rs}]$ によって決定せられ，一般解は右の n 組の一次結合として

$$y_r(t) = \sum_s k_s c_{rs} e^{\lambda_s t}$$
$$= \sum_s \gamma_{rs} e^{\lambda_s t} \qquad (r=1, 2, \cdots\cdots, n) \qquad (3.7)$$

となるが，ここで k_s は初期条件によって決定せられ，従って γ_{rs} はマトリックス $[\alpha_{rs}]$ と初期条件とに依存する．さてこの解の安定性を検討するためには，解

---

[5] 完全安定，小範囲の安定，第一階の安定は後述の高階安定と共にすべてサミュエルソンの命名である．最初のものについては後に述べられるヒックスの完全安定と混同しないように注意すべきである．小範囲の安定と第一階の安定との間には次の如き命題がたてられている．先ず f_r を解析函数とする (3.4) の如き微分方程式体系の形式的な解は，(3.5) の如き一階線型の方程式の解の巾級数として与えられると云う定理を前提する．そして後者の解は後に示す如く $\alpha e^{\lambda t}$ の如き形となり，λ の実数部がマイナスとなることが，(3.3) に定義された安定のための条件である．これが即ち第一階の安定条件にほかならない．さて，このような解の巾級数としての非線型体系の解の安定性は，α が充分小さい場合には，右の第一階の安定条件に依存する．そして α の大きさは初期条件によって支配され，それが充分小さいことは，定常値からの乖離が微小なことを意味するから，この場合の安定とは，即ち小範囲の安定のより具体的な定義である．かくして α に相当する数値が充分小さいところのこの小範囲の安定にとって第一階の安定は充分条件であり，第一階の不安定の欠如は必要条件である．そして一般に第一階の不安定の存在と，(3.3) によって定義されたわれわれの安定概念とは相容れない．

の形が示す如く，任意の $e^{\lambda st}$ の安定性を検討し，それをすべてに及ぼすことが必要にして充分である．いま，一般的に λ_s が複素根であるとしてその実数部，虚数部をそれぞれ $R(\lambda_s), I(\lambda_s)=i\beta_s$ とすると

$$e^{\lambda st}=e^{R(\lambda s)t}, e^{\tau(\lambda s)t}=e^{R(\lambda s)t}(\cos\beta_s t+i\sin\beta_s t)$$

この函数が時間の変化に対して示す運動の態様は次の如く分類される．虚数部が零で λ_s が実根であれば，その正負に応じて $t\to\infty$ と共に一方的に単調な発散或は零への収斂を示す．実数部が零で λ_s が純虚数であれば，単弦振動 (Simple Harmonic Oscillation) となる．両者何れでもない場合は，零の値の両側に振動しつつ，その振幅は指数函数によって決定せられる．実数部がマイナスであればこの振動は減衰振動 (Damped Oscillation) であり，$t\to\infty$ と共に振幅は減少して指数函数的に零に収斂する．かくしてわれわれは

$$\lim_{t\to\infty} y_i(t)=0$$

の条件として，固有方程式 (3,6) の根がすべてマイナスの実数部を持つこと，即ち

$$R(\lambda_s)<0 \quad (s=1,2,\cdots\cdots,n) \tag{3.8}$$

を導くことが出来る．

　先にわれわれは固有方程式 $D(\lambda)=0$ が相異なる n 箇の根を持つと前提した．しかしこれらの根のうちに重複根が存在する場合にも，右の安定条件はそのままに妥当するものである．即ち，もしたとえば λ_s に m の重複度が存する場合，われわれの解には $e^{\lambda st}$ の係数として t に関する $(m-1)$ 次の多項式が現れるが，いうまでもなく e^t は t についての無限の次数をもつ多項式に展開出来るから，これが収斂運動に於ては支配的な位置を占め，根の重複度の存在によって結果を左右されることは有り得ないのである．

　さて (3.6) $D(\lambda)\equiv|\alpha_{rs}-\lambda\delta_{rs}|=0$ は λ に関する n 次の実係数の多項式であり，従ってその係数によって根の性質を判別することが出来る．安定条件はこの根のすべてが，マイナスの実数部を持つことであり，即ちすべての根が複素数平面の虚数軸の左側にあることであった．このために必要にして充分な条件は Routh-Hurwitz の検定行列式によって表現することが出来る．λ に関する

第2章　経済均衡の安定分析

n 次の多項式を

$$b_0\lambda^n + b_1\lambda^{n-1} + b_2\lambda^{n-2} + \cdots + b_{n-1}\lambda + b_n = 0 \qquad (3.9)$$

とする．奇数の番号を持った係数を第一行に記し，それを各列の首位に置いて順次に添字の一つずつ減少した係数を記して列を構成する．そして添字がマイナス及び n を越える場合には零を以て置換する．このような一般則に従ってつくられた行列式を順次に，

$$T_1 = b_1, \quad T_2 = \begin{vmatrix} b_1 & b_3 \\ b_0 & b_2 \end{vmatrix}, \quad T_3 = \begin{vmatrix} b_1 & b_3 & b_5 \\ b_0 & b_2 & b_4 \\ 0 & b_1 & b_3 \end{vmatrix}, \quad T_4 = \begin{vmatrix} b_1 & b_3 & b_5 & b_7 \\ b_0 & b_2 & b_4 & b_6 \\ 0 & b_1 & b_3 & b_5 \\ 0 & b_0 & b_2 & b_4 \end{vmatrix}, \quad \cdots \cdots \qquad (3.10)$$

とすれば，これは T_n を以て終結し，しかも T_n の第 n 列は n 番目に b_n を含むのみで他の元素はすべて零となるから $T_n = b_n T_{n-1}$ となる．(3.9) の根のすべてが虚数軸の左側にある必要にして充分なる条件は，$T_1, T_2, T_3, \cdots\cdots, T_{n-1}$ 及び b_0, b_n のすべてがプラスとなることである．[6] この条件は低次の多項式の適用される場合はより単純化される．(1) (3.9) が二次式の場合，実係数のすべては，がプラスであることが，必要にして充分な安定条件である．(2) 三次式の場合すべての係数がプラスで且つ $T_2 = b_1 b_2 - b_0 b_3 > 0$ が，(3) 四次式の場合は，すべての係数がプラスで且つ T_3 がプラスであることが必要にして充分である．その他の場合に於ては一般に条件の単純化は不可能のように思われる．たとえば六次式に於てはすべての係数と T_5 とがプラスであることは，単に必要条件にとどまって充分条件ではない．なお，(3.6) によって (3.9) の係数を決定すれば次の如くである．

---

6) この数学的力学的に著名な問題の証明については，高木貞治『代数学講義』131頁, 446頁参照．なお最近現れた安井琢磨教授の「経済的均衡の動学的安定条件」(経済思潮第9集)はこの証明に多くの頁が捧げられている．結論そのものは既に周知のこの命題に対しては，教授の力作の最も強いアクセントはその証明方法に置かれているように思われる．それは「定差方程式系と対称的に取扱うことを考慮して」，「ベズー形式を利用」し「本質的には藤原博士の解法にしたがう」点に特色を示している．藤原松三郎『代数学』第1巻595頁以下参照．なお Samuelson, *op. cit.*, p. 429. et. seq.

$$b_0=1, \quad b_1=(-1)(\alpha_{11}+\alpha_{22}+\cdots\cdots\alpha_{nn})$$

$$b_2=(-1)^2\left(\begin{vmatrix}\alpha_{11}&\alpha_{12}\\\alpha_{21}&\alpha_{22}\end{vmatrix}+\begin{vmatrix}\alpha_{11}&\alpha_{13}\\\alpha_{31}&\alpha_{33}\end{vmatrix}+\cdots\cdots+\begin{vmatrix}\alpha_{n-1\,n-1}&\alpha_{n-1\,n}\\\alpha_{n\,n-1}&\alpha_{nn}\end{vmatrix}\right)$$

$$=(-1)^2\left([\alpha_{rs}]\text{からつくられる}\binom{n}{2}\text{箇の2次の首座小行列式の和}\right)$$

$$\vdots$$

$$b_r=(-1)^r\left([\alpha_{rs}]\text{からつくられる}\binom{n}{r}\text{箇の}\ r\ \text{次の首座小行列式の和}\right)$$

$$\vdots$$

$$b_n=(-1)^n|\alpha_{rs}| \tag{3.11}$$

従ってわれわれの問題に於ては $b_0=1$ によって b_0 がプラスとなる条件は満たされており,T_r の元素に於ても b_0 に 1 を始めから代入して置いてもよい.[7]

さて,われわれは以上の考察を基礎として安定と不安定との臨界条件を検討する.前述の如く安定条件が,われわれの線型動学体系の固有方程式の根のすべてがマイナスの実数部を持つことにあるとすれば,安定から不安定への変化は,根の一つがその実数部をマイナスからプラスに転ずることによって最初に訪れるであろう.先ずその根が実根であったとすれば,かかる臨界状況の根の値は,マイナスからプラスへの転換点即ち零にほかならない.それが固有方程式 $D(\lambda)=0$ を満足する条件は

$$b_n=(-1)^n|\alpha_{rs}|=0 \tag{3.12}$$

である.この場合運動は定常値への一方的収斂から転じて発散を含む運動へ転形する.

次に複素根の場合は,このような臨界根は純虚数となる.そして (3.6) 従って (3.9) に於て係数はすべて実数と考えたから,$R(\lambda_s)+I(\lambda_s)$ が根であれば,その共軛複素数 $R(\lambda_s)-I(\lambda_s)$ も根であり,従ってわれわれの問題たる臨界的

---

7) 連立線型定差方程式体系 $y_r(t+1)=\sum_s \alpha_{rs} y_s(t)$ の安定条件は,その固有方程式 $|\alpha_{rs}-\lambda\delta_{rs}|=0$ の根がすべて 1 より小さい絶対値を持つことによって与えられる.蓋し独立な解は一般に $c\lambda_r^t$ と云う形を持つからである.この安定条件を固有方程式の係数によって示す方法については,高木前掲 463 頁参照.なお前註に記した安井教授の論稿がこの条件の導出とその証明法に力点を置くことは微分方程式の場合と同様である.総じて教授の業績の特色の一つは定差方程式体系の安定条件に彫琢を加える点に存するように思われる.

な純虚根は，符号のみを異にする二つの虚数 $\pm I(\lambda_s)=\pm i\beta$ によって与えられる．この二つの根が $D(\lambda)=0$ を満足する条件は，$D(\lambda)=0$ と $D(-\lambda)=0$ との二つの方程式の消去式が零となることによって与えられる．その標準的な形態は次の如くして求められる．n が偶数のときは $n=2r, \lambda^2=z$ として (3.9) を

$$(b_0 z^r + b_2 z^{r-1} + b_4 z^{r-2} + \cdots + b_{2r}) + \lambda(b_1 z^{r-1} + b_3 z^{r-2} + \cdots + b_{2r-1}) = 0$$

の如く書き改めると，$\lambda=\pm i\beta$ がこの方程式の根である場合は，この臨界根は次の二つの方程式を必ず満足しなくてはならない．

$$b_0 z^r + b_2 z^{r-1} + b_4 z^{r-2} + \cdots + b_{2r} = 0 \qquad (3.13)$$
$$b_1 z^{r-1} + b_3 z^{r-2} + \cdots + b_{2r-1} = 0$$

この二つの式の終結式を R とすると，シルヴェスターの方法[8]によって

$$R = \begin{vmatrix} b_0 & b_2 & b_4 & \cdots\cdots & b_{2r} & & & \\ & b_0 & b_2 & \cdots\cdots\cdots & b_{2r} & & \\ & & \cdots\cdots\cdots\cdots\cdots & & & \\ & & & b_0 & \cdots\cdots\cdots & b_{2r} \\ b_1 & b_3 & \cdots\cdots & b_{2r-1} & & & \\ & b_1 & \cdots\cdots\cdots\cdots & b_{2r-1} & & \\ & & \cdots\cdots\cdots\cdots\cdots & & & \\ & & & b_1 & \cdots\cdots\cdots & b_{2r-1} \end{vmatrix} = 0$$

が求める条件である．R は $(2r-1)$ 次の行列式で対角元素は b_0 が $(r-1)$ 箇，b_{2r-1} が r 箇であり空欄は零を以て充塡する．(3.9) が六次式の場合について例示すれば，

$$R = \begin{vmatrix} b_0 & b_2 & b_4 & b_6 & 0 \\ 0 & b_0 & b_2 & b_4 & b_6 \\ b_1 & b_3 & b_5 & 0 & 0 \\ 0 & b_1 & b_3 & b_5 & 0 \\ 0 & 0 & b_1 & b_3 & b_5 \end{vmatrix}$$

これは行と列とのいれかえによって前述の T_5 の行列式と同一なことは明かで

---

8) 髙木前掲 425 頁等．

ある．一般に R は T_{n-1} と一致する．また n が奇数 $(n=2r+1)$ の場合は (3.13) は

$$b_0 z^r + b_2 z^{r-1} + b_4 z^{r-2} + \cdots\cdots + b_{2r} = 0$$
$$b_1 z^r + b_3 z^{r-1} + b_5 z^{r-2} + \cdots\cdots + b_{2r+1} = 0$$

となり，同様にして R は T_{n-1} に等しい．かくして λ_s が複素根の場合の臨界条件は

$$T_{n-1} = 0 \tag{3.14}$$

によって与えられる．運動は減衰振動から λ_s が単根の場合は単絃振動を複根の場合は発散を含むものへ変形する．かくして (3.13) と (3.14) とが，安定から不安定への推移[9]の臨界条件である．

ここに注目すべきことは，右に導かれた安定と不安定との臨界条件が，線型体系 (3.5) に就いての条件であり，換言すれば，第一階の安定と第一階の不安定とを劃する条件であることである．従って線型体系 (3.5) について臨界状態が現出しても，それによって一般的な非線型体系 (3.4) 乃至 (3.2) が安定でないと言うことは出来ない．このことを確定するためには，小範囲の安定に於てすら，従来の考察に於て無視された (3.4) の高次の項を復活し，それに即

---

[9] R. A. Frazer and W. J. Duncan, On the criteria for the stability of small motions. *Proc. Roy. Soc. Series A*, Vol. 124. 1929. 本文に示したように，検定行列式の中で最も有効なのは T_{n-1} である．この値の計画のために考案された一つの便法を紹介して置こう．六次式を例にとる．(3.13) に対応する体系は
(1) $\qquad b_0 z^3 + b_2 z^2 + b_4 z + b_6 = 0$
$\qquad\qquad b_1 z^2 + b_3 z + b_5 = 0$
第二の方程式の根を α, β とすると，消去式の最も簡単な形態は
(2) $\qquad -R \equiv (b_0 \alpha^3 + b_2 \alpha^2 + b_4 \alpha + b_6)(b_0 \beta^3 + b_2 \beta^2 + b_4 \beta + b_6)$
によって与えられる．即ち，$R=0$ は，端的に，(1) の最初の方程式が α か β かを根に持つことを，換言すれば (1) の二つの方程式が共通根を持つことを，係数の条件式によって示すものである．これと T_5 との関係は

$$T_5 = b_1^3 R$$

によって与えられる．そして安定であるためには $b_1 > 0, T_5 > 0$ であるから $R > 0$ とならなければならない．しかもこの時，安定であるためには α と β とは共にマイナスの実根でなければならない．何となれば，もし複素根であるとすれば，(2) の二つの因数は共軛となり，R は必然的にマイナスとならなければならない．また異符号の実根であるとすれば b_1 と b_5 とが異符号となり，六次式の場合の安定の必要条件(前述の如くすべての係数がプラスであること．勿論これは充分条件ではない)に違反する．そして最後に，共にプラスの実根であることは，(2) の形から許されない．かくして α と β とがマイナスの実根であることが安定にとって必要である．一般的な次数の場合については Frazer and Duncan, *op. cit.* 参照．

第2章 経済均衡の安定分析

して吟味しなければならない.かくて第一階安定が存在しないにも拘らず非線型体系に於てこのようにして検出された安定性をわれわれは一般に高階の安定 (higher-order stability) と名付けるならば,その数学的処理は著しい困難を伴うこととなる.われわれは高階安定の一般的考察をここでは中止し,特殊な場合について註記するにとどめよう.[10]

---

(10) 単自由度の体系 $\dot{x}=f(x)$ の定常解が退化する (degenerate) 場合,即ち $f(x)=0$ が重複根 x^0 を持つ場合,$f(x)$ の $(n-1)$ 階 $(n\geq 2)$ 迄の導函数の $x=x^0$ に於ける値が零であるとすると,$y=x-x^0$ の変換を行えば,右の微分方程式はこの根の近傍に於て $\dot{y}=\alpha_n y^n+\alpha_{n+1}y^{n+1}+\cdots\cdots$ の形をとり,註(5)に記したのと同様の命題の適用によって,小範囲に於てはこの解の安定は $\dot{y}=\alpha_n y^n$ の解の安定性に依存する.後者が安定である場合,均衡体系は第 n 階の安定を持つと呼ぶことができる.さて $\dot{y}=\alpha_n y^n$ の解は,初期条件を $\bar{y}$ とすれば
$$y^{(t)}=\{sgn\bar{y}\}^n\{\alpha_n(1-n)t+\bar{y}^{1-n}\}^{1/1-n}$$
$sgn\bar{y}$ は $\bar{y}$ がプラスであれば $+1$,$\bar{y}$ がマイナスであれば -1 を意味する.n が偶数であれば $\bar{y}^{1-n}$ は $\bar{y}$ のプラス,マイナスに応じてプラス又はマイナスとなる.従って α_n と $\bar{y}$ が同符号であれば,第二の括弧内の値は t の或る値に対して零をとりきのとき y は無限大となり運動は不安定である.α_n と $\bar{y}$ とが異符号であれば同じ括弧内は同一符号にとどまり,t の無限大への接近と共に y は零に近づき運動は安定である.このように n が偶数である場合,均衡体系は one-sided stability-instability を持つと称する.n が奇数であるときには $\bar{y}^{1-n}$ は常にプラスであり,従って a_n がマイナスであれば運動は安定し,α_n がプラスであれば,運動は不安定である.ところでもし $f(x)$ を第一次導函数とするような函数 $F(x)$ を考えるならば,われわれは以上の安定不安定に関する高階条件を,$F(x)$ の極値問題と連結することが出来る.即ち $F(x^0)$ が F の極大値であるならば,n は奇数で,α_n はマイナスであるから,x^0 は小範囲に於て安定な定常値である.同様にして $F(x^0)$ が F の極小値であれば x^0 は不安定な定常値であり,F が x^0 に於て鶩曲点を持つならば,体系は one-sided stability-instability を持つこととなる.

なお,この最後に示した安定条件と極値条件との連関は,簡単にこれを自由度 n の体系に拡張することが出来る.$\frac{dx_r}{dt}=f_r(x_1,\cdots\cdots,x_n)=\frac{\partial}{\partial x_r}F(x_1,\cdots\cdots,x_n)(r=1,\cdots\cdots,n)$ が与えられ,定常値 $x^0=(x_1^0,\cdots\cdots,x_n^0)$ が同時に函数 $F(x_1,\cdots\cdots,x_n)$ の極大を保証する値であるとする.即ち $f^r(x_1^0,\cdots\cdots,x_n^0)=0=F_r(x_1^0,\cdots\cdots,x_n^0)$ であり,均衡値に充分近い x に対して $\sum_r(x_r-x_r^0)\frac{\partial}{\partial x_r}F<0$ が成立つとする.均衡点を原点とする座標を $y_r(r=1,\cdots\cdots,n)$ とすれば,この不等式は零に充分近い y_r に対して $\sum y_r F_r<0$ となる.最初の微分方程式も y_r を未知函数とするように書き改め,その両辺に順次に $y_1,y_2,\cdots\cdots,y_n$ を乗じて辺々相加えれば,$\sum y_r\frac{dy_r}{dt}=\frac{d}{dt}\left\{\sum\frac{y_r^2}{2}\right\}=\sum y_r F_r<0$ が得られる.このことは t が無限大となれば $\sum y_r^2$ が零に収斂することを物語っている.従ってこの場合 $\lim_{t\to\infty}y_r=0 \ (r=1,\cdots\cdots,n)$ が導かれ,均衡は安定である.x^0 が極小点であれば均衡は不安定であり,極値を保証しなければ,体系は one-sided stability-instability を生ずることも単自由度の場合と同様である.この証明が,f の解析函数たることを前提し第 n 次近似函数を以て議論を進めた従来の場合と異なり,一階及び高階の安定性を同時に包含していることに注意すべきである.$\frac{dx_r}{dt}=f^r=F_r$ という特殊な微分方程式体系によって表現される経済的例示としては,後述するランゲの調整ポテンシァル(adjustment potential) の存在する場合を挙げることが出来る.この時静学的ヒックスの完全安定条件が,調整ポテンシァルの極大条件となり動学的安定の充分条件となる.

4 市場均衡の動学的安定条件

前節に於てわれわれは,市場均衡の安定性に関する根本的な反省が,想定されたモデルを表現する体系についての動学的考察を要求することを知り,静学的均衡の構造を定常状態として包摂する動学的体系に即して安定条件を規定することを試みた.その際先ず動学体系を微分方程式体系によって書き現わし,その一般的な非線型の小範囲の安定条件が,線型体系の安定条件に依存するものと考え,後者はこれを固有方程式の根の性質によって確定し,また同じ条件の交替的な表現形式として,ラウス・フルヴィッツの検定行列式を採用した.更にそれに基づいて安定と不安定とを劃する臨界条件をも導き出して置いた.これらのことは振動論的に見れば,一般的な自由度の線型体系に於て,減衰振動の条件を求めたことでもある.右の如くして得られた安定分析の動学的方法を以て,いよいよわれわれは,経済主体が quantity adjuster として行為する多数市場の安定条件の検出に向わなくてはならない.[1] そしてそのためには何よりも体系の動学化のための想定を探索すべきである.経済主体が, quantity adjuster として行為する多数市場に於ては,それぞれの財貨の需要量と供給量と

---

[1] 動学的安定性分析は,価格のパラメーター機能を前提する市場体系にのみ,その射程を限定せられるものではない.数量のパラメーター機能を前提する場合にも,また周知の cobweb theorem にしても,或は offer curve によって2箇の取引主体の交換の均衡を説く時に於ても,その想定を微分乃至定差方程式によって動学的に表現し得る限り充分に適用し得るものである.特に興味深いのはこの方法によるケインズ体系の分析である.ケインズ体系はマクロシステムによって,少数の変数を「戦略的に」特に重視しながら議論を進めることを特徴とし,従って体系を動学化した場合にも固有方程式の次数は極めて低いから簡明に帰結を逐うことが可能であり,動学的安定条件と比較静学の方程式とも極めて明快に対応することの多い点に於て,この方法を適用すべき恰好の分野である.このことを模範的に示したサミュエルソンに於ては,體系の動学化は,$C(i, Y) - Y + I = -\alpha$ (α はその増大が限界消費性向の上昇を示すパラメーター)に代えて,所得の変化率が投資と貯蓄との差に依存することを表わす $\dot{Y} = I - [Y - C(i, Y) - \alpha]$ の式を用いている.安井教授は前記の「経済的均衡の動学的安定条件」に於て,類似の試みを,利子率の変化率を貨幣の超過需要の函数とする式を附加して展開している.またクラインは動学化を労働市場に於て試みる.即ち所謂投資貯蓄の所得決定理論をケインズ経済学の革命の核心として把握する彼は,労働の供給に関してケインズが貨幣賃銀に与えたアクセントを重要視せず,労働の供給量を体系外で決定せられる与件としてこれをコンスタントに置き,労働の供給函数に代えるに実質賃銀或は貨幣賃銀が労働市場の需給調整によって決定せられる関係を示す. $d\left(\dfrac{W}{P}\right)/dt = g(\bar{N} - N)$ 或は $dW/dt = h(\bar{N} - N)$ を以てしている.ともかくそれぞれの動学化に応じてわれわれは体系の安定条件を導くことを出来る. Samuelson, *op. cit.*, p. 276 L. R. Klein, *Theories of Effective Demand and Employment*.

が均衡に到達する過程に於て，超過需要量がプラスであれば価格は騰貴し，逆に超過需要量がマイナスであれば価格は下落すると考えられている．いま市場に $(n+1)$ 箇の財が存在し，ニュメレール及び貨幣として機能する $(n+1)$ 番目の財による価格を $(p_1, p_2, \cdots\cdots, p_n)$ とし，n 箇の独立な需給均等方程式を超過需要量を零と置くことによって表現することとし，その超過需要量を

$$\alpha_r \equiv \alpha_r(p_1, p_2, \cdots\cdots, p_n) \equiv D_r(p_1, p_2, \cdots\cdots, p_n) - S_r(p_1, p_2, \cdots\cdots, p_n) \quad (r=1,2,\cdots\cdots, n)$$

とすると，右の想定は

$$\dot{p}_r = \frac{dp_r}{dt} = F_r[\alpha_r(p_1, p_2, \cdots\cdots, p_n)] \quad (r=1,2,\cdots\cdots, n) \tag{4.1}$$

$$sgn(\dot{p}_r) = sgn(\alpha_r) \quad (r=1,2,\cdots\cdots, n) \tag{4.2}$$

によって示される．(4.2) によって定常状態

$$\dot{p}_r = 0 = F_r[\alpha_r] \quad (r=1,2,\cdots\cdots, n) \tag{4.1'}$$

は，静学的均衡体系

$$\alpha_r \equiv D_r - S_r = 0 \quad (r=1,2,\cdots\cdots, n) \tag{4.3}$$

に対応し，後者の定める静学的均衡価格 $p_r^0 (r=1,2,\cdots\cdots, n)$ は同時に (4.1) の定常値である．(4.1) の小範囲に於ける安定条件を導くには (4.1) を均衡価格を中心としてテーラー展開し (4.2) を顧慮して変形した式の一次の部分から取られる線型体系

$$\dot{p}_r = k_r \sum_s \alpha_{rs}(p_s - p_s^0) \quad (r=1,2,\cdots\cdots, n) \tag{4.4}$$

の安定条件を求めればよい．[2] 但しここで $k_r = F_r'(0)$, $\alpha_{rs} = \frac{\partial}{\partial p_s} \alpha_r(p_1^0, p_2^0, \cdots\cdots,$

---

[2] この場合も含めて，われわれが従来扱った線型の動学体系は一般的に未知函数の一階の微分だけしか含んでいないが，需給調整と価格変化についての想定如何によっては二階の微分が現われることがある．いま，価格は超過供給が存在すれば直ちに下落すると考えず，蓄積された財のストックが或る特定の値を越えた時に始めて下落すると考えよう．生産量と消費量の差額の蓄積を財のストックとし $-\int_0^t \alpha_r d\tau$ で表わし，特定値を Q^0 とすれば

$$\dot{p}_r = k_r Q_r^0 = k_r \int \sum_s \alpha_{rs}(p_s - p_s^0) d\tau$$

即ち

$$\ddot{p}_r = k_r \sum_s \alpha_{rs}(p_s - p_s^0)$$

となり，$[k_r \alpha_{rs}]$ の固有値がすべてマイナスの実数であることは単絃振動の条件となる．従って $[k_r \alpha_{rs}]$ が対称なマトリックスである場合に於て，かつての減衰条件としての安定条件は，いまは減衰しない別個の運動の条件と化し，もしわれわれがこれをも安定条件と呼ぼうとするならば，さきのものを第一種の安定 (stability of the first kind) とし，それから区別してこれを第二種の安定 (stability of the second kind) と名付けるのも一案であろう．力学に於ける保存力ある体系は，第二種の安定を示し第一種の安定を持っていない．Samuelson, *op. cit.*, p. 262.

$p_n{}^0$) でありいずれも常数となり，特に (4.2) により $k_r>0$ が成立する．(4.4) の解は前節 (3.7) と同様にして

$$p_r(t)=p_r{}^0+\sum_s c_{rs}e^{\lambda_s t} \tag{4.5}$$

$\lambda_s(s=1,2,\cdots\cdots,n)$ は固有方程式

$$f(\lambda)\equiv|k_r a_{rs}-\lambda\delta_{rs}|=0 \tag{4.6}$$

の n 箇の相異なる根である．重複根の存在は c_{rs} を重複度より一だけ少い次数の t の多項式 $g_{rs}(t)$ に換えるが安定條件には無関係であることは前述の如くである．c_{rs} 或いは $g_{rs}(t)$ の係数は初期條件及びマトリックス $[k_r\alpha_{rs}]$ によって決定される．求める安定條件は，前節で示した如く固有方程式の根のすべてがマイナスの実数部を持つことであった．またこれを固有方程式の係数の性質によって示すのがラウス・フルヴィッツの方法である．[3] さて固有方程式 $|k_r a_{rs}-\lambda\delta_{rs}|=0$ の根はマトリックス $[k_r\alpha_{rs}]$ の固有根と呼ばれ，それはまた同じマトリックスの固有値と一致する．従ってわれわれの安定條件は，マトリックス $[k_r\alpha_{rs}]$ の固有値がすべてマイナスの実数部を持つこととしても示すことが出来る．

　主体的均衡の場合に於けると同様に，以上の考察の一般性を吟味するために，価格及び財の一次変換に関してこれらの性質が不変であるかどうかを吟味しよう．(4.4) を数量をも明示する式 $\alpha_r=p_{Dr}-q_{tr}$ を加えて

$$\dot{p}_r=k_r(q_{Dr}-q_{sr})=k_r\sum_s\alpha_{rs}(p_s-p_s{}^0)\quad(r=1,2,\cdots\cdots,n)$$

の如く補い，これをマトリックス形式で

$$[\dot{p}]=[k][q]=[k_r\alpha_{rs}][p]=[k][\alpha_{rs}][p] \tag{4.7}$$

---

3) 前節 (3.11) はここでは次の形態をとる．

$b_0=1\quad b_1=-(k_1a_{11}+k_1a_{22}+\cdots\cdots)$ (n 項の和)

$b_2=k_1k_2\begin{vmatrix}\alpha_{11}&\alpha_{12}\\\alpha_{21}&\alpha_{22}\end{vmatrix}+\cdots\cdots+k_{n-1}k_n\begin{vmatrix}\alpha_{n-1,n-1}&\alpha_{n-1,n}\\\alpha_{n\,n-1}&\alpha_{n\,n}\end{vmatrix}$ $\binom{n}{2}$ 項の和

$\vdots$

$b_r=(-1)^r\left|k_1k_2\cdots k_r\begin{vmatrix}\alpha_{11}\cdots\cdots\alpha_{1r}\\\vdots\\\alpha_{r1}\cdots\cdots\alpha_{rr}\end{vmatrix}+\cdots\cdots\right|$ $\binom{n}{r}$ 項の和

$\vdots$

$b_n=(-1)^n k_1k_2\cdots k_n\begin{vmatrix}\alpha_{11}\cdots\cdots\alpha_{1n}\\\vdots\\\alpha_{n1}\cdots\cdots\alpha_{nn}\end{vmatrix}$

第2章 経済均衡の安定分析

或いは

$$\dot{p} = Kq = KAp \qquad (4.7')$$

と記す．ここで $[k]=K$ は対角行列であり，その元素 $k_r(r=1, 2, \ldots, n)$ は価格伸縮度，需給調整速度，動学的反応速度などと呼ばれているものであり，$a_{rs}(r, s=1, 2, \ldots, n)$ が超過需要函数の偏微分係数として静学的性質を持つのに対し，安定性の動学的考察が必然的に導き入れた動学的要素である．[4] サミュエルソンは動学的安定條件を最初に定立しながら k_r をすべて1に等しいとして K を単位マトリックスにみなし，従って安定條件をマトリックス A の固有値に依存せしめていた．しかしながら需給調整速度は市場を異にするに従って，その値を異にすることが一般的であるから，それを明示して (4.7) の如き形を基礎として安定條件を KA の固有値に依存せしめたのはランゲである．

さて以上の考察に於て財についての特殊の定義が与えられ特定の財の分類が採用されているわけではないから，数量のベクトル q，価格のベクトル p，の一次変換に際して上のマトリックスが同一の性質を維持することが望まれるであろう．市場体系を問題にしているわれわれは，この数量及び価格の変換として対立(反傾)変換(contragredient transformation)を採用する．これはベクトル p と q との内積を一定ならしめ，従って単位双一次形式 $p_1q_1 + p_2q_2 + \ldots + p_nq_n$ を不変ならしめる変換であり，本来の価格及び数量を $(p_1, p_2, \ldots, p_n)$, $(q_1, q_2, \ldots, q_n)$ とし，対立変換後の価格及び数量を $(\bar{p}_1, \bar{p}_2, \ldots, \bar{p}_n)$, $(\bar{q}_1, \bar{q}_2, \ldots, \bar{q}_n)$ とすれば

$$\sum p_r q_r = \sum \bar{p}_r \bar{q}_r$$

が成立する．

即ち市場取引総価額を不変ならしめるような財の任意な分類がこれによって示されるわけである．[5] 対立変換は退化しないマトリックス T を用いれば

$$q = T\bar{q}, \quad \bar{p} = T'p \qquad (4.8)$$

---

4) O. Lange, *Price Flexibility and Employment*, 1944, p. 95. 何れの名称が適切であるかは暫く措く．
5) この変換は園正造博士が「市場均衡の安定條件」に於て取られた変換と一致する．博士は q を原財と呼び，$\bar{q}$ を変換財と呼ばれる．

によって与えられる.[6] 従ってこれと (4.7′) から
$$\dot{p}=T'\dot{\bar{p}}=T'Kq=T'KT\bar{q} \qquad (4.9)$$
が得られる.

従って
$$\bar{K}=T'KT \qquad (4.10)$$
となる. これは相似な (congruent) 変換によって K と $\bar{K}$ とが結ばれた形である. 従って K が対称で正定形の二次形式のマトリックス即ち正のマトリックスであるという性質は, この変換によって不変である.[7] しかるにランゲの重視した K は, その元素がすべてプラスの対角行列であった. 従って K が対称な正のマトリックスであることは, われわれの課した変換に対して不変であるが, K が対角行列であるという性質は維持されない. 従って充分な意味に於て (4.1) を一般的ならしめるためには, ランゲの如く $\dot{p}_r$ が r 番目の財の超過需要に依存すると考えるのみならず, すべての他の財のそれにも依存すると考え (4.1) に代えて

$$\dot{p}_r=F_r[a_1, a_2, \cdots\cdots, a_n] \quad (r=1, 2, \cdots\cdots, n) \qquad (4.1′)$$

を取り, (4.2), (4.3) に代えて,

$$\dot{p}_r=0=F_r[0, 0, \cdots\cdots, 0] \quad (r=1, 2, \cdots\cdots, n) \qquad (4.3′)$$

を採用し, 従って価格伸縮度乃至需給調整速度と呼ばれた $k_r(r=1, 2, \cdots\cdots n)$ を $k_{rs}=\dfrac{\partial}{\partial a_s}F_r[0, 0, \cdots\cdots, 0](s=1, 2, \cdots\cdots, n)$ から成るベクトル $(k_{r1}, k_{r2}, \cdots\cdots, k_{rn})$ と考え直すならば, K は n 次の対角マトリックス $[k_r\delta_{rs}]$ であることをやめて, k_{rs} を元素とする n 次のマトリックスとなる. これが動学的安定條件が導きいれた動学的要素の一般化された形である. そしてこれが正のマトリックスであ

---

6) この変換に於ては
$$\bar{p}'\bar{q}=(p'T)(T^{-1}q)$$
$$=p'(TT^{-1})q$$
$$=p'Eq$$
$$=p'q$$

藤原松三郎『行列及び行列式』155 頁, 荒又秀夫『行列及行列式』80 頁参照.

7) 二次形式 $x'Ax$ (マトリックス表示) は, 変換 $x=Py$ によって $y'P'APy$ となる. $P'AP=B$ と置けば $x'Ax=y'By$ である. 従って A が正のマトリックスであれば B もまた正のマトリックスである.

れば，それは (4.10) によって変換に対して不変である．しかしながら (4.7) と (4.8) とから

$$\dot{\bar{p}} = T'\dot{p} = T'KAp = T'KAT'^{-1}\bar{p} \tag{4.11}$$

即ち

$$\bar{K}\bar{A} = T'KAT'^{-1} \tag{4.12}$$

の関係をわれわれは導くことが出来る．従って制限を課するならば，ただ K のみに与えられるべきではなく，K と A との積に与えられるべきことが，われわれの問題にとって合理的である．さて一般化された K を考慮する場合に於ても，安定條件は，前と同様に KA の固有値の性質によって檢することが出来る．そして (4.12) によって結ばれた KA と $\bar{K}\bar{A}$ との固有値は一致する．何となれば，それらはそれぞれの固有方程式 $|KA-\lambda E|=0$, $|\bar{K}\bar{A}-\lambda E|=0$ の根であるが，(4.12) から $\bar{K}\bar{A}T'=T'KA$, 従って

$$(\bar{K}\bar{A}-\lambda E)T' = T'(KA-\lambda E)$$

行列式の積の法則から

$$|\bar{K}\bar{A}-\lambda E||T'| = |T'||KA-\lambda E|$$

そして T' の行列式 $|T'|$ は零でないから，

$$|\bar{K}\bar{A}-\lambda E| = |KA-\lambda E|$$

となる，かくて両方程式は同一の根を持ち，従って，KA の固有値の性質は財と価格の一次変換に対して不変である．そしてこのマトリックスの元素は $\sum_{t=1}^{n} k_{rt}a_{st}$ $(r,s=1,2,\cdots\cdots,n)$ となるから，それは (4.1′) から $\dfrac{\partial F_r}{\partial p_s}$ に等しい．従ってマトリックス KA はマトリックス $\left[\dfrac{\partial F_r}{\partial p_s}\right]$ とも記すことが出来る．K を対角マトリックスとするような財の分類を採用するランゲの場合には，いうまでもなく $\dfrac{\partial F_r}{\partial p_s} = k_r a_{sr}$ が成立つことは (4.1′) から明かである．K を単位マトリックスとするような制約を KA に課するサミュエルソンの場合には，安定条件は A の固有値に依存して静学的要因のみから決定され，動学的な伸縮度は無視し得ることもまた明かであろう．これらの特殊な場合は，われわれが続いて動学的な安定条件とヒックスの安定条件との関連を辿る時に再び取上げられることとなる．

5 ヒックス条件の動学的解釈

市場均衡の安定性の検討は,以上に記された動学的方法の採用を俟って始めて全くされると思われるが,既にヒックスはワルラスの結論を多数市場に拡張するために独自の操作を仮定して,専ら静学的に安定条件を導出した.われわれは彼の方法と帰結とには無条件には賛同し得ないものであるが,特殊の条件下に彼の結論が動学的安定条件によって支持されることがあるとすれば,それが静学的要因のみを含むが故に理論的考察にも計量的実践にも少からぬ便益を与えるものであろう.このような趣旨に於てわれわれは暫くヒックスの安定条件を問題とする.

彼の安定条件は周知の如く次の如くして導かれる.[1] 前節の如く超過需要函数 $a_r(p_1, p_2, \ldots, p_n)(r=1, 2, \ldots, n)$ が $p^0=(p_1^0, p_2^0, \ldots, p_n^0)$ に於て $a_r=0$ とする.任意の価格 p_r が均衡値 p_r^0 より乖離して

$$\frac{da_r}{dp_r} = a_{r1}\frac{dp_1}{dp_r} + \cdots + a_{rr} + \cdots + a_{rn}\frac{dp_n}{dp_r} < 0$$

$$\frac{da_s}{dp_r} = a_{s1}\frac{dp_1}{dp_r} + \cdots + a_{sr} + \cdots + a_{sn}\frac{dp_n}{dp_r} = 0$$

$$(s=1, \ldots, r-1, r+1, \ldots, n) \qquad (5.1)$$

が成立すれば,この n_r の式は,r 番目の財以外のすべての財の市場が p_r の変化に対して均衡を維持するように需給を調節し,同時に r 番目の財の市場に於て p_r と逆の方向に超過需要が発生することを語って居り,この時 r 番目の市場は安定であり,同一の事態がすべての財の市場に於て成立するとき,均衡体系は全体として安定であると定義される.この条件は (5.1) を変形して,

$$\frac{da_r}{dp_r} = \frac{A_{rr}}{A} < 0 \quad (r=1, 2, \ldots, n) \qquad (5.2)$$

によって示すことが出来る.ここで A は n 次の行列式 $|a_{rs}|$ であり,A_{rs} は A に於ける a_{rs} の余因数である.しかしヒックスは更に厳格な条件を課して安定条件を定義し,それを完全安定と呼び,(5.2) の条件を不完全安定と名づけて

---

[1] Hicks, *op. cit.*, p. 66 et seq., p. 315.

完全安定から区別する．即ち，体系内に於ける p_r 以外の価格の任意の一組がコンスタントに保たれてもそれを除く残りの価格の組に於て (5.1) 従って (5.2) の如き関係が満たされるならば，r 番目の市場はヒックスの意味に於て完全に安定であり，この安定性がすべての財の市場に於て満たされていれば，均衡体系は完全に安定である．従って体系の完全安定条件は，A の m 次 $(m<n)$ の首座小行列式が $(-1)^m$ と符号を等しくするということによって与えられる．

このヒックスの条件が基本的であるためには，それが前節に示した如き財及び価格の対立変換に対して不変であることが望まれるであろう．そこでその首座小行列式の符号によって，ヒックスの安定条件を示すようなマトリックスを $[A]=[a_{rs}]=\left[\dfrac{\partial q_r}{\partial p_s}\right]=\dfrac{dq}{dp}$ とすると

$$\frac{d\bar{q}}{d\bar{p}}=\frac{d\bar{q}}{dq}\frac{dq}{dp}\frac{dp}{d\bar{p}}$$

と前節 (4.8) から

$$\frac{d\bar{q}}{d\bar{p}}=T^{-1}\frac{dq}{dp}T^{-1\prime} \tag{5.3}$$

が得られる．もし $\dfrac{dq}{dp}$ が対称で定符号のマトリックスであれば，前述の如くこの相似な変換によってマトリックスの性質は不変である．しかしヒックスのマトリックスは一般には対称でないから，いまたとえば，(5.3) を

$$\begin{bmatrix}0.5 & 2\\ -1.5 & -1\end{bmatrix}=\begin{bmatrix}1 & 1\\ 0 & 1\end{bmatrix}\begin{bmatrix}-1 & 3\\ -0.5 & -1\end{bmatrix}\begin{bmatrix}1 & 0\\ 1 & 1\end{bmatrix}$$

或いは

$$\begin{bmatrix}0.96 & 9.6\\ 0 & 0.96\end{bmatrix}=\begin{bmatrix}1 & 0.2\\ 0.2 & 1\end{bmatrix}\begin{bmatrix}-1 & 10\\ 0 & -1\end{bmatrix}\begin{bmatrix}1 & 0.2\\ 0.2 & 1\end{bmatrix}$$

とすれば $\dfrac{dq}{dp}$ はヒックスの条件を満たすが，変換後の $\dfrac{d\bar{q}}{d\bar{p}}$ はヒックスの意味に於て完全にも不完全にも安定でない体系を示している．[2]

園博士はこの批判に基づき，財と価格の一次変換に対して不変な安定条件を静学的に導出することを試みられた．即ち価格の均衡値からの微変動 $dp_r(r=$

---

2) ヒックスの条件が，財及び価格の対立変換に対して不変たり得ないことは，サミュエルソン及び園正造博士によって独立に指摘されている．Samuelson, *op. cit.*, p. 133, p. 139. 園正造「市場均衡の安定条件」．

$1, 2, \ldots, n$) とそれに対する超過需要量の変動 $da_r(r=1, 2, \ldots, n)$ とから超過需要に関する「限界変動の積和」$\sum_r da_r dp_r$ を構成し、そのマイナス・プラスを以て市場均衡の安定不安定が定義される。[3] そして市場均衡点に於て

$$\sum_r da_r dp_r = \sum_{r,s} a_{rs} dp_r dp_s \tag{5.4}$$

---

3) 園博士の安定条件はむしろ次の如くして導かれる。価格 $(p_1, p_2, \ldots, p_n)$ を n 次元空間の点の坐標を示すとして、市場均衡点を通る適当に選ばれた連続曲線に沿って E 均衡点から任意の点 P までの線積分 G

$$G = -\int_E^P \sum a_r dp_r$$

を考えると、これから

$$dG = -\sum a_r dp_r$$
$$d^2G = -\sum_{r,s} a_{rs} dp_r dp_s - \sum_r a_r d^2 p_r$$

市場均衡点に於ては $a_r = 0$ $(r=1, 2, \ldots, n)$ であるから

$$dG = 0$$
$$d^2G = -\sum_{r,s} a_{rs} dp_r dp_s$$

G が極小となる条件はマトリックス $\left[\dfrac{a_{rs}+a_{sr}}{2}\right]$ が負のマトリックスであることによって与えられる。これが博士の所謂絶対安定の必要充分条件の定義である。これは本文で示した限界変動の積和による定義と一致する。

これらの定義の経済的意味について、博士は次の如く示唆している。個人的選択函数 $\varphi(x_0, x_1, x_2, \ldots, x_n)$ に於て x_0 はニュメレールとする。このとき $\varphi_r = \dfrac{\partial \varphi}{\partial x_r}$ $(r=0, 1, \ldots, n)$ とすると、

(1) $$\frac{d\varphi}{\varphi_0} = dx_0 + \frac{\varphi_1}{\varphi_0} dx_1 + \frac{\varphi_2}{\varphi_0} dx_2 + \cdots + \frac{\varphi_n}{\varphi_0} dx_n$$

を財の微変動量に伴う個人の主観的利得を標準財で測定したものとして、標準財的限界利得と仮称される。ニュメレールによる価格を $p_r(r=1, 2, \ldots, n)$ とすれば均衡点に於て

(2) $$x_0 - \bar{x}_0 + p_1(x_1 - \bar{x}_1) + \cdots + p_n(x_n - \bar{x}_n) = 0$$

(3) $$\frac{\varphi_r}{\varphi_0} = p_r \quad (r=1, 2, \ldots, n)$$

(2) から

$$dx_0 + p_1 dx_1 + \cdots + p_n dx_n + (x_1 - \bar{x}) dp_1 + \cdots + (x_n - \bar{x}_n) dp_n = 0$$

(バーを附した x_r は初期所有量)
(1)(3) を代入して

(4) $$\frac{d\varphi}{\varphi_0} = -\sum_r (x_r - \bar{x}_r) dp_r$$

が得られる。価格が均衡点 E から P まで前述の曲線に沿って変動すれば、個人の標準財的利得は $\int_E^P \dfrac{d\varphi}{\varphi_0} = g$ で与えられる。g がプラスであれば主観的に利益を得たのであり、マイナスであれば主観的に損失を蒙ったものとされる。g の社会的範囲にわたる各人の代数的総和を G とすると

(5) $$G = \sum = g - \int_E^P \sum a_r dp_r$$

均衡点に於ては $a_r = 0$ $(r=1, 2, \ldots, 0)$ によって G は零であるから、E に於ける G の極小を安定条件と考えるとき、それは価格が均衡値から任意に変動した場合にこの総利得 G が常にプラスとなることを意味することとなる。

第2章 経済均衡の安定分析

が成立つから,この右辺が $dp_r(r=1, 2, \cdots\cdots, n)$ に関する負定形の二次形式たることが安定条件にほかならない. 二次形式に於ては

$$\sum a_{rs}dp_rdp_s = \sum \frac{a_{rs}+a_{sr}}{2}dp_rdp_s$$

であるから,対称なマトリックス $\left[\frac{a_{rs}+a_{sr}}{2}\right]$ が負のマトリックスであることが即ち安定条件である. これは変換に対して不変であり,しかもこの安定条件が成立すれば必ずヒックスの条件は導かれることが示される. われわれはこの条件の経済的意味については暫く不問に附して,この最後の命題を園博士の行論からは独立させるために次の如く定式化しよう. 一般にマトリックス $[a_{rs}]$ は

$$[a_{rs}] = \left[\frac{a_{rs}+a_{sr}}{2}\right] + \left[\frac{a_{rs}-a_{sr}}{2}\right]$$

の如く対称的部分とそうでない部分とに分解出来る. そしてその対称的な部分を示すマトリックスが定符号であるようなマトリックスを準定形 (quasi-definite)[4] のマトリックスと呼ぶことにすれば,もし $[a_{rs}]$ が準負定形のマトリックスであり,従って $\left[\frac{a_{rs}+a_{sr}}{2}\right]$ が負定形のマトリックスであれば,$[a_{rs}]$ はヒックスの(完全)安定条件を満たすマトリックスである.[5] そして $\left[\frac{a_{rs}+a_{sr}}{2}\right]$ は,その対称定形であるという性質を相似な変換によって変更することはない. 従って $[a_{rs}]$ が準定形であるという性質は,ヒックスの条件と異なり,財の再分類或いは財と価格の対立変換に対して不変である.

さて a_{rs} は r 番目の財に関する各経済主体の需給に対して,p_s の変化が及ぼ

---

[4] Samuelson, *op cit.*, pp. 140-141.
[5] この証明は次の如くして行われる. $[a_{rs}]$ の任意の m 次の首座小行列式が零であるとすると,$|a_{rs}|=0(r, s=1, 2, \cdots\cdots, m, m<n)$ であるから $\sum_{s=1}^{m}a_{rs}x_s=0(r=1, \cdots\cdots, m)$ $x_p=0(p=m+1, \cdots\cdots, n)$ なるように $x=(x_1, x_2, \cdots\cdots, x_n)$ を選ぶことが出来,従って $\sum_{r,s}^{1\,m}a_{rs}x_rx_s=0$ となり $[a_{rs}]$ は準定形のマトリックスとならない. 従って $[a_{rs}]$ が準定形のマトリックスであれば,その任意の首座小行列式は零となり得ない. そこで $\sum_{s=1}^{m}a_{rs}x_s=0$ $(r=1, \cdots\cdots, m-1)$ $\sum_{s=1}^{m}a_{ms}x_s=\lambda>0$ $x_p=0$ $(p=m+1,\cdots\cdots, n)$ なるように x をとると $\sum_{r,s}^{1\,m}a_{rs}x_rx_s=\lambda x_m$ が得られる. $[a_{rs}]$ は準負定形であるから $\lambda x_m<0$. また右の連立方程式から $x_m=\lambda\cdot{}^{m-1}A/{}^mA$. ここに ${}^{m-1}A$, ${}^mA$ はそれぞれ $[a_{rs}]$ の $(m-1)$ 次及び m 次の首座小行列式である. かくして ${}^{m-1}A$ と ${}^mA$ とは符号を異にする. そして $m=1$ の時 $a_{11}<0$. 従って $[a_{rs}]$ の m 次の首座小行列式は $(-1)^m$ と同符号を有する. かくしてヒックスの完全安定条件が導かれる.

す所得効果と代用効果の社会的集計であり，従ってヒックス的に表示すれば，

$$a_{rs}=\frac{\partial a_r}{\partial p_s}=\sum(\bar{x}_r-x_r)\frac{\partial x_r}{\partial M}+X_{rs}$$

となる．ここで X_{rs} はいうまでもなく，各主体の代用項の総和 $\sum X_{rs}$ を示している．そしてこの代用項に関しては $X_{rs}=X_{sr}$ が成立し，対称性が存するから，ヒックスの安定条件に関する撹乱的契機は，対称性を本来的には具えない所の所得効果の動きに依存することとなる．[6] しかし以上の証明の後に於ては，この所得効果に関して次の如くいうことが許されるであろう．所得効果のマトリックスが対称負定形である場合はいうまでもなく，更にそのマトリックスの対称的部分が負定形であるか，或はそれが代用効果のマトリックスの定形的性格を否定しない程度に確定され得るものであれば，$[a_{rs}]$ は準負定形であり，従ってヒックスの完全安定条件は充分に満足され，しかもその性質は変換に対して不変であるというメリットを具えている．

以上に検討されたヒックスの安定条件と，前節に導かれた真の動学的安定条件とは，そのそれぞれの定式化が示す如く，一般的には無関係であろう．[7] 特に価格伸縮度のマトリックス K を前節の最後の如く一般化して考慮する場合には両者は全く無関係であるように思われる．しかしヒックスの条件は財の数量と価格の対立変換に対して不変でない特定の条件であるから，それと対応せしめる動学的条件が特殊化されることは，思うに当然の事であろう．

まず K を対角マトリックスとするランゲ，メッツラーの場合を考察しよう．即ち p_r が r 番目の財の市場の需給調整過程にのみ依存し，他の財の市場のそれには影響されない場合である．この時動学的安定条件は n 次のマトリックス

---

6) ヒックス『価値と資本』第1版に於いて不安定性を惹き起す要因として非対称的所得効果とならべて補完関係を挙げていたことの誤謬は第2版に於て修正せられた．市場に於ける連関財に関する第4則 $\sum_{r,s} X_{rs}p_rp_s<0$ にかんがみ所得効果を無視すれば，市場均衡はヒックスの意味に於て完全に安定であることは，$[X_{rs}]$ が負のマトリックスである事実の明瞭に物語る所である．なお J. Mosak, *General Equilibrium Theory in International Trade* p. 32, 安井琢磨「経済理論の基本問題」（経済学講座第4巻）．

7) 例示的なモデルによって両者の無関係を明かにする試みについては Samuelson. *op. cit.*, p. 273., **ditto.** The Relation between Hicksian Stability and True Dynamic Stability, *Econometrica*, Vol 12. 1944. L. Metzler 註(9)の文献，安井琢磨「収斂性の公準と動学的安定条件」（社会科学評論創刊号）205頁以下参照．

$[k_r a_{rs}]$ の固有値の実数部によって決定せられる．

(1) $k_r(r=1,2,……,n)$ が需給調整速度或は価格伸縮度と呼ばれ，動学的方法によって初めて導入された要因であることは既述の如くであるが，イクスプリシットには静学的方法に終始したヒックスの安定条件は，特にこの速度との連関に於てどのように解釈されるかを検討して見よう．先に説明した如くヒックスの意味に於て，体系が安定であるためには，すべての財の市場が彼の意味に於て安定でなければならなかった．このことは次のことを意味している．r 番目の市場が安定であるためには，p_r が均衡値 p_r^0 から乖離する初期の変動が与えられた後には，p_r の需給調整の速度が，たとえば p_s の需給調整の速度に較べて，極めて小であり，s 番目の市場が安定であるためには，p_s^0 から p_s が変位した後に，p_s の需給調整の速度が，p_r の需給調整の速度に較べて，極めて小であり，そして明白に撞着するこの二つの条件を全体系は自らの安定条件として同時に含まなければならないことがそれである．換言すればヒックスは個々の市場のそれぞれについて，全く異なった動学的体系を考慮していたのであり，従って彼の方法は無条件に市場の全体系に拡張することは許されなかったのである．しかしながら，もしも個々の市場の需給調整速度から，動学的安定条件が独立している場合には，以上の批判もヒックスの条件を無意味に帰せしめることはないであろう．そしてわれわれは更に一歩を進めて，もし動学体系が調整速度 $k_r(r=1,2,……,n)$ のいかなる数値の組に対しても安定であるならば，ヒックスの完全安定条件は，動学的条件に対して充分ではないが必要な条件であることを主張することが出来る．動学的安定条件は固有方程式 $f(\lambda)\equiv|k_r a_{rs}-\lambda\delta_{rs}|=0$ の根がプラス又は零の実数部を持たないことであった．ところで n 次の実係数の多項式 $f(\lambda)$ の n 箇の相異なる根を $(\lambda_1, \lambda_2, ……, \lambda n)$ とすれば，根と係数との関係から

$$f(0)=|k_r a_{rs}|=\lambda_1\lambda_2……\lambda_n$$

が得られ，複素根は共軛で現われるからその総数は偶数であり，共軛複素根の積はプラスとなることを考慮すれば，λ_r の実数部がすべてマイナスであるためには $|k_r a_{rs}|$ が $(-1)^n$ と同符号をとることが必要であることが判明する．

ところで動学的体系が k_r のいかなる値の組に対しても安定であるならば，n 箇の k_r のうちのいくつかが零であって，これらの対応する財の価格が伸縮性を失って固定的（rigid）となっても，安定でなければならない．いま例えば $(n-m)$ 箇の価格が固定し，それに対応して $(n-m)$ 箇の k_r が零と置かれたとしよう．そのとき $f(\lambda) \equiv |k_r a_{rs} - \lambda \delta_{rs}|$ は m 次の行列式となり，λ に関する m 次の多項式となる．この時も体系は安定であるから，前と同様にして m 次の行列式 $|k_r a_{rs}|$ が $(-1)^m$ と同符号であることが必要條件である．m は1から n まですべての値を取り得るから，これらの必要條件はヒックスの完全安定條件と一致する．従ってすべての可能な調整速度に対して体系が安定であるならば，ヒックスの完全安定條件はそのための必要條件であり，この條件が満たされなくては，体系の安定性は，個々の市場の調整速度から独立となり得ない．ランゲは，体系の中の任意の m 箇の価格のみに伸縮性を認め他を固定した場合の安定性を，m 次の部分安定と呼んでいる．この表現を用いるならば，右の帰結はまた，体系の安定性が調整速度から独立する必要條件はすべての次数の部分安定が成立することであるということが出来る．

さてわれわれは先にヒックスの意味に於ける体系の安定は，体系が含むすべての財の市場の個別的な安定に依存して居り，個々の価格の伸縮度を考慮した場合には，この定義が一つの矛盾を露わすものであることを指摘して置いた．従って動学的安定性が反応速度から独立し得ない場合には，われわれは体系全体の安定性をヒックス的方法で考察することは合理性を持たず，ただ特定された一市場の安定性を云々することのみが許されるであろう．そして r 番目の財の市場の m 次の部分安定に関して，ヒックスの定義が要求する操作の動学的インプリケイションは，問題の市場を除く $(m-1)$ 箇の市場からなる動学的体系が，充分急速に減衰する体系であり，極限に於てはその解が，構造的に，定常解と，従ってまた静学的均衡値と，一致する体系であることを示すものであろう．この解釈はヒックスの不完全安定條件の動学的導出を可能ならしめる．r 番目の財の市場の不完全安定條件は，

$$\frac{dp_r}{dt} = k_r \sum_{s=1}^{n} a_{rs}(p_s - p_s{}^0)$$

$$\frac{dp_i}{dt} = 0 = k_i \sum_{j=1}^{n} a_{ij}(p_j - p_j{}^0) \quad (i=1, 2, \dots, r-1, r+1, \dots, n) \quad (5.5)$$

によって考察することが出来る．$p_r{}^0 (r=1, 2, \dots, n)$ はいうまでもなく n 箇の式全部を考慮する時の定常値であり，第一行目を除く $(n-1)$ 箇の式は，$A_{rr} \neq 0$ であれば r 番目の財の任意の価格に対して決定せられる $(n-1)$ 箇の体系の静学的均衡値に，常に等しい解を持つ動学的体系の構造を表現している．この固有方程式は

$$A_{rr}\lambda - k_r A = 0 \tag{5.6}$$

となる．A, A_{rr} が行列式 $|a_{rs}|$ とその余因数をそれぞれ示していることは，従来の記号法と同一である．価格が伸縮的であり，$k_r > 0$ ならば，安定條件

$$\lambda = \frac{k_r A}{A_{rr}} < 0 \tag{5.7}$$

は，(5.2) の示す r 番目の市場のヒックスの不完全安定条件と一致することは全く明白である．われわれは (5.7) を動学的不完全安定条件と呼ぶことも可能であろう．この条件が全体系そのものの安定条件でなく，体系の包含する特定の一箇の市場の安定条件であるという制約は，しかしながら部分均衡論的に考察された一箇の市場の安定條件と混同されてはならない．また安定と不安定との臨界條件は (3.12) で導き出れた條件 $b_n = 0$ の最も簡単な適用の場合として $A/A_{rr} = 0$ によって与えられることは，(5.6) 式の直接の視察によっても自明である．ところで超過需要函数 $a_r(p_1, \dots, p_n)(r=1, 2, \dots, n)$ が，すべての価格に関して零次の同次函数であれば，

$$\sum_s a_{rs} p_s = 0 \quad (r=1, 2, \dots, n)$$

が恒等的に成立し，

$$A = \begin{vmatrix} a_{11} \cdots a_{1n} \\ a_{n1} \cdots a_{nn} \end{vmatrix} = \frac{1}{p_1} \begin{vmatrix} \sum a_{1s} p_s & a_{12} \cdots a_{1n} \\ \vdots & \vdots \\ \sum a_{ns} p_s & a_{ns} \cdots a_{nn} \end{vmatrix} = 0$$

となり，臨界状態が現出する．従ってこの場合われわれの体系 (5.5) は n 次の

不完全安定條件を満足しないこととなる．しかしもしこの時 r 以外の $(n-1)$ 箇の財の価格の一箇以上が伸縮性を失い固定価格と化した場合，(5.5) は $(n-1)$ 次以下の部分的な不完全安定條件を満たす可能性を持ち得るかも知れない．また n 次の体系自身が，証券価格の伸縮度を零とし利子率を不変と考えた場合に得られた部分体系であると考えるならば，m 箇 $(m \geq 1)$ の証券価格乃至利子率の変動を考慮にいれた $(n+m)$ 次の体系は，a_r が証券価格を除くすべての価格に関して零次の同次函数である場合にも，従って n 次の不完全安定條件が存しない時にも，$(n+m)$ 次の不完全安定性を示すかも知れない．このように部分安定の次数を変更し不完全安定條件を検するのが，ヒックスが『価値と資本』に於て，possible stabilizers を説く構想の動学的解釈である．また「価格伸縮性と雇傭」に於けるランゲの考察は，労働市場に於て超過供給が存在し他の市場に於て需給均衡が成立している状態から出発しているから，先の (5.5) に於て r 番目の財を労働と考えることに相当する．そして価格が伸縮的であり，且つ貨幣的効果がプラスであれば，労働市場をも含めて一般均衡が成立すると主張されているから，貨幣的効果のプラス，マイナスの条件は，われわれの動学的不完全安定條件と特殊な連関に立たなければならない．さて貨幣的効果の判定は証券を考慮の外に置いた場合，次の如くして与えられる．すべての財の価格が同一比率で変動した場合，現金残高に対する超過需要が，同じ方向に，価格変化率以上に変動し，従って少くとも一つの財の超過供給が同じ方向に変化し超過需要は逆の方向に変動すれば，貨幣的効果はプラスであり，少くとも一つの財の超過需要が不変にとどまれば零，同一方向に変動すればマイナスである．[8]

さて超過需要量の変動は一般に

$$da_r = \sum_s a_{rs} dp_s \quad (r=1, 2, \cdots\cdots, n)$$

であるから，これに同一比率の価格変化を代表する任意の数 μ に対する超過需要の弾力性

$$\frac{Ea_r}{E\mu} = \frac{da_r}{d\mu} \frac{\mu}{a_r} = \varepsilon \quad \left(\frac{d\mu}{\mu} = \frac{dp_r}{p_r} \,(r=1, \cdots\cdots, n)\right)$$

---

8) Lange, *op. cit.*, p. 8. footnote 7.

を代入すると少くとも一つの r について

$$a_r\varepsilon=\mu\frac{da_r}{d\mu}=\sum a_{rs}p_s \tag{5.8}$$

となる．従って $a_r\varepsilon$ がそれぞれマイナス，零，プラスであることがそれぞれ貨幣的効果プラス，零，マイナスを意味する．それ故貨幣的効果零の場合は，超過需要函数がすべての価格に関して零次の同次函数となり，プラス或はマイナスの時は

$$\sum_{r,s}a_{rs}p_rp_s<0 \quad \text{或いは} \quad \sum a_{rs}p_rp_s>0 \tag{5.9}$$

の関係を通じて $[a_{rs}]$ が準負定形或いは準正定形という性質をそれぞれ導き出すことが出来る．従ってプラスの貨幣的効果は $A/A_{rr}<0$ を必然的に包含し，マイナスの貨幣的効果は $A/A_{rr}>0$ を必然的に意味する．かくして前者の場合はプラスの伸縮度が，後者の場合にはマイナスの伸縮度が，(5.5)の不完全安定のために要求せられる．このようにしてわれわれの方法はランゲの貨幣的効果分析の動学的含蓄を明かにすることが出来る．

(2) 反応速度 $k_r(r=1,2,……,n)$ を測定する時間単位は任意であるから，われわれは一般性を失うことなしにマトリックス $[k_ra_{rs}]$ の元素の絶対値を動かすことが出来る．この性質に着目することによって動学的安定条件とヒックス条件との一致する特殊の場合を示すことが出来る．すべての財が相互に粗代用財 (gross substitutes) であり，所得効果が代用効果を相殺する程大きくない時，即ち $a_{rs}>0(r\neq s)$ なる関係がすべての財について存在し，$[k_ra_{rs}]$ の対角元素はマイナスであるが，それ以外のすべての元素がプラスである場合が即ちそれである．[9] この時 $k_ra_{rr}+1>0$ $(r=1,2,……,n)$ となるように時間単位を選定し，新に定差方程式体系

---

9) この場合はメッツラーによって始めて明かにされた L. A. Metzler, Stability of Multiple Markets: the Hicks Conditions. (*Econometrica* Oct., 1945) その周到な紹介として，安井琢磨「収斂性の公準と動学的安定条件」(社会科学評論創刊号 209 頁以下)われわれの証明は G. Frodenius, Über Matrizen aus positiven Elementen (*Sitzungsberichte der königlich preussischen Akademie der Wissenschaft*, Jahrgang 1908) を参照して，初期条件について特殊の想定の上に立っていたメッツラーの証明から独立せしめている．このフロベニウスの文献については安井教授の指示に負う．安井琢磨「経済的均衡の動学的安定条件」(経済思潮第9集) 29 頁追記参照．

$$x_r(t) = (k_r a_{rr} + 1) x_r(t-1) + \sum_{r \neq r}^{1\,n} k_r a_{rs} x_s(t-1) \quad (r=1, 2, \cdots\cdots, n)$$
(5.10)

を構成すると，この (5.10) の安定条件は前々節註 (7) に示した如く

$$\begin{bmatrix} k_1 a_{11}+1 & k_1 a_{12} & \cdots\cdots & k_1 a_{1n} \\ k_2 a_{21} & k_2 a_{22}+1 & \cdots\cdots & k_2 a_{2n} \\ \vdots & \vdots & & \\ k_n a_{n1} & k_n a_{n2} & \cdots\cdots & k_n a_{nn}+1 \end{bmatrix}$$
(5.11)

の固有根の絶対値がすべて 1 より小であることによって与えられる．ところが (5,11) のマトリックス $=B$ はその元素がすべてプラスの実数であるから，絶対値の最大なプラスの単根 α を持ち，行列式 $|\lambda E - B|$ の余因数は $\lambda \geqq \alpha$ の λ の値に対してすべてプラスとなる．[10] そして B の固有根は $[k_r a_{rs}]$ の固有根より

---

[10] フロベニウスは前註に記した論文に於て，プラスの実数を元素とするマトリックス
$$A = \begin{bmatrix} a_{11} & \cdots\cdots & a_{1n} \\ \vdots & & \vdots \\ a_{n1} & \cdots\cdots & a_{nn} \end{bmatrix}$$
は，プラスの実数にしてその絶対値が他のすべての根よりも大きい単根 r を持ち，そして
$$|\lambda E - A| = A(\lambda) = \begin{vmatrix} -a_{11}+\lambda & \cdots\cdots & -a_{1n} \\ \vdots & & \vdots \\ -a_{n1} & \cdots\cdots & -a_{nn}+\lambda \end{vmatrix}$$
に於ける $\lambda \delta_{rs} - a_{rs}$ の余因数 $A_{rs}(\lambda)$ は $\lambda \geqq r$ なる λ の値に対してすべてプラスとなることを証明した．その要点を摘記してみよう．最低次のマトリックスについて命題の成立は明かである．それ故数学的帰納法によって，n より低い次数のマトリックスについて命題が成立すれば，n 次のマトリックスについても命題が成立することを証明する．そこで
$$B(\lambda) = A_{11}(\lambda) = \begin{vmatrix} -a_{22}+\lambda & \cdots\cdots & -a_{2n} \\ \vdots & & \vdots \\ -a_{n2} & = & -a_{nn}+\lambda \end{vmatrix} = 0$$
は，最大の絶対値を持つ正の単根 q を持ち，$\lambda \geqq q$ に対しては $B(\lambda)$ に於ける $\lambda \delta_{rs} - a_{rs}$ の余因数 $B_{rs}(\lambda)$ はプラスとする．その時
$$A(\lambda) = (\lambda - a_{11}) B(\lambda) - \sum_{r,s}^{2\,n} a_{1r} a_{s1} B_{sr}(\lambda),$$
$$B(q) = 0, \quad B_{sr}(q) > 0$$
であるから $A(q) < 0$．それ故 $A(\lambda) = 0$ は q より大きい正根を持ち，その最大のものを r とする．しかも $\lambda \geqq r$ ならば $\lambda > q$ であり，それに対して $A_{11}(\lambda) > 0$ が成立する．また，
$$C(\lambda) = \begin{vmatrix} -a_{33}+\lambda & \cdots\cdots & -a_{3n} \\ \vdots & & \vdots \\ -a_{n3} & \cdots\cdots & -a_{nn}+\lambda \end{vmatrix} = 0$$
の最大絶対値の正根を p とすると，$p < q < r$．従って $C_{rs}(\lambda)$ を $C(\lambda)$ に於ける $\lambda \delta_{rs} - a_{rs}$ の余因数とすると $\lambda > p$ に対して $C(\lambda) > 0, C_{rs}(\lambda) > 0$ が成立つ．さて
$$-A_{21}(\lambda) = \begin{vmatrix} -a_{12} & -a_{13} & \cdots\cdots & -a_{1n} \\ -a_{32} & -a_{33}+\lambda & \cdots\cdots & -a_{3n} \\ \vdots & & & \vdots \\ -a_{n2} & -a_{n3} & \cdots\cdots & -a_{nn}+\lambda \end{vmatrix}$$

第2章 経済均衡の安定分析

1だけ大きいのであるから，(5.10) が安定であれば後者の実数部はすべてマイナスであり，(5.10) が不安定であれば，後者のうちにはプラス又は零の実数部を持つ根が含まれる．かくして微分方程式体系 (4.4) は定差方程式体系 (5.10) と安定不安定を共にし，しかも後者の安定条件はその固有方程式が1又は1より大きいプラスの実根を持たないことであることが結論される．従ってヒックス条件が定差方程式体系 (5.10) の安定にとって必要充分条件であれば，この特殊な場合に於ける動学的安定条件とヒックス条件との一致は証明されたこととなる．さて $|\lambda E - B|$ は $(\lambda - 1)$ に関する n 次の多項式であり，その係数及び常数項は明かに前節註 (3) に於ける $b_1, \dots, b_n$ の値と一致する．前記の結論から (5.10) の安定条件は $(\lambda - 1)$ を未知数とするこの多項式が零又はプラスの実根を持たないこととなるから，$b_1, b_2, \dots, b_n$ を顧慮すれば，デカルト符号律によってヒックスの完全安定条件はそのための充分条件である．次に $|\lambda E - B|$ の任

であるから

$$A_{21}(\lambda) = a_{12}C(\lambda) + \sum_{s,r}^{3\ n} a_{1s}a_{r2}C_{sr}(\lambda)$$

となり，$\lambda \geq p$ 従って $\lambda \geq r$ に対しては $A_{21}(\lambda) > 0$．以上の証明は，$A_{rr}(\lambda), A_{rs}(\lambda)$ の r 及び s の特定の値に就いて例示されたが，いうまでもなく一般化は容易である．

次に $\varphi(\lambda) = A(\lambda)$ とすると $\varphi'(\lambda) = \sum A_{rr}(\lambda)$ 即ち $(n-1)$ 次のすべての首座行列式の和となるから $\varphi'(r) > 0$．それ故 r は単根である．

最後に r の絶対値が最大であることを証明しなければならない．$\varphi(\lambda) = 0$ が負根を持つとしてその最小のものを $-q$ とする．かりに $q = r$ とすると，A^2 というマトリックスも元素がすべてプラスであるから単根を持つべきである．ところがその最大の特有根は $r^2 = q^2$ となるから単根でない．それ故 $r \neq q$．また $q > r$ とすれば $A + \frac{1}{2}(q-r)E$ というマトリックスの元素もすべてプラスであり，その最大の正根は $r' = \frac{1}{2}(q+r)$，その最小の負根は $-q' = -\frac{1}{2}(q+r) = -r'$ となり，両者の絶対値は等しくあり得ないという右に導いたばかりの命題に反する．それ故 $r > q$．次に $\varphi(\lambda) = 0$ が複素根を持つとしてその絶対値の最大なものを $a + bi$ とする．他の複素根を $a' + b'i$ としてもしその絶対値が $a + bi$ のそれに等しい場合には $a' > a$ なるようにする．その時 $(a-k)^2 + b^2 > (a'-k)^2 + b'^2$ 即ち $a^2 + b^2 - a'^2 + b'^2 > 2k(a-a')$ なるようにプラスの値 k を選ぶこととする．それには $a > a'$ の時に $k < \dfrac{a^2 + b^2 - a'^2 - b'^2}{2(a-a')}$ なるようにすればよい．この右辺の値及び $a_{11}, \dots, a_{nn}$ のうちで最小のものを g とし，$g > k > 0$ とすれば $A - kE$ の元素はすべてプラスであり，それは複素根 $a-k \pm bi$ を持ち他根 $a'-k+b'i$ の絶対値より大なる絶対値を持つ．$a-k+bi = \rho e^{i\theta}, \theta = \dfrac{2l\pi}{m}$ (m, l は有理数) なるように k を選ぶと $(A-kE)^m$ は元素がすべてプラスのマトリックスであり，その絶対値の最大の根は $(a-k \pm bi)^m = \rho^m$ 即ち一つのプラスの実根である．そしてもし b が零でないならば，これは単根ではない．故に $b = 0$．従って $\varphi(\lambda) = 0$ の絶対値の最大の根は実数であり，その場合は先の考察によってプラスである．それと絶対値の等しい他の複素根の存在は $a' < a$ でなければ $a'^2 + b'^2 = a^2$ とはなり得ないから不可能である．

意の次数の首座小行列式を λ の多項式とみなしてその根を求めれば．これも亦元素がすべてプラスのマトリックスの固有根であるから，絶対値の最大なプラスの単根を含み，しかもその大さは小行列式の次数の高い程大である．[11] 従って $|\lambda E-B|$ の任意の次数の首座小行列式を固有方程式として持つ定差方程式体系が安定でなければ，即ち (5.10) が任意の次数の部分安定を満たさなければ，(5.10) の全体系は安定とならないであろう．ところで同一次数の部分安定に関しては，定差方程式体系と微分方程式体系とが，われわれの場合に於て安定不安定を共にすることは前述の考察から明かである．しかも微分方程式体系 (4.4) が任意の次数の部分安定を持つためには，ヒックスの完全安定条件が必要条件であることは，既に (1) に於て証明した如くである．かくして市場に於けるすべての財が粗代用関係にある場合，動学的安定条件とヒックスの完全安定条件が一致することが結論される．

　(3) 最後に実数を元素とする $[k_r a_{rs}]$ が対称なマトリックスであるとしよう．この場合には固有値はすべて実数である．従って動学的安定条件はこの実数の固有値がすべてマイナスであることによって与えられる．そしてこのことはまた $[k_r a_{rs}]$ が負定形の二次形式のマトリックスである條件であり，そのためにはこのマトリックスの m 次 $(m\leqq n)$ の首座小行列式が $(-1)^m$ と符号を共通にすることが必要にして充分である．即ち

$$k_1 a_{11}<0, \quad k_1 k_2 \begin{vmatrix} a_{11} & a_{12} \\ a_{21} & a_{22} \end{vmatrix} >0, \quad k_1 k_2 k_3 \begin{vmatrix} a_{11} & a_{12} & a_{13} \\ a_{21} & a_{22} & a_{23} \\ a_{31} & a_{32} & a_{33} \end{vmatrix} <0, \cdots\cdots$$

等が成立つことである．そして前記 (4.2) によって $k_r (r=1,2,\cdots\cdots,n)$ はすべてプラスであるから，この條件はヒックスの完全安定条件と正確に一致する．そこで暫くこの前提條件としての $[k_r a_{rs}]$ の対称性即ち

$$k_r a_{rs} = k_s a_{sr}$$

の経済的意味を吟味しよう．(4.1) と (4.4) との関係を顧慮すれば，右の式は

---

11) 前註の証明に於ける $p<q<r$ の関係に注意．

$$\frac{\partial}{\partial p_s}F_r = \frac{\partial}{\partial p_r}F_s$$

の形をとり (4.1) を代入すれば更に

$$\frac{\partial}{\partial p_s}\left(\frac{dp_r}{dt}\right) = \frac{\partial}{\partial p_r}\left(\frac{dp_s}{dt}\right) \tag{5.12}$$

となる．従って対称性の意味するところは，p_r の調整速度に対する p_s の限界効果が，p_s の調整速度に対する p_r の限界効果に等しいことである[12]．ところで (5.12) は全微分方程式

$$\sum_r \frac{dp_r}{dt} dp_r = 0$$

の積分可能の充分條件であるから，それを前提すれば

$$\frac{dp_r}{dt} = \frac{\partial \Pi}{\partial p_r(t)} \quad (r=1,\cdots\cdots,n)$$

となるような函数

$$\Pi[p_1(t), p_2(t), \cdots\cdots, p_n(t)]$$

の存在を考えることが出来る．この函数を力学にならって調整ポテンシャル (adjustment potential) と名付けるならば，このポテンシャルを極大ならしめる p_r の値が，動学的体系の定常解であり従って静学的均衡価格に対応し，しかもそれが小範囲に於ける安定な均衡状態を表現するものであることは，前々節註 (10) の最後に記した方法によって容易に証明することが出来る．かくしてたとえば特定の社会的価値函数乃至厚生函数を持った計画当局が，財の需給調整をめぐる価格の時間的通路を決定しなければならないとするならば，この調整ポテンシャルを極大とすることが必要となるであろう．ポテンシャル Π の極大條件は，均衡点に於てヘッセのマトリックス $[\Pi_{rs}]$ が負のマトリックスであることによって与えられ，後者はこの場合ヒックスの完全安定条件と一致することはいうまでもない．またヒックスの條件との関係は切断されるが，調整ポテンシャルは，K を対角マトリックスとしない一般的な場合に於ても，先のわれわれのマトリックス $\left[\dfrac{\partial F_r}{\partial p_s}\right]$ が対称であればその存在を考えることが出来，この

---

12) O. Lange, *op. cit.*, p. 98.

場合の安定條件はポテンシャルの極大によって示すことが出来る．これらのことを通じて市場均衡の動学的安定條件を主観的均衡の安定分析に於てわれわれの考察の原理となっていた極大極小問題に結びつける若干の道の拓かれていることを認識すべきであろう．

次には，Kを単位マトリックスとするサミュエルソンの場合を取上げよう．この場合動学的安定條件はA即ち$[a_{rs}]$の固有値によって決定される．そして (1) もしこの実数を元素とするマトリックスが対称であれば，前の場合と同様に固有値はすべて実数であり，そのすべてがマイナスである條件は，$[a_{rs}]$のm次 ($m \leq n$) の首座行列式が$(-1)^m$と同符号を持つことであり，これはヒックスの完全安定の條件と一致する．調整速度のすべてを適当に選ばれた時間単位に等しくせしめ得ると前提されたこの場合に於ては，対称性は

$$a_{rs} = a_{sr} \tag{5.13}$$

によって示される．所得効果が無視されるならば，代用項についてこの対称性が存することは前述した．かくして$[a_{rs}]$が対称で負のマトリックスであれば，それは動学的安定條件をも満たすものである．さて，先の調整ポテンシャルを考えた場合と同様に，(5.13) の関係から，価格を変数として，その導函数が超過需要量に等しい函数の存在を考慮することが出来る．われわれはこれをホテリングに因んで価格ポテンシャル (price potential) と呼ぶことが出来るであろう．[13] その時，安定條件は再びこのポテンシャルの極大によって表現することが可能である．

(2) しかし先にわれわれは，変換によって不変であり，しかもヒックスの條

---

13) H. Hotelling, Edgeworth's Taxation Paradox and the Nature of Demand and Supply Functions. (*Journal of Political Economy* Oct. 1932.) ホテリングが価格ポテンシャルと呼んだのは，価格 (p_r) と数量 (q_r) ($r=1,\ldots,n$) との間に於ける $\dfrac{\partial q_r}{\partial p_s} = \dfrac{\partial q_s}{\partial p_r}$ の関係から導かれたものであり，その導函数が数量に等しい価格の函数であった．そしてこのポテンシャルは，数量を変数とする効用函数或は利潤函数に対蹠的な存在であった．蓋し消費者或は企業家は後者の函数の極大化を目指すものであるが，制限條件を課することなしにこれらの函数の極大を求めれば，必要條件はその導函数が価格に等しいことを要求し，かくして $\dfrac{\partial p_r}{\partial q_s} = \dfrac{\partial q_s}{\partial p_r}$ なる関係を導くことが出来るからである．従ってホテリングの価格ポテンシャルは主観的均衡と関係する行launchpadに於て現れたのに対し，われわれのそれは市場均衡と関連して定義された事に注意すべきである．

件がそれから従う條件として，$[a_{rs}]$ が準負定形のマトリックスであること，即ち $\left[\dfrac{a_{rs}+a_{sr}}{2}\right]$ が負定形であることを確立して置いた．これと動学的安定條件との関係はどうであろうか．いま動学的体系

$$\dot{p}_r = \frac{dp_r}{dt} = \sum_s a_{rs}(p_s - p_s{}^0) \quad (r=1, 2, \cdots\cdots, n)$$

を $p_r - p_r{}^0 = q_r$ として

$$\frac{dq_r}{dt} = \sum_s a_{rs} q_s \quad (r=1, 2, \cdots\cdots, n)$$

と書きかえ，順次に両辺に $(q_1, q_2, \cdots\cdots, q_n)$ を乗じて相加えると

$$\frac{d}{dt}\left(\frac{1}{2}\sum_r q_r^2\right) = \sum_{r,s} a_{rs} q_r q_s$$

$[a_{rs}]$ が準負定形のマトリックスであるから

$$\sum a_{rs} q_r q_s = \sum \frac{a_{rs}+a_{sr}}{2} q_r q_s < 0$$

それ故

$$\frac{d}{dt}\left(\frac{1}{2}\right)\sum q_r^2 < 0$$

即ち t の増大と共に正数値 $\sum q_r^2$ は減少し，極限に於ては

$$\lim_{t\to\infty}(q_1^2 + q_2^2 + \cdots\cdots + q_n^2) = 0$$

と考えることが出来る．しかもこれが成立すれば

$$\lim_{t\to\infty} q_r(t) = 0 \quad (r=1, 2, \cdots\cdots, n)$$

即ち

$$\lim_{t\to\infty} p_r(t) = p_r{}^0 \quad (r=1, 2, \cdots\cdots, n)$$

が導かれ，かくして均衡体系は動学的に安定となる．従って $[a_{rs}]$ が準負定形であれば，この動学的体系は安定である．

6　対応原理の一側面

　市場均衡体系は，嗜好資源技術等を与件とし，それらの特定の状況の配置に適応して，それぞれの均衡値が確定する．これらの与件の一つをパラメーター a として，静学的均衡体系の中に明示すると，(4.3) は

$$a_r(p_1, p_2, \ldots, p_n; \alpha)=0 \quad (r=1, 2, \ldots, n) \qquad (6.1)$$

α の微小変化に応ずる体系の運動は (1.3′) と類似の記法を用いれば連立一次方程式

$$[a_{rs}]\left[\frac{\partial p}{\partial \alpha}\right]=-[a_\alpha]$$

によって表現される．従って，市場均衡に於ける比較静学の基本方程式は，$|a_{rs}|\neq 0$ とすれば

$$\left[\frac{\partial p}{\partial \alpha}\right]=-[a_{rs}]^{-1}[a_\alpha] \qquad (6.2)$$

となることはいうまでもないであろう．そしてこの連関に於て支配的な意味を持つ $[a_{rs}]$ の性質を決定するものが安定條件でなければならなかった．主観的均衡に於てはこれに対応するマトリックスの性質は極大條件によって直ちに与えられることが出来た．しかしながら市場均衡に於ては，安定條件はほかならぬ動学的安定條件として

$$[\dot{p}]=[k][a_{rs}][p]$$

に於て

$$\lim_{t\to\infty} p(t)=p^0$$

を満足する條件であり，従って比較静学の式に対して $[a_{rs}]$ の知識を提供するのは，この動学的條件が $[a_{rs}]$ に課する要請にほかならない．かくの如く比較静学の有用性が動学的安定條件によって支持されることを，サミュエルソンは「対応原理」[1] と呼んでいる．動学的体系が単一の自由度或は極めて少数の自由度を

---

1) 「対応原理」に対するサミュエルソンの要請は，本来はこれよりやや包括的であろうとするようである．即ち体系の動学的安定性の研究が比較静学的分析に多くの有用な定理を齋す一方，後者に関する既知の知識が体系の動学的性質の規定に際して利用し得ると云う，いわば可逆的な関係にこの名を与えている．またこの名称自身については，彼は何事も語っていないけれども，われわれにはそれが量子力学からの借用であるように思われる．それ故に量子力学史に於て対応原理がどのような性質のものであったかを，多少なりともうかがうために，朝永博士の教示に従うこととしよう．「原子の射出するスペクトルに関する古い理論が，原子内部の電子の行動を説明することに悉く失敗しているけれども，原子の外部に於て電子が光を射出するときの行動は十分正確に記述しているということからみて，量子数 n が非常に大きい極限に於ては，原子が量子論に従って射出する光の性質が，古い考え方に従って計算されるそれと漸近的に一致するであろうという考えである．この考え方を本として，量子数が大きくない場合の光の射出についてもある程度の洞察を行うことが出来る．こういう考え方は，完全な量子論が出来上るまでの過渡的な方便としてのみならず，この完全な理論がどんな形のものであるかを予想させる重要な手がかりとなったのである．この考え方は Bohr の対応処理と名づけられるものであって，実際 Heisenberg が量子力学の本当の形式にぶつかったのは，この対応原理に導かれて進んで行った結果であった．」（朝永振一郎『量子力学(1)』）

持つ場合には,この対応原理が極めて適確な効率を持つことを示すことが出来る.[2] それ故 in statu nascendi にあるこの原理の意味を現段階に於て理解するためには,部分均衡体系やケインズ体系に即して説明するのが便利であろう. また多数市場に関してもわれわれが動学的な不完全安定を論じた際に於ける如く特殊な動学的構造を例にとれば,簡易化された議論の進行を可能ならしめるであろう. 蓋し,一般的な自由度の体系に於て $[k_r a_{rs}]$ の固有値の実数部がマイナスであると云う性質を知ることが出来ても $\frac{\partial p_r}{\partial \alpha}$ の符号については一義的な断定を下し得ず,むしろ動学的に安定な体系に於ても変化の法則は決して簡単でないことを示す所の消極的な認識が得られるのであるが,不完全安定條件の場合は (5.7) に見る如く価格伸縮度がプラスであれば,A と A_{rr} とが異符号であることを要求し,特定の価格についての一義的運動を積極的に結論出来る便益を持つからである. しかしわれわれの行論の自然の道程は,一般的な自由度を持つ多数市場に於て議論が展開されるべきことを要求している. それ故この要求を或程度満足する特殊の場合として,ヒックスの完全安定條件の形式を以て動学的安定條件を表示し得る場合を取上げる. ヒックスの定安條件が結論として動学的に支持し得る場合についての既述の検討は,ここに於てその重要さを示すこととなる. この点に関する以下の説明に於て,われわれは,モザック均衡が体系の運動の法則の叙述のために導入した「逆の意味に於ける」(in the inverse sense) 代用—補完の概念をあわせて考慮して置こう.

(6.1) に於て α が a_s のみを増加せしめ,他の財の市場の需給均衡を攪乱せしめないパラメーターの変化(たとえば s 番目の財に対する嗜好の変化)とすると,(6.2) は

$$\frac{dp_s}{d\alpha} = -\frac{\partial a_r}{\partial \alpha}\frac{A_{sr}}{A} \quad (r=1,2,\cdots\cdots,n) \tag{6.3}$$

となる. A は $[a_{rs}]$ の行列式,A_{sr} はその a_{sr} 元素の余因数である. ヒックスの條件が動学的安定條件である場合には,$A_{ss}/A<0$. そして前提によって $\partial a_s/\partial \alpha >0$ とすると $dp_s/d\alpha$ は必ずプラスとなり,s 番目の財の価格は騰貴する. 更に

---

2) ケインズ体系がその恰好の領域であることについては前々節註 (1) とそこに記した文献とを参照せられたい.

すべての財が粗代用関係にあり，即ち $a_{rs}>0\,(r \neq s)$ がすべての財について存在し，A の対角元素がマイナスであり，それ以外のすべての元素がプラスである場合には，前述の如くヒックスの完全安定条件は，動学的安定条件に対する必要充分条件であるが，この時には又，A の逆マトリックス A^{-1} のすべての元素がマイナスであり，従って $A_{rs}/A<0\,(r,s=1,2,\cdots\cdots,n)$ となることを証明することができる。[3]

このような特定の条件が整わない一般の場合に於て (6.3) の式を示す所を明瞭ならしめるには A_{sr}/A の意味を追求することが便利である．そのために $|a_{rs}| \neq 0$ を用いて $a_r = a_r(p_1, p_2, \cdots\cdots, p_n)(r=1,2,\cdots\cdots,n)$ の逆函数 $p_r = p_r(a_1, a_2, \cdots\cdots, a_n)(r=1,2,\cdots\cdots,n)$ を導き，後者を顧慮しながら前者を a_s について微分すれば

---

[3] 証明は数学的帰納法による．即ち $(n-1)$ 箇の財を含む体系に於てこの命題が成立すれば，n 箇の体系に於も同じ命題が必ず妥当することを明かにし，次にて最低次の $(n=3)$ に関して事実この命題が成立していることを示せばよいのである．A_{rs} を r 列について展開すれば

(1) $\quad \dfrac{A_{rs}}{A} = a_{1r}\dfrac{A_{rs,1r}}{A} + \cdots\cdots + a_{r-1,r}\dfrac{A_{rs,r-1r}}{A} + a_{r+1,r}\dfrac{A_{rs \cdot r+1r}}{A} + \cdots\cdots + a_{nr}\dfrac{A_{rs,nr}}{A}$

ヤコービの定理により，rt 及び sr を $1 \cdots\cdots n$ の偶順列とすれば，

(2) $\quad A_{rs,tr} = (-1)^{2r+s+t} A\begin{pmatrix} r & t \\ s & r \end{pmatrix} = (-1)^{2r+s+t} \dfrac{\begin{vmatrix} A_{rs} A_{rr} \\ A_{ts} A_{tr} \end{vmatrix}}{A} = (-1)^{2r+s+t+1} A\begin{pmatrix} r & t \\ r & s \end{pmatrix} = -A_{rr,ts}$

また仮定によって r 番目の財を除たい体系に於て命題が成立し，$A_{rr,ts}/A_{rr}<0$ となるとすれば，前提（ヒックス条件）によって $A_{rr}/A<0$ であるから

(3) $\qquad\qquad\qquad\qquad A_{rr,ts}/A>0$

(2)(3) を $a_{sr}>0$ の前提と共に (1) に代入すれば

$$\dfrac{A_{rs}}{A}<0$$

が得られる．次に三次の体系として

$$A = \begin{vmatrix} a_{rr} & a_{rs} & a_{rt} \\ a_{sr} & a_{ss} & a_{st} \\ a_{tr} & a_{ts} & a_{tt} \end{vmatrix}$$

を考慮すれば，ヒックスの完全安定条件が満たされているから

$$A<0 \quad A_{rr} = \begin{vmatrix} a_{ss} & a_{st} \\ a_{ts} & a_{tt} \end{vmatrix} > 0$$

また前提によって $\qquad\qquad A_{rr,ts} = -a_{st}<0$

それ故に，確かに $A_{rr}/A_{rr}<0$ が成立する．かくして一般に $A_{rs}/A<0$ を証明することが出来た．それ故に $a_{rr}<0, a_{rs}>0, (r \neq s)(r,s=1,2,\cdots\cdots,n)$ の場合には，任意の一財への需要増加によってすべての価格が騰貴し，(6.3) の左辺 $\dfrac{dp_r}{da}$ は必ずプラスとなるということができる．J. Mosak, *op. cit.*, p. 49.

$$\begin{bmatrix} a_{11} & a_{12} \cdots\cdots a_{1n} \\ \vdots & \vdots \\ a_{s1} & a_{s2} \cdots\cdots a_{sn} \\ \vdots & \vdots \\ a_{n1} & a_{n2} \cdots\cdots a_{nn} \end{bmatrix} \begin{bmatrix} \dfrac{\partial p_1}{\partial a_s} \\ \vdots \\ \dfrac{\partial p_n}{\partial a_s} \end{bmatrix} = \begin{bmatrix} 0 \\ \vdots \\ 0 \\ 1 \\ 0 \\ \vdots \\ 0 \end{bmatrix}$$

それ故

$$\frac{\partial p_r}{\partial a_s} = \frac{A_{sr}}{A} \quad (r=1,2,\cdots\cdots,n)$$

従って (6.3) は

$$\frac{dp_r}{d\alpha} = -\frac{\partial a_s}{\partial \alpha}\frac{\partial p_r}{\partial a_s} \tag{6.4}$$

となる. さてわれわれは $a_{sr}=\dfrac{\partial a_s}{\partial p_r}$ のプラス, マイナスによって, 粗代用, 粗補完を定義することになぞらえて, $\dfrac{\partial p_r}{\partial a_s}$ のプラス, マイナスによって逆の意味に於ける粗補完, 粗代用を定義することとしよう. かくして (6.4) は s 番目の財に対して需要が増大した場合に, r 番目の財の価格は, もし両者が逆の意味に於て代用であれば騰貴し, 逆の意味に於て補完であれば下落することを物語っている. パラメーター α が a_s のみならず他の若干の市場の需給均衡を変動せしめる時には, その結果はそれぞれの市場の個別的変化の合成として表現することが出来る.[4]

最後にわれわれは, 比較静学の問題に因んで, パラメーター α の連続的変化が体系の安定性に対して及ぼす影響を取扱う一つの方法を考察して置こう. 予め規定された α の値に対して安定な均衡体系が, パラメーターの変化に応じて不安定な体系に転化するとする. その臨界点は, 動学的安定分析の方法的基礎を論ずる際に導出して置いた安定と不安定との臨界条件 (3.12) 及び (3.14) 即ち $b_n=0, T_{n-1}=0$ によって与えられる. これらの式はいづれも a_{rs} の多項式であるが, いま a_{rs} を (6.1) によってパラメーター α の函数とみなすならば, $b_n=0, T_{n-1}=0$ はいずれも α を未知数とする方程式となる. そしてこの方程式を満足する α が, 体系の安定と不安定とを劃する臨界パラメーターの大きさを示すものである. いまたとえば $\alpha=(\alpha_1,\alpha_2)$ とし α_1,α_2 を直角座標にとった場合,

---

4) J. Mosak, *op. cit.*, p. 47.

$b_n=0$ の描く曲線を発散曲線, $T_{n-1}=0$ の描く曲線を不安定振動曲線と呼ぶことが出来る. 安定な均衡体系に応ずるパラメーターの値 $a^0=(a_1{}^0 a_2{}^0)$ が変動してこれらの曲線を通過する時, 体系は安定から不安定へ転ずるのである.[5]

　経済均衡の安定条件をめぐって, 比較静学との連関を辿りつつ, 主体的均衡から市場均衡へ, 静学的方法から動学的方法へと進んだわれわれの探究も, ここに一応の休止符を置く.

---

5) Frazer and Duncan, *op. cit.*

第3章 動学的過程の特殊なタイプについて

まえがき

　経済体系の安定問題が，その本来の性格において，動学的方法によるアプローチを必要とする問題の一つに属し，それ故に安定條件はまさに動学的安定条件でなければならないことの認識は，経済理論のさまざまの分野をカヴァーする統一的観点の確立のために，極めて多くを齎したということができる．静学的方法による安定性の考察は，結局において均衡点の近傍における需給曲線の形に課するところの形式的制約に過ぎず，その意味では必ずしも安定という言葉に執する必要はないのに反し，動学的安定分析の場合には，静学的均衡をその定常状態として含む経済的動学体系の時間的展開をまず想定し，この体系の over time の運動と，その定常状態との連関によって，安定がより実質的な意味をもって考慮されるばかりでなく，従来多く別個の区劃に配置され，その連関の問われることの少かった静学理論と動学理論との依存関係が次第に明かにされ，いわゆる「対応原理」(Correspondence Principle) の提唱を見るに至ったのである．かくして動学的安定理論とは，この意味においては，経済静学と経済動学との連関を明示する原理であることは，かつて記したごとくである．[1]

　ところで安定分析が，経済理論の各分野を展望する統一的観点のために果し得る直接的な貢献は，何よりもまず以上の点に存するのであるが，これによって静学的方法で顕著な成果をあげて来た価格体系の理論が，その重要な一つの側面において，景気循環理論と同じく，あるいはいわゆる所得変動理論と同じく，

---

[1] ここで簡潔に記した科学的安定分析の筆者による解釈の具体的な理解のためには，拙稿「経済均衡の安定分析」(東京大学経済学部 30 周年記念論文集 I『理論経済学の諸問題』所収)，同「均衡概念の動学的考察」(『経済思潮』第 10 集所収)，同「近代理論経済学の発展動向」(『エコノミスト』25 周年記念特集) の参照を望む．なお，この問題の従来までの邦語文献としては，安井琢磨教授(『社会科学評論』創刊号及び『経済思潮』第 8 集)，森嶋通夫氏(『社会科学評論』第 3 号)を逸してはならない．ただしメッツラーについては不適当な叙述が両者に存するように思われる．

動学的問題であることが確認された結果，経済の動学的過程の原理的にして一般的な探究が，これらの具体的な，どの理論においてもその一層の展開のために要求されて来ることは，容易に想像し得るであろう．さきの動学的安定条件も，その導出のためには経済体系の時間的運動に対する動学的想定をまず選択することが必要であり，安定条件もまたこの動学的想定のいかなるものが採用せられるかとの相対的な関係においてのみ確定しうるものであった．そして安定な均衡体系とは，この想定が微分方程式系によって表現されるにせよ，定差方程式系によって表現されるにせよ，定常状態の近傍で減衰運動をする線型体系のことにほかならなかった．しかし動学的想定の方程式体系による表現を，かかる特殊な減衰運動に限ることなく，一般的に考察するならば，われわれは同じ手法をもって循環運動や発散運動はいうまでもなく，更にその他の複雑な運動をも吟味することが可能となるであろう．いいかえればこの方法に立脚して価格理論も景気循環理論も所得分析も，その動学的な過程について統一的な研究を遂げることができるであろう．ここでわれわれは静学的均衡状態をも含むような，経済の動学過程の一般理論とも称すべきプログラムを掲げることが許されるかもしれない．動学的安定分析は，一般的，統一的経済理論をこのような方向に示唆しているように思われる．

さて，われわれは以下において，この動学的想定の問題について，端的にいえばこの想定を表現する動学的体系の方程式のタイプについて，従来われわれの取扱わなかった経済学上興味深い一，二のものを解説的に採り上げてみることとする．最初に非線型体系が生ずる自生的な循環運動について簡単に言及し，次にストカスティック (stochastic) な過程における未知函数の確率状態 (probability state) を，マルコフ過程の問題として考察する．[2]

---

2) 二つの問題は共に，P. A. Samuelson の *Foundations of Economic Analysis* が含む Fundamentals of Dynamic Theory の章において言及されている．しかし何れも 2〜3 頁のあまりに簡単なものであり，従ってこのノートはいろいろの制約で不充分ながらその一つの註釈のつもりで記された．
　文献としては第一の問題は，Theodore von Kármán, "The Engineer Grapples with Nonlinear Problems," *Bulletin of the American Mathematical Society*. XLVI (1940) の一部紹介にとどまり，第二の問題は伏見康治『確率論及統計論』，伊藤清『確率論の基礎』，河田敬義『確率論』などを参照しつつ叙述した．

第 3 章　動学的過程の特殊なタイプについて

1

　前述の如く経済均衡の動学的安定分析は，定常状態の近傍における減衰振動理論にほかならず，考察の対象となる動学体系は，一般的な自由度をもった線型体系によって表現されるのを常としている．ところで線型体系においては，単弦振動の振幅も，従ってまた減衰振動によって次第に減少していくと考えられる振幅も，初期條件によって決定されるものであるから，体系が最初に定常状態からどのように転移したかに依存して具体的に定まることとなる．それ故景気循環理論への応用を念頭に置きつつ線型体系の単弦振動を考慮するとき，現実にはかかる純粋な形で波動が内生することなく，さまざまの外生的な擾乱の影響を受けなければならないという批判はしばらく措くとしても，そのような循環運動は，固有の振幅を持たず，従ってそれによる景気変動過程の説明のためには，循環的変動がまさに生起しようとする発起点における本源的擾乱要素の大きさの評価が，循環的変動の過程において継起する衝撃が循環を打消すものでないことの説明と共に，要求されなければならないであう．

　以上の議論は，これを周知の cobweb cycles について具体化することができる．需要・供給数量及び価格について

$$q_t = D(p_t), \quad q_t = S(p_{t-1})$$

の想定を置くこの理論において，需要曲線及び供給曲線が直線で図示された場合，定常的な均衡状態はその交点によって示される．ここからの乖離が発生した場合，再び均衡点へ収斂する減衰運動が起るか，あるいは均衡点からますます乖離する発散運動が起るか，更にあるいは同一径路の運動を繰返す循環が起るかは，需給両曲線の勾配の絶対値の大小関係によって定まることは，よく知られた事実である．そしてさきに線型体系の単弦振動が固有の振幅を持たないといった事態が，ここでは次の如く現われている．すなわち第三の循環運動は，一つの矩形の各辺を辿る 'box' 運動と見ることができるが，この box の大きさがどの程度であるかは，全く最初の均衡点からの乖離の大きさがどの程度であるかに依存しているのであり，いいかえれば cobweb cycles が同一の振幅で

継続するとき，その振幅の大きさはもっぱら初期條件によって決定されることとなるのである．

ところで，このときもし線型の前提を捨てて非線型体系を考慮にのぼす場合には，均衡状態からの僅少の乖離も，次第に拡大されてますます均衡からの遠心的な運動を発生しながら，しかもなお無限大にまで発散せず，特定のコンスタントな振幅をもった周期的振動に接近する可能性をもつことが許される．上記の cobweb cycles の例を引受けて，この場合を解説するにはサミュエルソンの具体例が便利である．[3]　いま均衡点の (p, q) 座標を $(100, 100)$ にとり，需要曲線は q に関して -1 の勾配，供給曲線は $p=110$ 以下においては $\frac{1}{2}$ の勾配，それ以上では 8 の勾配をもつ折線であるとする．さて運動が $q=101$ から開始されたときには時間と共に $p(t), q(t)$ はそれぞれ次表の如き数値を取りつつ進行する．そして $t=6$ 以後においては供給曲線についての特殊な非線型の前提が有効に働いて，運動は $(150, 50)(75, 125)$ の box 運動に無限に接近する．

t	0	1	2	3	4	5	6	7	8	9	10	11 ……
p	99	102	96	108	84	132	$77\frac{1}{4}$	$145\frac{1}{2}$	$75\frac{9}{16}$	$148\frac{7}{8}$	$75\frac{9}{64}$	$149\frac{23}{32}$ ……
q	101	98	104	92	116	68	$122\frac{3}{4}$	$54\frac{1}{2}$	$124\frac{7}{16}$	$51\frac{1}{8}$	$124\frac{55}{66}$	$50\frac{9}{32}$ ……

また t の偶数については $(q-125)$，奇数については $(q-50)$ の系列 q' を，$t=6$ 以後に $t'=t-6$ としてつくれば

t'	0	1	2	3	4	5 …………… $2t'$	2	$t'+1$ …… 2∞
q'	$-\frac{9}{4}$	$\frac{9}{2}$	$-\left(\frac{1}{4}\right)\frac{9}{4}$	$\left(\frac{1}{4}\right)\frac{9}{2}$	$-\left(\frac{1}{4}\right)^2\frac{9}{4}$	$\left(\frac{1}{4}\right)^2\frac{9}{2}$ …… $-\left(\frac{1}{4}\right)^{t'}\frac{9}{4}$	$\left(\frac{1}{4}\right)^{t'}\frac{9}{2}$ …… 0

となり q' は次の定差方程式

$$q'(t'+1) = aq'(t')$$

$$q'(0) = -\frac{9}{4}$$

---

[3] *Survey of Contemporary Economics* における Samuelson の Dynamic Process Analysis 参照．なおこの論文の紹介は，『経済学論集』第18巻第3号において筆者によって行われている．

において係数 a が時間の函数で，奇数の t' については -2, 偶数の t' については $-\frac{1}{8}$ という値をとる場合を示しているのである．すなわちこの周期函数は $p=110$ 以下の需給両曲線の勾配の比及び $p=110$ 以上の場合のその比とにそれぞれ対応しているのである．

さて以上の例示によって，非線型体系は線型体系に見られない豊富な特性を有するものであり，特に均衡からの初期の乖離の大きさとは無関係な，固有の振幅をもった循環運動を説明する理論的基礎を提供する可能性を持つことは充分に示されたといえよう．この線型から非線型への理論の転換は，かくて少からざる稔りを期待せしめるものであるが，その数学的取扱いは一般的には極めて困難である．ここでは前述とほぼ同一の思想を読み取りうる有名な Van der Pol の " Relaxation Oscillations " あるいは " Self-Excited Oscillations " の解析的取扱いをスケッチして参考としよう．自由振動の方程式を

$$\ddot{x}+n^2x+\alpha\dot{x}=0 \tag{1.1}$$

と記せば，n は $\alpha=0$ の時の単弦振動の円振動数と呼ばれるものである．これを一般化して

$$\ddot{x}+n^2x=f(x,\dot{x}) \tag{1.2}$$

と記せば，これは減衰力及び復元力の非線型の場合を包含している．まい μ をプラスのコンスタントなパラメーターとして

$$f(x,\dot{x})=\mu\phi(x)\dot{x}$$

と置けば (1.2) は

$$\ddot{x}+n^2x=\mu\phi(x)\dot{x} \tag{1.3}$$

となるが，x の速度 $\dot{x}=v$ を x 函数と考えて代入すれば，更に一階の微分方程式

$$\frac{dv}{dx}=-n^2\frac{x}{v}+\mu\phi(x) \tag{1.4}$$

と変形される．$\mu=0$ とすれば，この方程式の解は

$$v^2+n^2x^2=C$$

従って (x,v) の座標において楕円となる．そして時間の経過に応ずる x,v の大

きさは，$dt=dx\cdot v^{-1}$ であるから，時計の針と同一の方向にこの曲線の上を辿ることによって与えられるが，それが単弦振動に対応することは，(1.3) が $\mu=0$ と置かれたのであるからいうまでもない．また (1.3) において $\phi(x)=1$ として減衰因子がコンスタントな場合を考えると，(1.3) の運動は，(x, v) 座標では対数螺線によって示されること，それが $\mu<0$ あるいは $\mu>0$ に応じて振幅が次第に減少し，あるいは増大するところの，すなわち安定な，あるいは不安定な調和振動に対応することも容易に判定できるであろう．このような予備的考察の下にいま $\Phi(x)$ を変数のままにして，(1.3) あるいは (1.4) が周期解を持つ条件を考察しよう．周期運動が存在するならば，それは (x, v) 座標において，閉曲線によって表現されるであろう．いま (1.4) の両辺に vdx を乗じて，この閉曲線に沿って積分を計算すれば一方の辺は消えて

$$\mu \oint \phi(x)vdx=0$$

$dx=vdt$ を代入すれば

$$\mu \oint \phi(x)v^2dt=0$$

従って $\phi(x)$ はその運動の間において符号を変じなければならない．かくして減衰因子 $\phi(x)$ がその符号を変じることが，周期解の存在のための必要条件たることが判明した．

Van der Pol は $\phi(x)=1-x^2$ という特殊な場合，すなわち

$$\ddot{x}+n^2x=\mu(1-x^2)\dot{x} \quad (1.3)$$

$$\frac{dv}{dx}+n^2\frac{x}{v}=\mu(1-x^2) \quad (1.4')$$

について詳細に研究した．$x<1$ に対しては負の減衰，$x>1$ に対しては減衰が生ずることは容易に解るが，更にその帰結を $n=1, \mu=0.1$

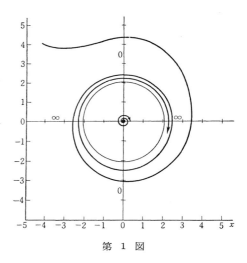

第 1 図

の場合の (x, v) 座標のグラフ解の大体の形を例にとって説明すれば，次の如くである (第1図参照)．

原点に近いあたりでは曲線は，時計の針と同じ方向を辿って次第に発散する対数螺線となる．しかし線型のときの如く，無限大に発散する代りに一つの閉曲線に収斂する．また無限大に始まる運動も，時計の針と同じ方向を辿って次第に収縮する渦巻であるが，しかも原点には収斂せずに，前記の閉曲線に収斂する．そしてこの閉曲線こそ，コンスタントな振幅をもった周期運動を表現するものである．μ が小さく，例えば図例の如く $\mu=0.1$ の場合は，この閉曲線は楕円に非常に近いが，しかしこの形は μ の増大と共に激しく変動する．従って時間を通じての x の運動のグラフも，μ が小さければ調和振動のそれに近いが，μ が大きくなると x の符号の変換が急速に行われるに至る．運動の周期は n のみならず μ に依存するわけである．

この型の運動の安定性は次の如くして吟味されよう．(x_0, v_0) をよぎる (1.4) の解が

$$v = v(x, x_0, v_0) \tag{1.5}$$

によって与えられたとしよう．そのとき

$$\frac{d}{dx}\left(\frac{\partial v}{\partial v_0}\right) = \frac{\partial}{\partial v_0}\left(\frac{dv}{dx}\right) = \frac{\partial}{\partial v_0}\left[-n^2\frac{x}{v} + \mu\phi(x)\right] \tag{1.6}$$

すなわち

$$\frac{d}{dx}\left(\frac{\partial v}{\partial v_0}\right) = \frac{n^2 x}{v^2}\frac{\partial v}{\partial v_0}$$

従って x_1 と x_2 との間で積分することによって

$$\left[\log\frac{\partial v}{\partial v_0}\right]_{x_1}^{x_2} = \int_{x_1}^{x_2}\frac{n^2 x}{v^2}dx = -\int_{x_1}^{x_2}\frac{1}{v}\frac{dv}{dx}dx + \mu\int_{x_1}^{x_2}\frac{\phi(x)}{v}dx\ [(1.4) を代入]$$

この式を閉曲線に沿って一周した場合に適用すると

$$\log\left[\left(\frac{\partial v}{\partial v_0}\right)_1 \Big/ \left(\frac{\partial v}{\partial v_0}\right)_0\right] = \mu\oint\phi(x)dt \tag{1.7}$$

あるいは

$$\left(\frac{\partial v}{\partial v_0}\right)_1 = \left(\frac{\partial v}{\partial v_0}\right)_0 \exp\left\{\mu\oint\phi(x)dt\right\} \tag{1.8}$$

添字は閉曲線を周った回数を示す．ここで閉曲線の近傍で $(x_0, v_0+\delta v_0)$ を通る曲線を考え，そこから出発して閉曲線に近く沿って一回転したときに $(x_0, v_0+\delta v_1)$ に到達したとすると，(1.8) によって

$$\delta v_1 = \delta_0 \exp\left\{\mu \oint \phi(x)dt\right\} \tag{1.9}$$

となる．それ故もし $\mu \oint \phi(x)dt > 0$ であれば近傍の曲線の閉曲線からの乖離は回転毎に大となり，逆に $\mu \oint \phi(x)dt < 0$ であれば回転毎に小となる．すなわち周期解 $x(t)$ の運動の安定条件は $\mu \oint \phi(x)dt < 0$ と考えることができる．ここで示された考察は，H. Poincaré の cycles limites の簡単な例示となるであろう．安定条件もまた厳密にはその線に沿って，より詳細に吟味しなければならないであろうが，この解説では以上にとどめる．

2

経済的動学過程のタイプについてサミュエルソンは，註 1) に記した文献においてわれわれの解説した因果的 (causal) 体系と歴史的 (historical) 体系との区別のほかに，第三のタイプとして，ストカスティック (stochastic) な体系を数えている．動学的考察においてその時間的運動が問題となる未知函数 $x(t)$ が，因果的あるいは歴史的体系を表現する動学的方程式によって決定論的に確定できず，いわば偶然によって支配されるとするならば，$x(t)$ の時間的系列の確率状態が問題となるであろう．この確率状態との連関においてこのような過程が stochastic process (以下確率過程と訳す) と呼ばれ，その数式的表現のためには random variable (以下確率変数と訳す) を挿入することが必要となろう．たとえば random な衝撃を受ける景気循環過程の分析のために，このタイプによるアプローチが有効であることは充分期待しうるところである．ところで，このような確率変数の時間的系列が，相互に無関係に実現すると考えられるときには，そのこと自身，確率論的に特殊の問題を提供するものではなく，統計的にも通常の統計的推測法によって，得られた時系列を標本として，母集団の推測を試みることが許されるであろう．従って興味深いのは $x(t)$ の状態が確率論的に

$x(t-\theta)$ $(1<\theta<t)$ の状態に依存する場合の確率過程であろう．この種の確率過程で最もエレメンタルな形をとるものが，いわゆるマルコフ (Markoff) の鎖をなす確率過程，すなわちマルコフ過程である．

ところでサミュエルソンは非線型体系におけるストカスティックな理論の有意義な展開のために，問題のアプローチを，特定の集合としてのランダムな衝撃に影響される特定の運動の研究から転じて，すべての可能なランダムな衝撃に対応する変数の確率状態の研究へ切りかえることを提唱している．彼によればこの二つのアプローチの対照は，単一な分子の運動の研究と，分子の集合体の総体的な運動の研究との差異に比せられている．そしてこのオリエンティションに基づき原体系に様々の制約を加えながら定常的確率状態の極めて簡略なデッサンを与えている．しかしわれわれの見るところにおいては，その思想はマルコフの鎖の理論によって最も端的にエレメンタルな形において表現できるように思われる（ただしサミュエルソンはマルコフ過程を意識的には考えていないであろう）．そこで出発点としてサミュエルソンの議論をしばらくあとづけて，その後積極的にマルコフ過程の解説を試みることとしよう．いうまでもなく数学的に厳密な確率論的叙述はその任でも目的でもなく，ただ経済学的応用への覚書として記されるにとどまるものである．

まず次の如き一般的な形でストカスティックな非線型体系を前提しよう．
$$x(t)-f[x(t-1), \cdots\cdots, x(t-n), z(t)]=0 \qquad (2.1)$$
ここで確率変数 z は時間を通じて同一にとどまる母集団からのものであり，系列的な相関は存在しないとする．(2.1) の形式的な解は，初期条件の特定と共に（これは特に明示しない）
$$x(t)=F[z(t), z(t-1), \cdots\cdots, z(0)] \qquad (2.2)$$
の如き形をもつと考えられよう．さていま $x(t)$ の起る確率を $p_t(x_t)$ とし，$x(t)$ が与えられたときの $x(t+1)$ の起る条件的確率を H とし，これを $x(t)$ と $x(t+1)$ の函数 $H(x_t, x_{t+1})$ とする．H の正確な形は f すなわち F と z の確率分布とに依存する．そのとき，関係式
$$p_{t+1}(x_{t+1})=\int_{-\infty}^{\infty} H(x_{t+1}, x_t)p_t(x_t)dx_t \qquad (2.3)$$

が得られる．これは無限大の上下限をもったフレドホルムの積分方程式のタイプに属するから，積分方程式の理論の教えるところによって同一の函数 p について同次式

$$p(x_{t+1}) - \lambda \int_{-\infty}^{\infty} H(x_{t+1}, x_t) p(x_t) dx_t = 0 \qquad (2.4)$$

が，λ が核 H の固有値であれば，成立する．従って $\lambda=1$ が核 H の固有値であれば，それに対する固有函数は (2.3) の両辺に同一の p を代入したときの解となるから，x についてのこの確率分布は定常的確率分布と考えることができるであろう．しかし $\lambda=1$ という固有値の存在，それに対する p の吟味などは，かかる一般的な形では，数学的に甚だ困難であり，確率過程の考え方をも端的に明かにする所以ではないから，われわれは x の極限分布，定常分布についての帰結が明かなマルコフ過程について問題の見透しうることを試みよう．そのため，次の如き単純化を加える．まず $x(t)$ のとりうる値が $x(t-\theta)$ の値如何にかかわらず，或る境界をもって限られることが可能であるとする．問題をこの場合に限るならば，$x(t)$ の絶対値は有限確定な特定値を越えることはない．更にまた $x(t)$ はこの領域において discrete に変化するものとし，しかもその取り得る状態が有限個であるとしよう．以上のような単純化によって，さきの積分式 (2.3) は総和 $\sum$ の形となり，核 H は行列となる．かくしてマルコフ過程のエレメンタルな説明のための準備が行われたのである．

以上の如くして確率変数 x はそれぞれの時点において，n 箇の有限な状態 x_1, ……, x_n のいずれかをとりうるものと前提されたこととする．x が t において x_i の状態をとる確率を $p\{x_i(t)\}$, x が $(t-1)$ において x_i をとり更に t において x_j をとる確率を $p\{x_i(t-1) \cap x_j(t)\}$, x_i の状態にあったものが x_j の状態をとる条件的確率を

$$p_{xi}\{x_j\} = \frac{p\{x_i \cap x_j\}}{p\{x_i\}}$$

などと記すこととする．

そのとき t において x のとる状態 x_j が x のそれ以前の過程のうち，ただ一期前 $(t-1)$ における x の状態 x_i に確率的に依存するだけで，それ以前の $x(t-\theta)$

($t \geq \theta \geq 2$) の状態には確率的には無関係であるときに,確率変数 x の時系列はマルコフの鎖を形成するマルコフ過程であるといわれる.条件的確率によってこの条件を示せば

$$p_{x_k(0) \cap x_l(1) \cap \cdots \cap x_i(t-1)}\{x_j(t)\} \equiv \frac{p\{x_k(0) \cap x_l(1) \cap \cdots \cap x_i(t-1) \cap x_j(t)\}}{p\{x_k(0) \cap x_l(1) \cap \cdots \cap x_i(t-1)\}}$$

$$= p_{x_i(t-1)}\{x_j(t)\} \equiv \frac{p\{x_i(t-1) \cap x_j(t)\}}{p\{x_i(t-1)\}} \quad {}_{(k, l, \cdots, i, j=1, \cdots, n)} \tag{3.1}$$

が成立することである.この条件的確率 $p_{x_i(t-1)}\{x_j(t)\}$ を遷移 (transition) 確率と呼び,$p_{ij}(t)$ と記すことにしよう.この遷移確率について

$$p_{ij}(t) = p_{ij} \quad {}_{(t=1, 2, \cdots)} \tag{3.2}$$

すなわちそれが t に無関係であれば,マルコフ過程は均等であるという.t において n 箇の x_i のいずれかが必ず実現するのであるから,遷移確率については当然に

$$\sum_{j=1}^{n} p_{ij}(t) = 1 \tag{3.3}$$

また $x_j(t)$ は n 箇の $x_i(t-1)$ のいずれかから遷移するのであるから

$$p\{x_j(t)\} = \sum_{i=1}^{n} p_{ij} p\{x_i(t-1)\} \quad {}_{(j=1, \cdots, n)} \tag{3.4}$$

となる.

いま P を $p\{x_1\}, \cdots, p\{x_n\}$ の行ベクトル,H を

$$H = \begin{bmatrix} p_{11} p_{12} \cdots p_{1n} \\ \vdots \\ p_{n1} p_{n2} \cdots p_{nn} \end{bmatrix}$$

の如き行列とすれば,(3.4) は

$$P_t = P_{t-1} H_t \tag{3.4'}$$

と記することができる.また最初 $t=0$ において x_i の状態にあったものが,t 時間経過後 x_j となる遷移確率を R_{ij} とすれば,同様にして

$$p\{x_j(t)\} = \sum_{i=1}^{n} R_{ij} p\{x_i(0)\} \quad {}_{(j=1, \cdots, n)} \tag{3.5}$$

R を H の如き添字の配列をもった R_{ij} の行列とすれば

$$P_t = P_0 R_t \tag{3.5'}$$

また

$$\sum_{j=1}^{n} R_{ij} = 1 \tag{3.6}$$

となる．更に，単位時間のラグのある R_{ij} の間には

$$R_{ij}(t) = \sum_{k=1}^{n} p_{kj}(t) R_{ik}(t-1) \quad (i,j=1,\cdots\cdots,n) \tag{3.7}$$

行列記号で

$$R_t = R_{t-1} H_t \tag{3.7'}$$

$R_1 = H_1$ であるから，この式から

$$R_t = H_1 H_2 \cdots\cdots H_t \tag{3.8}$$

が導かれる．均等なマルコフ過程においては $H_t = H_{t-1} = \cdots\cdots = H$ であるから

$$R_t = H^t \tag{3.9}$$

となる．(3.7') あるいは (3.8) がマルコフ過程の核心である．さてマルコフの鎖の理論の主要な目的は確率変数 $x(t)$ の $t \to \infty$ における運動を論ずることであり，いいかえれば

$$\lim_{t \to \infty} p\{x_i(t)\} \quad (i=1,\cdots\cdots,n)$$

あるいは $\lim_{t \to \infty} P_t$ の存在と，その性質とを吟味することである．ところで $\lim_{t \to \infty} R_{ij}(t)$ $(i,j=1,\cdots\cdots,n)$ あるいは $\lim_{t \to \infty} R_t$ が存在するとすれば (3.5') 及び (3.9) から

$$\lim P_t = \lim P_0 R_t \tag{3.5''}$$

$$\lim R_t = \lim_{t \to \infty} H^t \tag{3.9'}$$

であるから，結局目標は $\lim H^t$ の存在と性質との吟味に帰着することとなる．

まず，われわれの問題とする行列 H はさきに記した如きものであり，その元素の間には

$$1 \geq p_{ij} \geq 0, \quad \sum_{j=1}^{n} p_{ij} = 1$$

なる関係が存在していることを再び確認しておこう．問題の考察のために H の固有方程式

$$f(\lambda) \equiv |H-\lambda E| \equiv \begin{vmatrix} p_{11}-\lambda & p_{12} & \cdots p_{1n} \\ p_{21} & p_{22}-\lambda & \cdots p_{2n} \\ \vdots & & \\ p_{n1} & p_{n2}\cdots\cdots\cdots p_{nn}-\lambda \end{vmatrix} = 0 \qquad (3.10)$$

を利用する方法をとる．いまこの方程式において $\lambda=1$ と置けば $\sum p_{ij}=1$ であるから各行の元素の和は 0 となり，従って $f(1)=0$，すなわち $\lambda=1$ が H の一つの固有根であることは明かである．次に $f(\lambda)=0$ であれば

$$\lambda \xi = H\xi \quad \text{すなわち} \quad \lambda \xi_i = \sum_{j=1}^{n} p_{ij}\xi_j \qquad (3.11)$$

を満足するような 0 ベクトルでない固有ベクトル $\xi=(\xi_1\cdots\xi_n)$ が存在する．ξ_i は一般には複素数と考えられるが，それらのうちで絶対値の最大なものを M とすれば，(3.11) から

$$|\lambda||\xi_i| \leq \sum_{j=1}^{n} p_{ij}|\xi_j| \leq M\sum p_{ij} = M$$

の関係が成立するから，この式において $|\xi_i|=M$ となるように i を選んだとすれば

$$|\lambda| \leq 1 \qquad (3.12)$$

となる．すなわち H には絶対値において 1 より大きい固有値は存在しないことが証明された．そこでもし H の元素 p_{ij} がことごとくプラスであるならば，H の固有値は次の如き特質を持っている．すなわち元素がすべてプラスの実数である行列は絶対値の最大なプラスの実根を持ち，しかもそれは単根である（フロベニウス[4]）．従って H は単根 $\lambda=1$ を持ち，しかもそれ以外に絶対値 1 なる根を持たない．従って適当な行列 S を選んで H と共軛なジョルダンの標準形 SHS^{-1} をつくれば，それは一次の行列 (1) と，次の如き形の行列 K_i との直和によってあらわされる．

$$SHS^{-1} = 1 \dotplus K_1 \dotplus K_2 \dotplus \cdots\cdots + K_m = \begin{bmatrix} 1 & & & & 0 \\ & K_1 & & & \\ & & K_2 & & \\ & & & \ddots & \\ 0 & & & & K_m \end{bmatrix} \qquad (3.13)$$

---

[4] この定理については前掲拙稿「経済均衡の安定分析」179 頁以下参照．

$$K_i = \begin{bmatrix} \lambda_i & 1 & & & 0 \\ & \lambda_i & 1 & & \\ & & \ddots & \ddots & \\ & & & & 1 \\ 0 & & & & \lambda_i \end{bmatrix}$$

$$(i=1,\cdots\cdots,m)$$

λ_i は固有根の一つであるから $|\lambda_i|<1$, K_i の次数は λ_i の重複度によってきまる. 従って

$$SH^tS^{-1} = (SHS^{-1})^t = 1 \dotplus K_1{}^t \dotplus K_2{}^t \dotplus \cdots\cdots \dotplus K_m{}^t \tag{3.14}$$

そして

$$K_i{}^t = \begin{bmatrix} \lambda_i & 1 & & & 0 \\ & \lambda_i & 1 & & \\ & & \ddots & \ddots & \\ & & & & 1 \\ 0 & & & & \lambda_i \end{bmatrix}^t = \begin{bmatrix} \lambda_i{}^t & t\lambda_i{}^{t-1} & \dfrac{t(t-1)}{2!}\lambda_i{}^{t-2}\cdots\cdots \\ & \lambda_i{}^t & t\lambda_i{}^{t-1}\cdots\cdots\cdots \\ 0 & & \ddots \\ & & & \lambda_i{}^t \end{bmatrix} \tag{3.15}$$

であるから

$$\lim_{t\to\infty} K_i{}^t = [0] \tag{3.16}$$

となることは $|\lambda_i|<1$ から導かれる. 従って

$$\lim_{t\to\infty} SH^tS^{-1} = \begin{bmatrix} 1 & & 0 \\ & 0 & \\ 0 & & 0 \end{bmatrix} \tag{3.17}$$

それ故

$$\lim_{t\to\infty} H^t = S^{-1} \begin{bmatrix} 1 & & 0 \\ & 0 & \\ 0 & & 0 \end{bmatrix} S \tag{3.18}$$

ここで $S^{-1}=(a_{ij})$, $S=(b_{ij})$ とすれば

$$\lim_{t\to\infty} H^t = \begin{bmatrix} a_{11}b_{11} & a_{11}b_{12}\cdots\cdots a_{11}b_{1n} \\ a_{21}b_{11} & a_{21}b_{12}\cdots\cdots a_{21}b_{1n} \\ \vdots & \\ a_{n1}b_{11} & a_{n1}b_{12}\cdots\cdots a_{n1}b_{1n} \end{bmatrix}$$

これは (3.9′) によって

$$\lim_{t\to\infty} R_t = R(\infty) = \begin{bmatrix} R_{11}(\infty) & R_{12}(\infty)\cdots\cdots R_{1n}(\infty) \\ \vdots & \vdots \\ R_{n1}(\infty) & R_{n2}(\infty)\cdots\cdots R_{nn}(\infty) \end{bmatrix}$$

であり，(3.6) の示す如く各行ベクトルの元素の和 $\sum_{j=1}^{n} R_{ij}(\infty)1$ であるから

$$a_{11}\left(\sum_{i=1}^{n} b_{1i}\right) = a_{21}\left(\sum_{i=1}^{n} b_{1i}\right) = \cdots\cdots = a_{n1}\left(\sum_{i=1}^{n} b_{1i}\right) = 1$$

故に
$$a_{11} = a_{21} = \cdots\cdots a_{n1}$$

従って $\lim H^t$ の各列ベクトルの元素はすべて等しく

$$R_{1i}(\infty) = R_{2i}(\infty) = \cdots\cdots = R_{ni}(\infty) = R_i \tag{3.20}$$

となる．そこで (3.5) は

$$\lim_{t \to \infty} p\{x_j(t)\} = \lim \sum_{i=1}^{n} R_{ij}(t) p\{x_i(0)\}$$

$$= R_j \sum_{i=1}^{n} p\{x_i(0)\} = R_j \tag{3.21}$$

となり，われわれの求めた結果が得られたわけである．すなわち遷移確率がすべてプラスである均等なマルコフ過程においては $\lim_{t \to \infty} p\{x_i(t)\}$ あるいは $\lim_{t \to \infty} P_t$ は存在し，それは最初の確率分布 $p\{x_i(0)\}$ とは無関係な状態に収斂する．そしてまたこのマルコフ過程の極限の確率状態は同時に (3.4′) の両辺に同じ P を代入した

$$P = PH \tag{2.22}$$

を満足する P の解でもある．いいかえれば，この確率状態は同時に定常な (stationary) 確率状態でもある．何となれば

$$R(\infty)H = (\lim_{t \to \infty} H^t)H = \lim_{t \to \infty} H^{t+1} = R(\infty) \tag{3.23}$$

が成立するから，行ベクトル $(R_1, \cdots\cdots, R_n)$ は

$$PH = P$$

を満足する解である．

　均等なマルコフ過程に関する以上のわれわれの説明において，遷移確率 p_{ij} はすべてプラスであると前提することによって $|\lambda|=1$ を満足する根は $\lambda=1$ 以外にないことが保証された．しかしそれ程に強い制限をつけなくても，H の対角元素がすべてプラスでありさえすれば $|\lambda|=1$ なる根が $\lambda=1$ 以外に存在しないこと，$|\lambda|=1$ なる根が $\lambda=1$ 以外に存在するためには，対角元素の二

つ以上が 0 とならなければならないこと，そして，そのような根は 1 の正整数乗根であること，この場合には定常的確率状態への接近は考えられず，周期的振動をする確率状態が発生することを最後に附言して置こう．

補論　ヒックス景気循環理論の数学的背景

　ヒックスの新著 *A Contribution to the Theory of the Trade Cycle* (1950, Oxford) の理論構成については，筆者は既に別稿 (雑誌『経済学』1．世界経済調査会出版部) においてその大要を概観する機会をもつことができた．乗数分析と加速度原理の相互作用を中核として，ケインズ理論の動学化とフリッシュ型マクロダイナミックスの成果継承とをこころざしながら，体系のワーキングをハロッド的拡張経済を背景として展開することによって，「制約された発散振動」の構想を以て現実の景気変動を解釈しようとする彼の貢献は確かに興味をそそるものである．前掲の拙稿はなるべくリテラリーに彼の論理を辿ったので，厳密な命題について論証を省略し帰結のみを記すにとどまることが少くなかった．これはまた本文に数学を使用することを避けるヒックス自身についても或程度妥当することである．それ故にここではそれを補う意味において，新著の数学的附録の内容を伝えることが企てられた．この数学的部分は，彼の積極的循環理論そのものの数式的表現ではなく，そのための準備的段階において用意された多くの命題にかかわるものである．彼の積極的理論は決して数学的表現のみに解消しつくされるものではないであろう．それ故以下に示される数学的部分はヒックス理論そのものを知るためには，部分的にはともかく全体として消極的な意味しかもっていないことがまず注意されるべきである．しかもまさにそのことの故に，これに本文から独立した取扱いを許すものである．そしてこれを経済理論における線型定差方程式論の意義を明かにするものと考えるとき，まことに意味深いすぐれた文献と見ることができる．それはサムエルソンの『経済分析の基礎』の附録の如く，高級でモダーンなものではなく，むしろ極めて初等的であり，一部の読者には幼稚でさえあるであろう．しかし彼は専門的数学者に語りかけているのではなく数学的議論を評価することのできる経済学者に語りかけているのである．そして経済理論における動学的過程分析のますます

増大する重要性にもかかわらず一般的形態で展開された動学理論の錯雑した外観は，その摂取のために充分な閑暇と特殊な能力とを要求するように見える．しかしその外観に眩惑されてこの方向の前進に「現実遊離」の程度の進行しか認めることのできないひとは，ヒックス自身の次の告白の前に立止るべきである．「非数学的経済学者は，実際これらの発展（フリッシュ以後の動学理論の発展—筆者）を無視する多くの辯明を与えられている．しかしそれを許すことは，必ずしもその無視が正当であることを許すことではない．私に関する限りでは，フリッシュ流のマクロダイナミックスについての現代の広汎な文献のなかに，深く沈潜してきたと主張することはできない．しかし経済学者がこれを無視することは全く彼等の危険な冒険であることを私は充分に学ぶに至った．」（新著第1章より）かくして動学的過程分析の重要な意義を明かにしその精神を経済学者の共有財産とするために，初等的な方法で定差方程式の解説を企てることがヒックスの課題となる．そして経済理論に即しての定差方程式論に関する文献が激しく要望されつつしかも乏しきをかこつ現在，その内容をうかがうことは少からぬ意味をもつことができるであろう．しかもヒックスの新著の参看はまだ必ずしも容易でないかの如くであり，従って以下では紙数の都合による若干の省略のほかできるだけ忠実に彼の議論を再現することとした．ヒックスの行論に不満を感ずる場合にもこの方針は守られている．

1 乗数機構
—— カーン・プロセス ——

まず一般的議論の展開のための便利な出発点として，周知のカーンの乗数理論を定差方程式によって示すことから始めよう．消費 $C(t)$，投資 $I(t)$，所得 $Y(t)$ の間に，一期間の消費のラグをもって次の式が成立するとする．

$$C(t) = cY(t-1) + K$$

c は限界消費性向でその値一より小で正，しかも K とともにコンスタントである．同一期間において所得は消費と投資との和に等しい．従って

$$Y(t) = C(t) + I(t)$$

毎期同一量のコンスタントな投資が繰返されるとして $I(t)=I=\text{const}$ と単純化すれば，以上の諸式を要約して，体系の基礎方程式

$$Y(t)=cY(t-1)+K+I \tag{1}$$

が導かれる．各期間を通じて同一にとどまり，従って

$$Y(t)=Y(t-1)\cdots\cdots=Y$$

を満足する所得の定常発均衡値は，

$$Y=cY+K+I \tag{2}$$

から

$$Y=(K+I)/(1-c)$$

として求めることができる．これは静学的なケインズの乗数式に対応する．(1)から(2)をひき任意の t についてその操作を繰返せば

$$Y(t)-Y=c[Y(t-1)-Y]=c^2[Y(t-2)-Y]=\cdots\cdots=c^t[Y(0)-Y]$$

それ故所得の初期水準を Y_0 とすれば，(1)の解は

$$Y(t)=Y+c^t(Y_0-Y)$$

として与えられる．したがって所得が均衡値から出発すれば，即ち $Y_0=Y$ ならば，時間を通じてこの所得水準が継続し，もしそうでなかったならば，$c<1$ のときは時間の進行と共に $Y(t)$ は Y にますます接近し，この均衡は動学的に安定であり，$c>1$ ならば均衡は動学的に不安定である．そしてカーンの乗数理論において，動学的安定条件 $c<1$ は，前提されている．体系(1)はかくして安定な体系であり，Y は安定的均衡値である．

　以上の例はその解の確定のために初期条件一箇を要する一階定差方程式である．このあまりにもエレメンタルな場合をやや一般的にするために，消費函数の時間選好について更に複雑な想定をしてみよう．消費はもはや前期の所得に依存するのみならず，更にそれ以前の期間のもろもろの所得に依存し，消費のラグは p 箇の期間に「分布」されていることとする．そのとき消費については，

$$C(t)=c_1Y(t-1)+c_2Y(t-2)+\cdots\cdots+c_pY(t-p)+K$$

と置かれるべきである．

　そこで前記(1)に対応しては

の基礎的方程式，(2) に対応しては

$$Y(t)=c_1Y(t-1)+c_2Y(t-2)+\cdots\cdots+c_pY(t-p)+K+I \qquad (1')$$

$$Y=c_1Y+c_2Y+\cdots\cdots+c_pY+K+I \qquad (2')$$

が得られる．後者において

$$c=c_1+c_2+\cdots\cdots+c_p$$

とすれば定常的均衡値は前例と同一の式であらわすことができる．$c<1$ を前と同様に前提して置こう．$(1')$ から $(2')$ をひき

$$y(t)=Y(t)-Y$$

と置くと，常数項は消えて

$$y(t)=c_1y(t-1)+c_2y(t-2)+\cdots\cdots+c_py(t-p) \qquad (3)$$

という乗数理論の基礎的方程式がえられる．乗数作用の効果はこの解の性質によって判定することができるわけである．(3) は (1) のように簡単に解くことはできないが，この解法の一般的試みの前に次のような考察を下しておこう．(3) は p 階の定差方程式であるから $y(t)$ の全系列を決定するためには，p 箇の初期値が与えられなければならない．それを $y_1, y_2, \cdots, y_p$ としよう．もしこれらのすべてがプラスであるとすれば，(3) から，これに続くすべての y はプラスでなければならない．同様初期値のすべてがマイナスであれば，続くすべてがマイナスである．しかし p 箇の初期値の中には正負の符号が混在しているとして，その絶対値 $|y_r|$ を考えよう．そのとき (3) から

$$|y_{p+1}| \leqq c_1|y_p|+c_2|y_{p-1}|+\cdots\cdots+c_p|y_1|$$

となる．初期値の絶対値のうちで最大のものを $|y_m|$ とすれば，初期値がすべて等しい場合を除いて

$$|y_{p+1}| < (c_1+c_2+\cdots\cdots+c_p)|y_m|$$

従って一般に

$$|y_{p+1}| \leqq c|y_m|$$

類似の関係を $|y_{p+2}|$ と $|y_{p+1}|, \cdots\cdots, |y_2|$ とについて考えるとき，安全にいえることは

$$|y_{p+2}| < c|y_m|$$

であることがわかる.この関係は $|y_{2p}|$ までいたる.しかし $|y_{2p+1}|$ からは,その前期 p 期間の $|y_r|$ のすべてが $c|y_m|$ より大きくないのであるから

$$y_{2p+1} \leq c^2|y_m|$$

が成立する.この関係は $|y_{3p}|$ まで及ぶ.このような過程の繰返しの上にたって,われわれは次の如く結論することができる. $c<1$ である限り,均衡所得からの乖離 $y(t)$ は t の増大とともに減少し,体系は常に均衡に収斂しなくてはならない.これが乗数作用の減衰的収斂的安定の性格として筆者が別稿でのべたところの数学的表現である.更にわれわれは p 箇の c_r のすべてがプラスでなくその中の若干がマイナスであっても,(3) から

$$|y_n| < |c_1||y_{n-1}| + |c_2||y_{n-2}| + \cdots\cdots + |c_p||y_{n-p}|$$

の関係を導くことができるから,均衡への収斂は

$$|c_1| + |c_2| + \cdots\cdots + |c_p| < 1$$

によって保証され,これは $c<1$ よりは強い条件であること,この絶対値の総和が一より大であっても,それによって $y(t)$ の系列が必然的に均衡から発散すると結論しえないことを附言しておこう.

2 独立投資の時間的変化

前項において想定された,投資がコンスタントであるという前提を捨てて,それが独立 (autonomous) ではあるが期間毎に変動することとしよう.投資の動学的考察において興味のあるのは,投資が一般的にいって

$$I(t) + \lambda_1 I(t-1) + \lambda_2 I(t-2) + \cdots\cdots + \lambda_m I(t-m) = 0 \qquad (4)$$

の如き形の定差方程式によって表現される法則に従って運動する場合である.
(4) の特殊な例として,投資が算術級数的に変動する場所,即ち

$$I(t) = A + th \qquad (A, h = \text{const})$$

のとき,(4) は

$$I(t+1) - I(t) = h$$

更にまた

$$I(t+2) - 2I(t+1) + I(t) = 0$$

となり，投資が幾何級数的に変動する場合，即ち
$$I(t)=Ak^t \qquad (A, k=\text{const})$$
のとき (4) は
$$I(t+1)-hI(t)=0$$
となり，投資が三角級数的に変動する場合，即ち
$$I(t)=A\sin(th+k) \qquad (A, h, k=\text{const})$$
のとき，(4) は
$$I(t+2)-2I(t+1)\cos h+I(t)=0$$
となる．さて (4) が得られたときそれを如何に用いるかは，二階の定差式についてこれを示せば充分である．それを
$$I(t)+\lambda_1 I(t-1)+\lambda_2 I(t-2)=0$$
として，この場合の基礎的方程式
$$Y(t)-[c_1Y(t-1)+c_2Y(t-2)+\cdots\cdots+c_pY(t-p)]=I(t) \qquad (5)$$
(K は省略する) をこれに代入し，
$$Y(t)+\lambda_1 Y(t-1)+\lambda_2 Y(t-2)=X(t)$$
と置けば
$$X(t)-[c_1X(t-1)+c_2X(t-2)+\cdots\cdots+c_pX(t-p)]$$
$$=I(t)+\lambda_1 I(t-1)+\lambda_2 I(t-2)=0$$
となる．この $X(t)$ についての斉次定差方程式は，前項 (3) 式と正確に同一のものであるから，それについて研究した所によって，$c<1$ の条件において，$X(t)$ は零に収斂する．従って t の充分大きな所では $Y(t)$ の運動は
$$Y(t)+\lambda_1 Y(t-1)+\lambda_2 Y(t-2)=0$$
なる定差方程式の解によって表現される運動に一致する傾向をもつ．この解をわれわれは体系の動的均衡 (moving equilibrium) と考える．そしてこの動的均衡の方程式と，投資の運動方程式とは全く同一の法則に従うことは明かであり，それ故 $I(t)$ の本来の形は動的均衡方程式の一般解を与えることができるが，その際投資の運動方程式を導くにあたって消去されるコンスタントは，(前例によれば一階の定差式を導くときは1箇の，二階の定差式を導くときは2箇のコ

ンスタントが消去されている.) 任意の「自由」なコンスタントであり,その運動方程式に残存するコンスタントは「固定」されたものである.「自由」なコンスタントはこの一般解を基礎的方程式 (5) に代入した結果によって確定することができる. この点を上述の特殊な例示について明かにすれば, (a) 算術級数の場合には

$$F(t) = A + th$$

であり A と h とがいずれも「自由」なコンスタントであった. それ故

$$Y(t) = A' + th'$$

と置き (5) に代入して t の係数を比較して

$$h'(1-c) = h, \quad A'(1-c) = A - h' \sum rc_r$$

このことは動的均衡径路は静学的貯蓄曲線(それは「所得―投資貯蓄」の象限で $(1-c)$ の勾配をもつと考えることができる. そしてこの曲線は調整が瞬間的で消費のラグの存在しない場合の動きを示すように解釈することができる.) に平行であり, $\gtreqless 0$ に応じて

$$A \gtreqless \frac{A}{1-c}$$

となるから, 均衡径路は h がプラスのときは貯蓄曲線の下に, h がマイナスのときは貯蓄曲線の上に位置すること, この貯蓄曲線からのずれはラグの作用に基づくことを語っている. (b) 幾何級数の場合には, $I(t) = Ak^t$, 自由なコンスタントは A のみであり, 従って

$$Y(t) = A'k^t$$

と置く. (5) に代入して

$$A' = A/(1 - \sum c_r k^{-r})$$

それ故両者の成長率は同一であり, $k>1$ であれば均衡径路はラグの結果として貯蓄曲線の下方にずれることがわかる. (3) 三角級数の場合には

$$I(t) = A \sin(th + k)$$

自由なコンスタントは A と k であるから,

$$Y(t) = A' \sin(th + k')$$

として (5) に代入して

$$A'(1-\sum c_r \cos rh) = A\cos(k-k'), \quad A'\sum c_r \sin(k-k')$$

をうる．それ故消費が過去の所得の遠隔のものに強く依存することなく，したがって $\sum c_r \sin rh$ がマイナスの波とならないような正常の場合において k' は k より小であり，したがって所得循環の位相は投資循環の位相に遅れること，そしてまた A' は常に $A/(1-c)$ より小であるから循環の振幅はラグのない場合より小であること，即ちラグは減衰効果をもつことを学ぶことができる．（独立投資が三角級数的に運動し，しかも独立投資のみならず誘発投資が存在する場合の均衡径路の性質をヒックスは幾何学的な方法で最後に考察しているが本稿では省略した．）

3　定差方程式の解に関する一般的考察

誘発投資を考慮する加速度原理あるいはそれと乗数分析との相互作用の考察に移る前に，定差方程式の解についての一般的吟味とその若干の応用を先立たせて置こう．常数係数の斉次線型定差方程式

$$X(t) - [a_1 X(t-1) + a_2 X(t-2) + \cdots\cdots + a_p X(t-p)] = 0$$

において，

$$X(t) = u^t \qquad (u = \text{const})$$

がその解となりうるか否かは，後者を前者に代入し u^{t-p} を消去して t から独立した「補助」方程式

$$f(u) = u^p - (a_1 u^{p-1} + a_2 u^{p-2} + \cdots\cdots + a_p) = 0$$

がこの u で満足されるか否かに依存している．u を補助方程式の根に選んで u^t が定差方程式の解となった時には，任意のコンスタント A を乗じた Au^t も亦解であり，更に u_1, u_2 を補助方程式の二つの根とすれば $A_1 u_1{}^t + A^2 u_2{}^t$ も亦解であることは容易に判明する．一般に p 次の補助式の p 箇の根を $u_1, u_2, \cdots\cdots, u_p$ とすれば

$$X(t) = A_1 u_1^t + A_2 u_2^t + \cdots\cdots + A_p u_p^t$$

が定差式の解であることは，同様な推理の結果である．もし p 箇の根がすべて

相異なるものであればこの解は定差式の一般解である。何となればこの解は p 箇の任意のコンスタント A_r を含み，またもとの定差式は p 階であるから，その径路の決定のために p 箇の初期条件を必要とする．この初期条件が与えられたとすれば，右の解の p 箇のコンスタントは確定され，かくてこの解は定差方程式と与えられた初期条件とを共に満足しているからである．そしてこの解の一義性は明かである．さて補助式の p 箇の根のうちに等根が存した場合，例えばいま二つの根が等しかったとすれば，前記の解の含むコンスタントは $(p-1)$ 箇であり，すべての初期条件を満足する径路の決定は困難となる．この際には次のような処置をとる．u_1 が重複根であるとすれば，

$$f(u_1)=0$$

のみならず

$$f'(u_1)=0$$

が成立する．この時

$$X(t)=tu_1^t$$

とすれば，それが定差方程式の解とならねばならないことは，代入によって

$$X(t)-[a_1X(t-1)+\cdots+a_pX(t-p)]=(t-p)u_1^{t-p}f(u_1)+u_1^{t-p+1}f'(u_1)=0$$

となることによって明かとなる．かくしてこの場合の一般解として

$$X(t)=(A_1+A_2t)u_1^t+A_3u_3^t+\cdots+A_pu_p^t$$

を求めることができる．根の重複度が高まれば，$t^2u_1^t$ の如き形を順次に導入すればよい．補助式が複素根をもつときには，例えば u_1 と u_2 とを共軛複素根とすれば，$X(t)$ が実数であるためには $A_1u_1^t+A_2u_2^t$ において，A_1 と A_2 とは相等しい実数であるか，共軛複素数でなければならない．そこで

$$u_1=\alpha(\cos\theta+i\sin\theta),\ u_2=\alpha(\cos\theta-i\sin\theta);$$
$$A_1=\beta(\cos\varepsilon+i\sin\varepsilon),\ A_2=\beta(\cos\varepsilon-i\sin\varepsilon)$$

とすれば，ドゥ・ムワーヴルの定理によって

$$A_1u_1^t+A_2u_2^t=\alpha^t\beta[\cos(t\theta+\varepsilon)+i\sin(t\theta+\varepsilon)]$$
$$+\alpha^t\beta[\cos(t\theta+\varepsilon)-i\sin(t\theta+\varepsilon)]=2\alpha^t\beta\cos(t\theta+\varepsilon)$$

これは実数である．したがって複素根の存在は三角関数の導入となり，振動現

象の研究にとって重大な意味をもつに至る．もし重複根が複素根であるとすれば，余弦の項の前にたとえば $(\beta_1+t\beta_2)$ の如き係数がかかることは容易に推測できるであろう．そして定差方程式の一般解が以上の如き形をもつとすれば，その解の運動が t の充分大きなところでは，最大の絶対値を有する補助方程式の根がプラス，マイナス，複素数のそれぞれの種類に応じて，$X(t)$ の単調な増大(減少)，プラス・マイナスの交互の振動，振幅の増大(減少)する調和振動，をそれぞれ示すこと，そしてまたこの解の収斂性ないし安定性と，発散性ないし不安定性とを分つ臨界点が，補助方程式の絶対値最大なる根の，その最大なる絶対値が一に等しいという条件にあること，従って解の安定性は，根のすべてが一より小なる絶対値をもつという条件によって保証されること，これらは容易に理解しうるであろう．

さて定差方程式の解についての以上における一般的考察の成果を，乗数理論に適用してみよう．乗数理論の基礎的定差方程式の補助方程式は

$$f(u)=u^p-(c_1 u^{p-1}+\cdots+c_p)=0$$

である．まずこの方程式は正の実根をもたなければならない．何故ならば，u が充分に大きなプラスの値をとるときは $f(u)$ はプラスであり，また $u=0$ のときは $f(u)$ はマイナスである．従って $f(u)$ はこの二つの u の値の間において奇数回 u 軸と交わらなければならないからである．しかもこの交点はただ一つに限られる．何故ならば

$$uf'(u)-pf(u)=\sum_1^p rc_r u^{p-r}$$

は u がプラスならば必ずプラスであり，従って

$$f(u)=0$$

ならば $f'(u)$ は必ずプラスとなり，かくて $f(u)$ と u 軸との交点においては $f(u)$ は常にプラスの勾配をもたなければならないから，一回以上の交りは不可能となるためである．かくして

$$f(u)=0$$

は一つの，そして唯一つだけの，プラスの実根をもつ．その位置は $c<1$ であ

る限り

$$f(1)=1-c>0,$$
$$f(c)=(c_1+c_2+\cdots\cdots+c_p)c^{p-1}-c_1c^{p-1}-\cdots\cdots-c_p$$
$$=c_2(c^{p-1}-c^{p-2})+c_3(c^{p-1}-c^{p-3})+\cdots\cdots+c_p(c^{p-1}-1)<0$$

であるから c と一との間に存しなければならない. $c>1$ であっても実根は一と c との間に存するが,このときその正根は当然に1より大であるから(3)の解は発散型である. さて最大の絶対値を有する根がマイナス或は複素数があれば, t の充分大きな所では $y(t)$ は零の水準をめぐって正負の領域に交互に振動しなければならないことは前述の如くである. 所でいま $y(t)$ が発散するにしろ収斂するにしろ,それは初期条件の如何を問わずそうならなければならない筈である. しかしもし初期条件がすべてプラスとなるような任意の出発点をとるならば,その後の $y(t)$ の値もすべてプラスであるから,解の正負の振動従って負根および複素根は不可能である. かくして c_r のすべてがプラスである限り最大の絶対値をもつ根はプラスの実根である. したがって c と1との間の実根は解の終局の運動を優越的に支配する根であり, $c<1$ は解の安定条件となる. 特殊の場合として $c=1$ なるときを取ると, $u=1$ が最大の絶対値をもつ根となる. 解は

$$A_1(1)^t+A_2u_2^t+\cdots\cdots+A_pu_p^t$$

として表わされ,第一項を除いては t の増大と共に零に近づき,解全体は初期条件によって決定されるコンスタントな値に収斂する. (ヒックスは本文においてこの結論を次の如き問題に応用している. 更新期間がそれぞれ3ヵ年,4ヵ年,5ヵ年を要する3種類の資本財から成立つ設備において,全体におけるそれぞれの比率が, $a, 1-a-c, c$ であるとする. その時年々の総投資は,3ヵ年前,4ヵ年前,5ヵ年前のそれぞれの総投資の,右の比率による加重平均である. 従ってわれわれはこの時ラグのついた未知函数の係数の総和が丁度1になるような定差方程式をもつことになる. それ故この加重平均が繰返されるにつれて総投資の変動は排除されて一定の大きさに接近してゆかなくてはならない.)

4 加速度作用と乗数作用の綜合的分析

期間 t において行われた誘発投資は前期の産出量の変化に一次的に依存するとしよう. かくて

$$I(t) = v_1[Y(t-1) - Y(t-2)] + \cdots\cdots + v_{p-1}[Y(t-p+1) - Y(t-p)]$$

ここに v_r は投資係数である. さて消費は従来通り

$$C(t) = c_1 Y(t-1) + \cdots\cdots + c_p Y(t-p) + K$$

で示される. 独立投資を $A(t)$ とすれば,

$$Y(t) = C(t) + A(t) + I(t)$$

従って

$$Y(t) = A(t) + \sum_1^p c_r Y(t-r) + \sum_1^{p-1} v_r[Y(t-r) - Y(t-r-1)] + K \quad (6)$$

これが加速度原理と乗数機構の綜合された基礎的方程式であり, この基礎の上にヒックス景気循環論の建築が打建てられるのである.

ヒックスは続いて動的均衡経路の決定を,「定常状態」,「独立投資のない規則的に進歩する経済」,「独立投資のある規則的に進歩する経済」のそれぞれについて試みている. これについては既に筆者は前掲別稿でその要点に数学的に論及する機会をもつたし, 数学としても定差方程式論とは無関係であるのでここには割愛し, それぞれのモデルに応じていかにかして規定された均衡状態からの乖離部分の運動に直ちに移ることとする. その均衡径路がいかなるものであれ, 乖離部分の運動は常に (6) から常数項を除去した

$$y(t) = \sum_1^p c_r y(t-r) + \sum_1^{p-1} v_r[y(t-r) - y(t-r-1)]$$

で与えられ, その補助方程式は

$$f(u) = u^p - \sum_1^p c_r u^{p-r} - (u-1) \sum_1^{p-1} v_r v^{p-r-1} = 0$$

となる.

(a) 初等的な場合 ここで v_1 を除く v_r, c_1 を除く c_r を零とし $v_1 = v$, $c_1 = c = 1-s$ (s は従って貯蓄性向) と置く簡単な場合をまず考察しよう. $f(u)$ は今や

補論　ヒックス景気循環理論の数学的背景

$$u_2 - (1-s+v)u + v = 0$$

となる．この方程式が実根をもつ条件はいうまでもなく

$$(1-s+v)^2 > 4v$$

$1-s$ と v とは共にプラスであるから

$$1-s+v > 2\sqrt{v}$$

即ち
$$(1-\sqrt{v})^2 > s$$

従って
$$1-\sqrt{v} > \sqrt{s}$$

あるいは
$$\sqrt{v}-1 > \sqrt{s}$$

それ故
$$v < (1-\sqrt{s})^2$$

あるいは
$$v > (1+\sqrt{s})^2$$

となる．v がこの制限の間にあるときは複素根の場合でありその絶対値は $\sqrt{v}$ に等しくなる．かくして次の4箇の場合を分つことができる．

(i)
$$v < (1-\sqrt{s})^2$$

実根，単調収斂．

(ii)
$$(1-\sqrt{s})^2 < v < 1$$

絶対値が一より小なる複素根，減衰振動．

(iii)
$$1 < v < (1+\sqrt{s})^2$$

絶対値が一より大なる複素根，発散振動．

(iv)
$$v > (1+\sqrt{s})^2$$

実根，単調発散．循環的振動の存在する (ii) と (iii) との場合において補助方程式の二根を $\alpha(\cos\theta + i\sin\theta)$, $\alpha(\cos\theta - i\sin\theta)$ と置けば，定差方程式の解は前述の如く $A\alpha^t \cos(t\theta + \varepsilon)$ の形をもち，周期は近似的に $2\pi/\theta$ に等しくそれは θ の大きい程小さい．そしてこの θ については次のような考察を加えることができる．

$$2\alpha\cos\theta = 1-s+v, \quad \alpha^2 = v$$

が根と係数との関係から導かれるから

$$\cos\theta = (1-s+v)/2\sqrt{v}$$

である．それ故三辺の長さが 1, $\sqrt{v}$, $\sqrt{s}$ なる三角形をつくれば，$\sqrt{c}$ の辺の対角が θ となる．ここで

$$\sqrt{v} < 1 - \sqrt{s}$$

であれば三角形はできないから循環は存在しない．$\sqrt{v}$ がこの制限を超えて増加するに従い θ は零から極大にまで増大するから周期は v の値が小さい程長い．v が 1 に等しく二等辺三角形が成立するときは，振動が収斂から発散に転ずる臨界状態であり，θ が極大値に達し，周期が最短の場合は三角形が直角三角形となり

$$v + s = 1$$

が成立つときである．このとき

$$\sin \theta = s$$

であり，s がその性質上かなり小であるとすれば θ の値はそれ程大きいものではなくかくて最短の周期といえどもかなりの期間を含むこととなる．

(b) 誘発投資におけるラグの分布の効果 もっと一般的問題を解くための準備として限界貯蓄性向が零の場合を考えてみよう．このとき前記の二次の補助方程式は

$$f(u) = (u-1)(u-v) = 0$$

となり，従って定差方程式の解は

$$A_1(1)^t + A_2 v^t = A_1^t + A_2 v^t$$

であり，運動は $v<1$ ならば A_1 に収斂し $v>1$ ならば発散し，実根の場合だから振動は存在しない．$s=0$ の前提を保ちながら，誘発投資は若干の期間に分布されるが，消費のラグは他に存在しないという一般的な場合に向つてみよう．補助方程式は

$$f(u) = u^p - u^{p-1} - (u-1)\sum v_r u^{p-r-1} = (u-1)(u^{p-1} - \sum v_r u^{p-r-1}) = 0$$

従って一根は 1 に等しく，他の根は

$$u^{p-1} - v_1 u^{p-2} - \cdots\cdots v_{p-1} = 0$$

の根であるから，すべての v_r がプラスであるとすれば，この方程式は既に考察した如く 1 と $\sum v_r = v$ との間に実根を有し，しかもそれは絶対値の最大な根である．1 とこの根とを優根 (major roots) と呼ぶこととする．したがって

次の結論を導くことができる.
 (i) $\qquad v<1$
ならば,絶対値最大の根は 1 であり, $y(t)$ は初期条件に依存するあるコンスタントに収斂しなければならない.
 (ii) $\qquad v=1$
ならば二つの優根 1 に等しく,これらが絶対値の最大なものである.かくて重複根の存在する場合となるから $y(t)$ は A_1+tA_2 (等差級数)の形に収斂する.全過程はそれ故に均衡径路からますます乖離する.
 (iii) $\qquad v>1$
ならば 1 より大なる根が存在し全過程は発散的である.

(c) 貯蓄係数の影響 さて c_2 以下は依然零という想定のまま s の存在を恢復してみよう.補助方程式は
$$(u-1)(u^{p-1}-\sum v_r u^{p-r-1})+su^{p-1}=0$$
となる.この式を $F(u)$, s の除かれていた以前の式を $f(u)$ とすると
$$F(u)=f(u)+su^{p-1}$$
u が小さければ第二項は非常に小さいから, $F(u)$ の絶対値の小なる根は $f(u)$ のそれに非常に近いものでなければならない.それ故に第二項=貯蓄項の導入によって影響を蒙り易いのは絶対値の最大なる方の根であろう. $v>1$ ならば優根は絶対値最大なる二つの根でありこれらの根の近傍で $f(u)$ は第1図の如き形をとることができる. $v<1$ のときは優根は絶対値最大なる二つの根とはいえないが,しかもその近傍で $f(u)$ はやはり同一の形をとろう.さて第二項の導入と共に $s>0$,この領域では $u>0$ であるから,曲線は次第に高められて点線の如き位置に至るであろう.曲線が上昇すれば二根は接近し従って大なる根は減少せざるを得ない.かくて f から F への転位は減衰効果をもつことを予想せしめる.優根は接近の結果やがて一致し更にその後複素根となれば循環運動が起る.この貯蓄項の減衰効果という予想は二次式,三次式
$$f(u)=(u-1)(u^2-v_1u-v_2)$$
四次式の場合について優根の積の一定乃至減少によってそれぞれ確かめること

ができるが，更に高次式についても一般的に妥当す
る原則であるかどうかは疑わしいように思われる．
しかし実際上の問題にあたって信頼しうるガイドと
はなりうるであろう．ところで貯蓄係数が優根を減
少せしめる一方，マイナスで絶対値のより小なる実

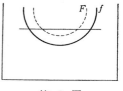

第 2 図

根 (minor roots 劣根) を増大させる効果を示すことがあるとすれば，$s=0$ のと
き優根であったものが，貯蓄項の導入によって充分大きい s に対してかつての
劣根よりも絶対値が小さくなることがあるかもしれない．このような結果が生
ずる場合には貯蓄項の反 (anti-) 減衰効果を問題としなければならないであろ
う．この効果の生ずるために必要な条件を吟味するために上に記した三次式に
注目してみよう．その3箇の実根のうち1箇はマイナスであるが，s の作用に
よってこの負根の絶対値は増大する．そして上述の効果を生ずるためにはこの
絶対値は他の二根の積の平方根より大とならなければならないだろう．三根の
積は $-v_2$ であるから負根を $-\alpha$ とすれば，このことは

$$\alpha > (v_2/\alpha)^{\frac{1}{2}}$$

あるいは

$$\alpha > (v_2)^{\frac{1}{3}}$$

を意味する．このような根を $F(u)$ がもつとすれば $F(-v_2^{\frac{1}{3}})$ はプラスでなけれ
ばならない．(第1図の如き幾何学的考察から負根の点では $f'(u)$ はプラスであ
り，$F(u)$ は $f(u)$ が上方に移動した如き位置をとるからである．) 代入によって
この条件は

$$-(1-s+v_1)(v_2)^{\frac{1}{3}}-v_1+v_2 > 0$$

として表わされる．このためには適度に小なる s に対して，v_1 が非常に小さく
v_2 はいかなる場合にも $(1-s)^{\frac{3}{2}}$ より大きくなくてはならない．(この値は $v_1=0$
のとき右の不等式の左辺を零とする値であり，v_1 が増大するに従ってこの値は
増大する) 以上の検討によって三次式において負根がドミナントとなる場合と
は，第一の投資係数が非常に小さく第二の投資係数がかなり大きくならなけれ

ばならない場合ということになる．このような場合は実際に起りうる可能性をもつものであり，その際貯蓄係数の増加によって強化されるような周期二期間の短期循環が発生するのである．四次式の場合においては，短期循環は誘発投資が v_2 に集中する場合と v_3 とに集中する場合との二の原因をもちうる．前者は三次の場合と大体同一の効果を示すであろう．後者については v_1 と v_2 とを零と置けば

$$f(u)=(u-1)(u^3-v_3)$$

がえられるから，その優根が 1 と $(v_3)^{\frac{1}{3}}$ であり，

$$(v_3)^{\frac{1}{3}}(\cos 2\pi/3 \pm i \sin 2\pi/3)$$

を劣根と呼べばこの劣根は周期三の短期循環を発生するから，もし a_3 が一に近く或は更にこれを越えれば，貯蓄項は劣根をドミナントとし短期循環が支配的となるであろう．しかし誘発投資の特殊な運動に依存するこのような短期循環の経済的意義はさまで重大であるとは思われない．通常われわれの関心をそそぐ循環現象は優根に関係する長期循環であって劣根に関係する短期循環でないといい切っていいであろう．従って貯蓄係数の増大と共に長期循環が減衰されると結論することはかなり安全であろう．

(d) **消費におけるラグの分布** 分析を完全にするために消費のラグについての若干の附言を加えよう．いま

$$c_1+c_2+\cdots\cdots c_p=k_1,\ c_2+c_3+\cdots\cdots+c_p=k_2,\ \cdots\cdots,\ c_{p-1}+c_p=k_{p-1},\ c_p=k_p$$

として k_r を定義する．そのときいうまでもなくすべて k_r は 1 より小であり，かつ

$$k_1>k_2>\cdots>k_p$$

そして

$$c=k_r-k_{r+1}$$

であるから，さきの均衡乖離 $y(t)$ の一般的定差式の補助方程式は，

$$u^p-(k_1-k_2)u^{p-1}-\cdots\cdots-k_p-(u-1)\sum v_r u^{p-r-1}$$
$$=u^p-k_1 u^{p-1}-(u-1)\sum(v_r-k_{r+1})u^{p-r-1}=0$$

と書き改められる．ここで仮に
$$k_1=1-s$$
と置けばこの式は前述の一般的な $F(u)$ 式(13頁)と同一の形であり，差異はただ v_r が k_{r+1} を減ぜられることによって消費のラグによって調整されているだけである．それ故 $(v-k)$ のいずれもマイナスとならないような消費のラグが考えられる場合には，分析は全く以前と同一であり，調整された投資係数の大きさの減少は減衰効果をもつであろう．所で投資係数の調整の結果 $(v-k)$ のあるものがマイナスとなったとすれば，すべての v_r のプラスの前提の下に進められた従来の分析の結論はどのような影響を蒙るであろうか．k は単調減少数列であるから，マイナスになる危険の最も大きいのは v_1 であり，その後の v がマイナスとなったとしてもその絶対値は極めて小さいであろう．それ故三次式の例において v_1 をマイナスとした場合の帰結を追求してみよう．
$$v_1>0, \quad v_1+v_2<1$$
のときは
$$f(u)=(u-1)(u^2-v_1 u-v_2)$$
は正根のいずれよりも絶対値の小さい負根をもっていた．
$$v_1+v_2<1$$
の下に v_1 がマイナスとなれば，負根の絶対値は小なる正根の絶対値より大となるが，それが更に大なる正根即ち1より大きい絶対値をもつためには
$$f(-1)>0$$
即ち
$$1+v_1-v_2<0$$
あるいは
$$1+v_1<v_2$$
これは v_1 がプラスであれば
$$v_1+v_2<1$$
と両立しないが，マイナスであれば充分に可能である．それ故
$$v_1<0$$
のときには
$$v_1+v_2<1, \quad s=0$$
でも負根は発散的となりうるものであり，s が増大するに従ってこのことの起る機会は増加するであろう．かくして v_1 がマイナスであるという条件は短期

循環を伴って劣根がドミナントとなる可能性を増すのである．しかし投資係数が一期間においてマイナスであり次の期間において相対的に大きなプラスの値をとるというこの条件を支える激烈な変動を除いて考えれば，v の若干が絶対値の小さいマイナスの値をとることは，従来の分析にそれ程重大な影響を与えるものではないであろう．消費のラグが優根の支配を阻害しないような適度なものであれば，われわれはそれが減衰効果をもつことを信頼していいであろう．

(e) 特殊な型の定差式に即する臨界点の研究 誘発投資が過去の r 期間にわたる産出量の平均増加に依存し，消費のラグは依然として一期間とすれば，次の定差方程式が得られる．

$$y(t)=(1-s)y(t-1)+(v/r)[y(t-1)-y(t-r-1]$$

このタイプの方程式を取扱うことは有益である．補助方程式

$$f(u)u^{r+1}-(1-s+v/r)u^r+v/r=0$$

は前述の議論によって，$s=0$ のとき二つの優根（1と最大の絶対値をもつ正根）をもち，s の増大と共に両者はやがて相等しくなり次いで複素根となる．そして算術的実験によって劣根は相対的に絶対値小なるままにとどまることを検することができる．したがって重要な意味をもつ循環は優根が複素数になるときに起ると考えられる．そしてこれをひき起す s の値は容易に決定することができる．即ち補助方程式の二根が一致する場合の s の値を探せばよいのである．$f(u)=0$ が二つの等根をもつとすれば $f'(u)=0$ がその根において成立しなくてはならない．ところで

$$f'(u)=(r+1)u^r-r(1-s+v/r)u^{r-1}$$

従って $f'(u)=0$ ならば $u=0$ （このときは $v=0$ でなければ $f(u)=0$ とならない）かあるいは

$$u=r/r+1(1-s+v/r)$$

これを $f(u)=0$ に代入して

$$[r/r+1(1-s+v/r)]^{r+1}=v$$

をうる．$s<1, v>0$ であるから

$$r/r+1(1-s+v/r)=v^{1/(r+1)}$$

でこの条件の主要部分が示される．優根が等しくなるときの s の値を s^0 とすれば，これから

$$s^0 = 1 - (r+1/r)v^{1/(r+1)} + v/r$$

かくして $s > s^0$ であれば $y(t)$ は循環的な解をもつのである．この条件は $r=1$ なる場合に対応する運動について (a) に導いた結論(11頁)と全く斉合的である．ところで

$$ds_0/dv = 1/r(1 - v^{-r/(r+1)})$$

で，これは $v=1$ のとき零，$v>1$ のときプラス $v>1$ のときマイナスであるから，s の一定の値に対応して実根と複素根とを分つ v の臨界値は upper point と lower point との二つがあることが判明する．そして v が与えられたとき s_0 は r の増大と共に次第に減少するから，その際この二つの臨界値は次第に相離れ，かくて循環運動の領域が拡大し単調な発散あるいは収斂は排斥される傾向が存する．次に収斂運動と発散運動とを分つ v の値—middle point (中央点)—を示す右のような単純な式は存在しないが，この中間点における循環の周期(これは (a) にみた如く s の一定値に対する最小の周期ではないが，これに近いものである)を示す有用な式を導くことはできる．中間点においては $f(u) = 0$ は

$$u = \cos\theta + i\sin\theta$$

の形の根をもつ．これを $f(u)$ に代入して実数部と虚数部とをそれぞれ零とすれば

$$\cos(r+1)\theta - (1-s+v/r)\cos r\theta + v/r = 0,$$
$$\sin(r+1)\theta - (1-s+v/r)\sin r\theta = 0$$

これから v を消去して

$$\sin(r+1)\theta - \sin\theta = (1-s)\sin r\theta$$

あるいは

$$i\cos\theta(r+2)\frac{\theta}{2} = (1-s)\cos r\frac{\theta}{2}$$

この式から r および s の一定値に対する θ の値をグラフによって容易に計算することができる．$0 < s < 1$ であるから $(r+2)\frac{1}{2}\theta < \frac{1}{2}\pi$ となり，また上昇部分の

長さ (π/θ) は常に $(r+2)$ 期間より大でなければならない．またこの周期は r と共に増大し，r の一定値に対しては s の増大と共に減少することを示すことができる．

　以上においてヒックスの『景気循環理論』の「数学的附録」は，劈頭の際にふれたように動的均衡径路に関する部分と，更にもう一つ，彼の積極理論とは無関係な或は対立的な Erratic Shocks の理論についての註釈の部分とを紙数の関係から省略した以外，そのすべてが触れている．そして劈頭に述べた所を再び繰返せば，定差方程式による経済変動過程の期間分析のための独立した文献となりうるものである．

第3部　産業連関と線型計画法

第1章　レオンティエフ・モデルの一考察
―― その不等式系的把握その他 ――

　レオンティエフに始まる「投入産出モデル」については既に非常に多くの言葉が費されてきたが，以下もまたその分析用具としての性格に関する覚書である．このモデルを不等式系でつかむことが残された問題の解決にいろいろと示唆を与えるのでないかというのが一つのポイントである．しかしここでは，厄介な数式の操作をできるだけ少くして，問題の考え方をわかりやすく提供しようとねらった．もっとも紙数と時間の制約で，このわくを時々とびこえてしまったようである．そして全体としての結果もこのポイントに終始したわけではなく，エレメンタルなところで比較的看過されがちであるがしかしよく注意されるべき点と思われるものの解説をも併せて加えて置いた．

1　予備的叙述

　レオンティエフ統計の出発点は一単位期間における産業間の販売価額と購買価額の記録であり，したがってそれは産業間で行われた取引の，貨幣で表現された「流れ」(Flow) の一覧表である．すべてがフローの概念であるから，それが「特定期間」を単位として表現されていることを忘れてはならない．他のフロー概念と同様に，したがってそれは時間についてマイナス一次のダイメンションをもっている．

　貨幣ベースによるレオンティエフモデルを次のように二産業一家計について考えよう．

$$\left.\begin{array}{l} Y_1 = Y_{11} + Y_{12} + A_1 \\ Y_2 = Y_{21} + Y_{22} + A_2 \\ Y_3 = Y_{31} + Y_{32} \end{array}\right\} \qquad (1.1)※$$

ここにおいて Y_1, Y_2 は特定期間における第一財産業，第二財産業の総販売価額，

Y_3 は家計の総収入であり，それは家計が「生産要素」を提供して獲得したと考えて置く．A_1, A_2 は家計の第一財，第二財への支出額．A_3 は無視するとしよう．後に実物ベースについて A_1, A_2 を「最終需要」として一般化し，また Y_3 を「本源的生産要素」と考えて，レオンティエフ体系が「開いて」いるか「閉じて」いるかの区別のメルクマールが与えられる (4頁参照)．y_{ij} は i 産業の j 産業への販売価額である．

また産業がこれ以上拡張もしないし収縮もしない「産業の均衡」状態で各産業の総販売価額は総支出額に等しいとすると，

$$\left.\begin{array}{l} Y_1 = y_{11} + y_{21} + y_{31} \\ Y_2 = y_{12} + y_{22} + y_{32} \end{array}\right\} \quad (総収入=総支出) \qquad (2.1)$$

という体系がえられる．一方

$$Y_3 = A_1 + A_2 \quad (国民所得の二側面) \qquad (3.1)$$

という式は，純生産物の価値の総和としての国民所得が生産要素に対する支出の総和としての国民所得に等しいことを示している．なぜなら $A_1 = Y_1 - (y_{11} + y_{12})$ は，第一財の生産物価値 Y_1 から，中間生産物として産業の生産活動に投入量として用いられる部分の価値 $(y_{11}+y_{12})$ を差引いたものとしてまさに第一産業の純産出量であるし，(A_2 についても同様)，$Y_3 = y_{31} + y_{32}$ では Y_{31} は第一産業が生産要素に支払った価値額，y_{32} は第二産業が生産要素に支払った価値額となっているからである．これは収支均等についてのワルラスの法則のこの体系への適用にほかならない．

さて各産業が，生産上投入量として用いる財に対する支出はその産業の総支出額に対する比率において財毎に一定しているとしよう．

$$\left.\begin{array}{lll} \alpha_{11} = \dfrac{y_{11}}{Y_1}, & \alpha_{21} = \dfrac{y_{21}}{Y_1}, & \alpha_{31} = \dfrac{y_{31}}{Y_1} \\ \alpha_{12} = \dfrac{y_{12}}{Y_2}, & \alpha_{22} = \dfrac{y_{22}}{Y_2}, & \alpha_{32} = \dfrac{y_{32}}{Y_2} \end{array}\right\} \qquad (4.1)$$

そしてこれらの比率はマイナスとならないものと考える．(1.1) は書きかえられて

第1章 レオンティエフ・モデルの一考察

$$\left.\begin{array}{l}Y_1=\alpha_{11}Y_1+\alpha_{12}Y_2+A_1\\Y_2=\alpha_{21}Y_1+\alpha_{22}Y_2+A_2\\Y_3=\alpha_{31}Y_1+\alpha_{32}Y_2\end{array}\right\} \quad (1.2)$$

(2.1) は

$$Y_1=\alpha_{11}Y_1+\alpha_{21}Y_1+\alpha_{31}Y_1$$
$$Y_2=\alpha_{12}Y_2+\alpha_{22}Y_2+\alpha_{32}Y_2$$

から結局

$$\left.\begin{array}{l}1=\alpha_{11}+\alpha_{21}+\alpha_{31}\\1=\alpha_{12}+\alpha_{22}+\alpha_{32}\end{array}\right\} \quad (2.2)$$

すべての α_{ij} はマイナスとならないものと考えているから,家計を除いて産業のみについてみると

$$\left.\begin{array}{l}1\geqq\alpha_{11}+\alpha_{21}\\1\geqq\alpha_{12}+\alpha_{22}\end{array}\right\} \quad (2.3)$$

が成立する.一般に「α の係数表」においては各列の和は1に等しいか1より小さい.すべての式が1に等しい場合は本源的生産要素が自由財でその価格がゼロの時である.しかしその時は家計部門を置くことが無意味となろう.したがってこれを置く以上家計の提供する要素は自由財ではない.その時は1に等しい場合がすべての産業について成立つことは考えられない.どの産業も本源的生産要素なしに生産していることとなるからである.むしろいかなる産業も一つの本源的生産要素を用いて生産するというのがレオンティエフ・モデルの基礎前提であるといえる.この時(2.3)はすべて不等式である.

さて今各産業の産出量,投入量を実物ベースで測定した値を $X,\ x$ に適当な添字をつけたものであらわし,そのディフレーターを P に添字をつけたものであらわすこととすると (1.1) は

$$Y_1=P_1X_1=P_1x_{11}+P_1x_{12}+A_1$$
$$Y_2=P_2X_2=P_2x_{21}+P_2x_{22}+A_2$$
$$Y_3=P_3X_3=P_3x_{31}+P_3x_{32}$$

を経て

$$\left.\begin{array}{l}X_1 = x_{11} + x_{12} + C_1 \\ X_2 = x_{21} + x_{22} + C_2 \\ X_3 = x_{31} + x_{32}\end{array} \quad \left(C_1 = \frac{A_1}{P_1},\ C_2 = \frac{A_2}{P_2}\right)\right\} \quad (1.3)$$

となるとしよう. ここにやはりレオンティエフ・モデルの基礎前提がある. すなわち P を単位価格とすると $\frac{Y}{P}$ および $\frac{y}{P}$ がただ単一の実物財を意味するという前提であり, さらにいいかえれば一つの産業は結合生産物をうみだすことなしにただ一つの財のみを生産しているという前提である.

さて次の関係を導いて置こう.

$$\left.\begin{array}{l}X_1 = \alpha_{11}\dfrac{P_1}{P_1}X_1 + \alpha_{12}\dfrac{P_2}{P_1}X_2 + C_1 \\[6pt] X_2 = \alpha_{21}\dfrac{P_1}{P_2}X_1 + \alpha_{22}\dfrac{P_2}{P_2}X_2 + C_2 \\[6pt] X_3 = \alpha_{31}\dfrac{P_1}{P_3}X_1 + \alpha_{32}\dfrac{P_2}{P_3}X_2\end{array}\right\} \quad (1.4)$$

ところでレオンティエフ・モデルの特徴といわれる固定的生産係数の想定は次のような a を一定とみなすことである.

$$\left.\begin{array}{lll}a_{11} = \dfrac{x_{11}}{X_1}, & a_{21} = \dfrac{x_{21}}{X_1}, & a_{31} = \dfrac{x_{31}}{X_1} \\[6pt] a_{12} = \dfrac{x_{12}}{X_2}, & a_{22} = \dfrac{x_{22}}{X_2}, & a_{32} = \dfrac{x_{32}}{X_2}\end{array}\right\} \quad (4.2)$$

これは先に α を定義した (4.1) に対応する. やはりいずれもマイナスとはならない. α と a との対照は「貨幣ベース」と「実物ベース」との対照である. (4.2) を代入すれば (1.3) は

$$\left.\begin{array}{l}X_1 = a_{11}X_1 + a_{12}X_2 + C_1 \\ X_2 = a_{21}X_1 + a_{22}X_2 + C_2 \\ X_3 = a_{31}X_1 + a_{32}X_2\end{array}\right\} \quad (1.5)$$

となる. これが通常レオンティエフ体系を論議する出発点となる.

(1.3) および (1.5) は産業の実質生産物がどのようにその用途に配分されるかの配分関係を示す. さて産業にはこの配分関係のほかに, 生産函数ないし技

術函数によって表現される生産関係がある．これを (1.3) から読み取れば

$$\left.\begin{array}{l} X_1 = F_1(x_{11}, x_{21}, x_{31}) \\ X_2 = F_2(x_{12}, x_{22}, x_{32}) \end{array}\right\} \tag{5.1}$$

となる，(4.2) はこれについて極めて特殊な関係を想定したこととなる．この点の詳細は節をあらためて論じよう．さてわれわれはここで $X_3 = F_3(C_1, C_2)$ というような生産関係を考えるべきであろうか．これについては，次の点を指摘する．

　レオンティエフ・モデルに関しては「開いた」体系と「閉じた」体系との区別がある．体系が「開いて」いるという時は，その体系が体系内部の相互関係によって定めることのできない変数を含んでいることを意味し，すべての変数が体系の内部の構造から決定される時には，その体系は「閉じて」いるのである．「開いた」体系に含まれる右のような変数は，通常「最終需要量」とよばれ問題に応じて消費・投資・輸出などを指示するものとされる．そしてレオンティエフ表は，この「最終需要量」を体系外の条件から与えられた時の「派生需要量」の計算の体系として役立つことができる．という意味は，前述の (1.5) において家計に関する最後の式を除いた体系を考え，そこで C_1, C_2 を最終需要とし，それに特定の値を与えた時に，X_1, X_2 を算出することを意味する．すなわち，（計算の煩をさけて行列形式で表現すると）

$$\begin{pmatrix} X_1 \\ X_2 \end{pmatrix} = \begin{pmatrix} 1-a_{11} & -a_{12} \\ -a_{21} & 1-a_{22} \end{pmatrix}^{-1} \begin{pmatrix} C_1 \\ C_2 \end{pmatrix} \tag{1.6}$$

であり，ここで逆行列のエレメントを

$$\begin{pmatrix} 1-a_{11} & -a_{12} \\ -a_{21} & 1-a_{22} \end{pmatrix}^{-1} = \begin{pmatrix} A_{11} & A_{12} \\ A_{21} & A_{22} \end{pmatrix} \tag{1.7}$$

として置くと，それらは C_1, C_2 に乗ぜられることによって最終需要プラス派生需要をみたす X_1, X_2 の大きさを示すような経済的意味を有する．たとえば $A_{11}C_1$ は，第一財の最終需要によってよびおこされた（派生需要を含めての）第一財への総需要であり，$A_{12}C_2$ は第二財の最終需要によってよびおこされた（派生需要を含めての）第一財への総需要である．したがって $A_{11}C_1 + A_{12}C_2$ は C_1, C_2 という最終需要によってひきおこされた第一財 X_1 に対する総需要量（最終

需要プラス派生需要）を示すものである．そこでこの逆行列を「乗数行列」とよぶことも可能であろう．したがってレオンティエフ表の応用のための計算において，最も基礎的な重要性をしめるのが，この逆行列の数値表である．一般的次元には行列を用いて

$$(I-A)X=C \tag{1.8}$$

$$X=(I-A)^{-1}C \tag{1.9}$$

としてしめされる．(1.8) は (1.5) に，(1.9) は (1.6) 等しい．したがって最も重要なのが $(I-A)^{-1}$ の計算である．

さて，しかし，ここでは「開いた」体系について，さらに次のことを附加的に強調することを重要と考える．体系が「開いて」いる時は，それは二重の意味において「開いて」いる．一つには，それがいわゆる「最終需要量」に自由度を持たせて置くことであるが，二つには，このような体系は，その体系内部において再生産することができないような「本源的生産要素」を含んでいるということである．したがって「開いた」体系においては，このような生産要素については生産函数を考えることはない．いいかえればこの場合 $X_3=F_3(C_1, C_2)$ というようなものは考えないのである．もし体系内のすべてが生産し得る財であるとすると，「最終需要量」と「本源的生産要素の供給量」とが連結されて，体系は「閉じる」こととなる．そして C_1, C_2 も他の産業への配分と同様に $C_1=x_{13}=a_{13}X_3$, $C_2=x_{23}=a_{23}X_3$ と考えられ，また生産要素 X_3 についても $X_3=F_3(x_{13}, x_{23})$ というような生産函数（あるいは特殊化されたものとして $x_{13}=a_{13}X_3, x_{23}=a_{23}X_3$）が置かれる．体系の次元は一つ増加して (1.5) あるいは (1.8) は同次方程式となる．

「開いた」体系において，本源的生産要素の供給量も体系外から与えられるものとすると (1.5) において C_1, C_2 のみならず X_3 外部から与えられることとなって，これらを共に満足する X_1, X_2 を求めることは一般的には不可能である．したがって体系は等式体系ではなく不等式体系となるのが一般的である．われわれはレオンティエフ・モデルを不等式体系の相下に眺めることを興味深いと考える．

第1章 レオンティエフ・モデルの一考察

さて，貨幣ベースによる係数 α と実物ベース a との関係を明らかにして置こう．(1.4) と (1.5) とを比較すれば

$$a_{ij} = \alpha_{ij} \frac{P_j}{P_i} \tag{6.1}$$

あるいは

$$\alpha_{ij} = a_{ij} \frac{P_i}{P_j} \tag{6.2}$$

が成立つことは明らかである．更に一般的に表現するために本源的生産要素に関する部分を除いた a および α の行列を A, B とし（したがってこれらは正方行列），本源的生産要素の価格を除いた各財の価格を対角線にならべた対角行列を P とすれば

$$\left. \begin{array}{l} A = P^{-1}BP \\ B = PAP^{-1} \end{array} \right\} \tag{6.3}$$

という変換によって両者の関係を示すことができる．

(2.1) に対応する関係は

$$P_1 X_1 = P_1 a_{11} X_1 + P_2 a_{21} X_1 + P_3 a_{31} X_1$$
$$P_2 X_2 = P_1 a_{12} X_2 + P_2 a_{22} X_2 + P_3 a_{32} X_2$$

を経て

$$\left. \begin{array}{l} P_1 = P_1 a_{11} + P_2 a_{21} + P_3 a_{31} \\ P_2 = P_1 a_{12} + P_2 a_{22} + P_3 a_{32} \end{array} \right\} \tag{2.4}$$

となる．本源的生産要素を除いて (2.3) に対応する形にすれば（a はどれもマイナスでないから）

$$\left. \begin{array}{l} P_1 > P_1 a_{11} + P_2 a_{21} \\ P_2 > P_1 a_{12} + P_2 a_{22} \end{array} \right\} \tag{2.5}$$

となる．(2.3) は B の列和が1より大きくないということを，すなわち l' をエレメントがすべて l の行ベクトルとすれば

$$l'(I-B) > 0 \tag{2.6}$$

ということを示している．(2.5) をその形にすると π' を価格の行ベクトルとすれば

$$\pi'(I-A) > 0 \qquad (2.7)$$

等号は前述(3頁)の理由により省略する.

さてレオンティエフはすべての財を"dollar's worth"という極めて特殊な実物単位で測定している. これはある財 X_i の価格が P_i ドルである時, その実物量 x_i を $\frac{1}{P_i}$, すなわち1ドルで購入しうるその財の数量を単位として測定することを意味する. この単位で測定された x_i の大きさは $P_i x_i$ となる. (バターが1ポンド75セントであるとすると1ドルでは $\frac{4}{3}$ ポンド買える. $\frac{4}{3}$ ポンドを1単位として50ポンドのバターを測定したらそれは $50 \div \frac{4}{3} = 50 \times \frac{3}{4}$ 単位である. この値は50ポンドのバターの金額 $0.75 \times 50 = \frac{3}{4} \times 50$ に等しいことはいうまでもない.) すなわち"dollar's worth"で測定すれば, それは実はベースに取った年度の価格体系についての投入産出量の貨幣額にほかならない. したがって上述体系(1.1)の Y_i や y_i をそのまま取上げることにほかならない. したがって"dollar's worth"という tricky な実物単位で測定された値から計算されるのは $\alpha - B$ の表であって $a - A$ の表ではない. 両者の関係は(6.3)が示していることはいうまでもない.

"dollar's worth"で財の量が測定されると, その一単位は常に1ドルの価値をもつのであるから, すべての財の単位価格は1(ドル)である. したがって本来(2.4)のような形で自然な関係が, その価格 P_i を l と置いた形に転形される. すなわち

$$l = l \cdot \overline{a_{11}} + l \cdot \overline{a_{21}} + l \cdot \overline{a_{31}}$$
$$l = l \cdot \overline{a_{12}} + l \cdot \overline{a_{22}} + l \cdot \overline{a_{32}}$$

$\bar{a}$ はそれが"dollar's worth"で測られた量について定義されたことを示す. そしてこの関係は(2.2)にほかならないことはいうまでもないであろう.

すなわち $\bar{a} = \alpha$ なのである.

2 古典派的労働価値説との関連

(2.4)の両辺を本源的生産要素=労働の価格 P_3 でわると, $\frac{P_1}{P_3}$ と $\frac{P_2}{P_3}$ とは, 労働をニュメレールとした, すなわち賃銀単位ではかられた第一財および第二財

の価格である．そこで

$$\frac{P_1}{P_3}-(l-a_{11})-\frac{P_2}{P_3}a_{21}=a_{31}$$

$$-\frac{P_1}{P_3}a_{12}+\frac{P_2}{P_3}(l-a_{22})=a_{32}$$

を解いて見る

$$\left(\frac{P_1}{P_3}\frac{P_2}{P_3}\right)=(a_{31}\ a_{32})\begin{pmatrix}l-a_{11} & -a_{12} \\ -a_{21} & l-a_{22}\end{pmatrix}^{-1}=(a_{31}\ a_{32})\begin{pmatrix}A_{11} & A_{12} \\ A_{21} & A_{22}\end{pmatrix}$$

となる．(1.6), (1.7) で見たようにこの逆行列は乗数行列であり，そのエレメントたとえば A_{21} は第一財の需要がひきおこされると，その1単位あたり，結局どれだけの第二財が生産されるべきかを示すものであった．

このことはまた次のようにもいえる．すなわちレオンティエフ体系が示すような各産業間の技術的相互依存関係のために，第一財の1単位の需要増加をみたすためには結局において第二財の A_{21} だけの生産が必要であるということである．これは第一財の生産のために第二財が要求され，その第二財の生産のために第一財を含めての他の産業の生産する財が要求され，その後者の生産が，直接に間接に第二財を要求するということから発生する．そこで a_{31}, a_{32} は労働係数であったからたとえば $a_{32}A_{21}$ は第一財の一単位の需要増加をみたすための生産が第二産業を通じて要求する労働量であるということができる．この労働量は，直接労働のみではなく，すでに生産過程を通じて財の中に「凝結」した労働量をも含んでいる．それは A_{21} が相互関連のからみあいの運動の終局における大きさを意味しており，したがってすでに何階梯か前に生産のすんだ第二財をも包含しているからである．$a_{31}A_{11}$ についても類似の解釈を行うことができる．そこで

$$\frac{P_1}{P_3}=a_{31}A_{11}+a_{32}A_{21}$$

の示すところは，第一財の労働をニュメレールとした価格は，第一財1単位の生産のために必要とされる直接労働および（財に「凝結」しているという意味の）間接労働の総和に等しい．そこで一般に a_L を労働係数の行ベクトル，Ai を $(I-A)^{-1}$ の第 i 列ベクトルとすると

$$a_L Ai = 第i財の価格$$
$$（ニュメレール　労働）$$

という関係が成立する．これはわれわれの考えている「開いた」レオンティエフ体系で，「本源的生産要素」が労働ただ一つと前提された時に導かれる結論である．体系が二つ以上の「本源的生産要素」を含む時は，もはやこのことは成立しない．

3　2個以上の本源的生産要素

労働のみならず「土地」もまた本源的生産要素であるとする．これをX_4とし，そのX_1およびX_2生産に際しての生産係数をa_{41}およびa_{42}とする．利用可能な労働の存在量および土地の存在量は体系外部から与えられて $X_3=\text{const}=\overline{L}$, $X_4=\text{const}=\overline{T}$ であるとする．したがって$X_1 X_2$の生産はこの$\overline{L}$と$\overline{T}$の限度内で行われなければならない．(1.5) は

$$\left.\begin{aligned}
X_1 &= a_{11}X_1 + a_{12}X_2 + C_1 \\
X_2 &= a_{21}X_1 + a_{22}X_2 + C_2 \\
\overline{L} &\geqq a_{31}X_1 + a_{32}X_2 \\
\overline{T} &\geqq a_{41}X_1 + a_{42}X_2
\end{aligned}\right\} \quad (1.10)$$

といった不等式体系によって代られることとなる．上の二つの式から (1.6), (1.7) の示すように

$$X_1 = A_{11}C_1 + A_{12}C_2$$
$$X_2 = A_{21}C_1 + A_{22}C_2$$

が得られるから，これを下の不等式に代入すると

$$\left.\begin{aligned}
\overline{L} &\geqq (a_{31}A_{11}+a_{32}A_{21})C_1 + (a_{31}A_{12}+a_{32}A_{22})C_2 \\
\overline{T} &\geqq (a_{41}A_{11}+a_{42}A_{21})C_1 + (a_{41}A_{12}+a_{42}A_{22})C_2
\end{aligned}\right\} \quad (1.11)$$

となる．ここでレオンティエフ行列の重要な性質として次の事実がある．最終需要C_1, C_2はその経済学的性質上マイナスではないとしておいて，さてその場合X_1, X_2も経済的意味のある数値すなわちマイナスとはならない有限な数値をもつものとすると，$A_{11}, A_{12}, A_{21}, A_{22}$というう$(I-A)^{-1}$のエレメントもマイ

ナスとなることはできない．そこで労働および土地はかならず $X_2 X_1$ の生産に用いられるからその生産係数はいずれもプラスであるとすると，(1.9) の二つの不等式の右辺の C_1 および C_2 の係数はいずれもプラスとなる．したがってこれを図示すると第3図のようになる．三角形 OAB の全体が最初の式に対応し，三角形 OEF が第二の式に対応するものとする．

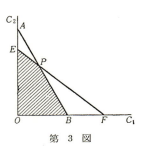

第 3 図

そこで等号は辺 AB および辺 EF に沿って成立し，辺 AB 上の点は $\bar{L}$ だけの労働を全部使用して生産される X_1, X_2 が満足できるような最終需要の組合せを示す．また辺 EF 上の点は同様にして $\bar{T}$ を全部使用する時 $C_1 C_2$ の組合せを示している．そこで三角形 AEP の辺 EP を除く全体は，土地の不足のために，三角形 BFP の辺 BP を除く全体は労働の不足のために，到達不可能な領域である．したがって斜線をほどこした四辺形 $OEPB$ 全体が (1.8) の体系と矛盾なく両立することのできる最終需要の組合せの集合を示している．そして EPB という折線が Production Frontier を構成する．すなわち通常の経済理論で Transformation Function とよばれるものに対応するわけである．もし生産が PB 上の点に応じていとなまれていれば，労働 $\bar{L}$ についての制約式は不等式ではなくて等式となる．その場合土地については不等号が成立ち土地は余剰で生産の制約的因子とならない．したがってこの時，土地は「準自由財」と呼ぶことができよう．「準自由財」は自由財と同様に価格はゼロと考える．すなわち一般的に Production Frontier において不等号の成立している本源的生産要素の価格はゼロである．そこで PB 線上に体系がある時は前述のような「労働」価値説が成立っていると見ることができる．体系が PE 線上の点で示される時も同様な解釈が可能である．ここでは労働は準自由財でその価格はゼロ，生産物の価格については「土地」価値説(!)が成立っているというべきである．AB と EF の交点 P は (1.8) の体系がすべて等式で示されるような状態に対応する．したがってここでは要素の価格は二つともプラスである．しかしそれ以外のことで，P が Production Frontier である折線 EPB 上の他の点と区別されるべき特別の

意義は何等持ちあわせていない．レオンティエフ・モデルを不等式系に拡張した場合の認識としてこの点は銘記されるべきである．したがって P の存在の有無は Production Frontier の観点からは，関心の対象であることを喪失する．すなわちグラフが，第4図のようになって交点 P をもたなくても（イ）では AB が（ロ）では EF が Frontier となるだけで，上述のことはそのままに妥当する．（イ）では土地は常に自由財に準ずるものであり，（ロ）では労働がそうである．

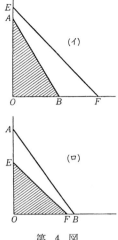

第 4 図

さて財の生産における費用と収入の観点から，このモデルで(2.4)に対応する式をどう示すべきであろうか．われわれは，均衡においては $X_1 X_2$ の生産をさらに拡張する動機は存在しないものとして，その時，平均費用は平均収入すなわち価格より小さくないとする．そしてもし費用が価格より大きい時は，生産は完全に停止されたものとする．すなわちその際 $X_1=0$ あるいは $X_2=0$ である．そこで

$$\left.\begin{array}{l} P_1 \leqq P_1 a_{11}+P_2 a_{21}+P_3 a_{31}+P_4 a_{41} \\ P_2 \leqq P_1 a_{12}+P_2 a_{22}+P_3 a_{32}+P_4 a_{42} \end{array}\right\} \quad (2.8)$$

あるいは

$$(P_1 \ P_2)\begin{pmatrix} 1-a_{11} & -a_{21} \\ -a_{12} & 1-a_{22} \end{pmatrix} \leqq (P_3 \ P_4)\begin{pmatrix} a_{31} & a_{32} \\ a_{41} & a_{42} \end{pmatrix}$$

から

$$(P_1 \ P_2) \leqq (P_3 \ P_4)\begin{pmatrix} a_{31} & a_{32} \\ a_{41} & a_{42} \end{pmatrix}\begin{pmatrix} A_{11} & A_{12} \\ A_{21} & A_{22} \end{pmatrix} \quad (2.9)$$

したがって今度は P_1, P_2 という生産物価格を与えられたものとして，P_3, P_4 を横軸縦軸に取って図示すると，第3図第4図と同様のグラフがえがける．斜線をほどこした部分はプラスないしゼロの利潤（収入マイナス費用という意味において）をうむような生産要素の価格の組の集まりである．

4 不等式体系下のワルラスの法則

(3.1) は先にワルラスの法則を意味するものとして理解された。本源的生産要素を増加した現在の体系についてそれは

$$P_3\overline{L}+P_4\overline{T}=P_1C_1+P_2C_2$$

の形式を取るべきである。われわれの不等式体系においてもこの等式は成立するであろうか。

(1.11) において不等式はいずれか一方に成立するが，その不等式に応じて $P_3=0$ あるいは $P_4=0$ となっていること（準自由財）に注目すれば，$P_3\overline{L}, P_4\overline{T}$ を次のように (1.11) の両辺に P_3 および P_4 を乗じてつくってみると，そこでは等号のみが成立つ．不等式には両辺にゼロを乗ずることになるからである．

$$\begin{pmatrix}P_3\overline{L}\\P_4\overline{T}\end{pmatrix}=\begin{pmatrix}P_3 & 0\\0 & P_4\end{pmatrix}\begin{pmatrix}a_{31} & a_{32}\\a_{41} & a_{42}\end{pmatrix}\begin{pmatrix}A_{11} & A_{12}\\A_{21} & A_{22}\end{pmatrix}\begin{pmatrix}C_1\\C_2\end{pmatrix}$$

同様に (2.9) においては不等式が成立している時は，それに応じて $C_1=0$ あるいは $C_2=0$ となっている（生産の停止）から，P_1C_1, P_2C_2 をつくると，不等式の両辺にはやはりゼロをかけることになるから，等号のみの体系となる．すなわち

$$(P_1C_1\ P_2C_2)=(P_3\ P_4)\begin{pmatrix}a_{31} & a_{32}\\a_{41} & a_{42}\end{pmatrix}\begin{pmatrix}A_{11} & A_{12}\\A_{21} & A_{22}\end{pmatrix}\begin{pmatrix}C_1 & 0\\0 & C_2\end{pmatrix}$$

したがって

$$P_3\overline{L}+P_4\overline{T}=P_1C_1+P_2C_2$$

となってワルラスの法則は，不等式体系によるレオンティエフ・モデルにも成立する．

5 レオンティエフ生産函数

さてレオンティエフ体系の最も「英雄的」な前提である，結合生産物の存在しない一産業にただ1個の固定的生産係数すなわち (4.2) の仮定と，より一般的な生産函数 (5.1) との関係をみよう．(5.1) においてたとえば第一の式すなわち第一財の生産函数を他の要因をパラメーターとして $X_1=F_1^*(x_{21}, x_{31})$ と書

けば，これが第二財と第三財とをインプットとする X_1 についての生産等量曲線によって示されることはいうまでもない．完全競争の想定と最もよく両立しうる産業の生産函数は一次同次函数であるから，ここでもそのように前提する．それは一般的に第5図（イ）のような形態を取るであろう．原点から出る任意の直線が等量曲線を切る点における等量曲線への接線はすべて平行なのが一次同次函数の特徴である．それが，(4.2)のように特殊化されると第二財，第三財との一定の比率の組合せにおいてのみ生産可能である．したがって（ロ）の点 A や B のみが，いいかえれば直線 AB 上の点のみが生産技術的に意味のある点である．いま C の示すような組合せでインプットとして利用しうる第二財と第三財とが与えられたとする．その時 D を達成するには第二財が不足するから，A を採用する以外に方法はない．ここでは第

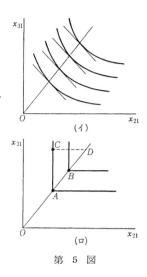

第 5 図

二財は完全に使用するが第三財は AC だけ余ってしまう．しかしこれは余剰のままに捨てて置く外はない．したがって C もまた A と等量の X_1 を生産するような，インプットの組合せである．そこで等量曲線は図におけるように L 型となる．この事実を式で示せば (4.2) よりはゆるい関係となって不等号がはいってくる．すなわち $x_{21} \geqq a_{21}X_1$, $a_{31} \geqq a_{31}X_1$ であり一般的に表現して

$$x_{ij} \geqq a_{ij}X_j \tag{4.3}$$

である．そしてどれか一つの i については等号が成立する．グラフの場合，それは第二財である．a_{ij} はプラスであるから $X_j \leqq \dfrac{x_{ij}}{a_{ij}}$．

このうち一つは等号であるから書き直して

$$X_j = \mathrm{Min}\left(\frac{x_{1j}}{a_{1j}}, \frac{x_{2j}}{a_{2j}}, \ldots\ldots, \frac{x_{nj}}{a_{nj}}\right) \tag{4.4}$$

ともあらわせる．グラフで $X_1 = \mathrm{Min}\left(\dfrac{x_{21}}{a_{21}}, \dfrac{x_{31}}{a_{31}}\right)$ ということは，$\dfrac{x_{21}}{a_{21}}$ は A 点の示す X_1 の大きさ $\dfrac{x_{31}}{a_{31}}$ は D 点の示す X_1 の大きさであるから，可能な X_1 はその小

さい方を取って A 点の示す大きさに等しくなるということを意味している．要するに，グラフに任意のインプットの組合せを与えた時，そこから水平線と垂直線とをたて，直線 AB との二つの交点のうち，原点に近い方の大きさで生産量がきまるということを式であらわしたのが (4.3) ないし (4.4) である．

したがって代用の法則，限界生産力の命題などは第5図(イ)については，$P_3 x_{31} + P_2 x_{21} = \text{const}$ の条件で $X_1 \equiv F_1^*(x_{21}, x_{31})$ を極大にせよ，あるいは $F_1^* = \text{const}$ の条件で $P_3 x_{31} + P_2 x_{21}$ を極小にせよなどという問題をたてることによって導かれるが，これらの問題は第5図(ロ)の場合は，$P_2 x_{21} + P_3 x_{31} = \text{const}$ $x_{21} \geqq a_{21} X_1, x_{31} \geqq a_{31} X_1$ という条件下で X_1 を極大にせよ，あるいは $x_{21} \geqq a_{21} X_1$, $x_{31} \geqq a_{31} X_1$, $X_1 = \text{const}$ の条件下で，$P_2 x_{21} + P_3 x_{31}$ を極小にせよという，一次の不等式で制約される，一次式の極大極小というリニアプログラミングの問題に転化される．しかしこの場合，解は自明で問題をたてるほどのことはない．しかし限界生産力，限界費用等，オーソドックスな企業や産業理論の分析にあたっての基本概念は，極めて特異な値を示すではあろうが，レオンティエフ・モデルにも追求して行くことはできる．したがって上述の如く問題を転化する観点はオーソドックスな理論がレオンティエフ説にはどう翻訳されるか，あるいはその逆を考える時に有用であろう．

6 動学——成長率

与えられた紙数を超えてきたので記号の簡単化のために必要に応じて前よりも頻繁に行列を用いて行くことを許されたい．レオンティエフ体系の動学化は資本係数の導入によって行われる．それは

$$BX = S \tag{6.1}$$

によって示される．S は各財の資本ストックを示す列ベクトル B が資本係数の行列である．B は一定でプラスまたはゼロのエレメントから成立っている．$|B| \neq 0$．投資は (6.1) から

$$B\dot{X} = \dot{S} \tag{6.2}$$

として導かれる．

そこで動学体系は

$$X = AX + B\dot{X} + C \tag{6.3}$$

最終需要 C は各時点について体系外から与えられ，その度毎に座標を移すと仮定して「閉じた」動学体系を以下に考慮する．その時

$$(I-A)X = B\dot{X} \tag{6.4}$$

は，貯蓄と投資の均衡に対応する式である．

ここから

$$\dot{X} = B^{-1}(I-A)X$$

また同じ動学体系は X でなく資本 S を変数としても示される．(6.1), (6.2) を (6.4) に代入して

$$\dot{S} = (I-A)B^{-1}S$$

そこで $(I-A)B^{-1}$ ないし $B^{-1}(I-A)$ の固有値の性質を考える．いうまでもなくこの固有値によって，X あるいは S の時間を通じての運動の態様を明らかにする手掛りが得られるからである．便宜上 $B^{-1}(I-A)$ の方を考えよう．さてこれの逆行列 $(I-A)^{-1}B$ を取って見よう．$(I-A)^{-1}$ は前述のようにレオンティエフ行列の特徴として（フロベニウスの定理によって）そのエレメントはマイナスとならない行列である．B も資本係数の行列としてそのエレメントは同じようにマイナスとならないことはもっともなこととして仮定された．したがってそれらの積 $(I-A)^{-1}B$ もまた，そのエレメントがマイナスとならない行列である．おそらくそれはすべてプラスとなるといってもよいであろう．またゼロがまざっても分解不可能であろう．したがってこの積行列は（フロベニウスの定理によって）絶対値の最大の単根をもつ．これを λ_0 としよう．その時（ふたたびフロベニウスの定理によって）λ_0 に対応する固有ベクトルはすべてのプラスのエレメントから成立っていて，そういうものとして一義的に定められる．さてわれわれの本来の固有行列 $B^{-1}(I-A)$ は以上によってその逆行列が λ_0 を最大のプラスの固有根とするものであった．したがって λ_0 の逆数 $\dfrac{1}{\lambda_0}$ は $B^{-1}(I-A)$ の一つのプラスの根である．そして $\dfrac{1}{\lambda_0}$ に対応する固有ベクトルは λ_0 に対応する $(I-A)^{-1}B$ の固有ベクトルと同一である．($\lambda_0 X_0 = (I-A)^{-1}BX_0$ が成

立てば $B^{-1}(I-A)X_0=\frac{1}{\lambda_0}X_0$ となるからである．) したがって $\frac{1}{\lambda_0}$ の固有ベクトルのエレメントはすべてプラスであり，そういうベクトルとして一義的なものである．さて $\frac{1}{\lambda_0}$ は，λ_0 がそうであったようにはもはや最大の絶対値をもつものではない．しかしその固有ベクトルがプラスのベクトルであることによって，その経済的意味は次の如くである．いま，適当な初期条件が，たまたま $\frac{1}{\lambda_0}$ を動学的レオンティエフ体系の成長率たらしめていたとする．すなわち $\dot{X}=\frac{1}{\lambda_0}X$ が体系の運動であるように各産業の間にバランスの取れた成長が進行しているとする．その時固有ベクトルはすべてプラスであるから，このバランスの取れた各産業の成長は，適当に選ばれた初期条件から出発してそのバランスを何時までも維持して進行するであろう．それゆえに $\frac{1}{\lambda_0}$ はレオンティエフ動学体系の産出量についての Balanced Rate of Growth である．

さて，いま任意の成長率 μ を仮定して $\dot{X} \geq X$ と置いて見よう．つまり各産業はそれぞれ異なった成長率をもって成長しつつあるが，μ はその中で一番成長の遅い産業の成長率を示しているわけである．そこで μ より大きい成長率をもつ産業がその産出量を処分して μ に速度をそろえることは可能であり，逆に μ の成長率をもつ産業が外部から産出量を補給されて，その成長をはやめるというようなことは，この「閉じた」体系では不可能とすると，μ は体系全体の成長を規定する重要な因子であり，体系全体に可能な成長率はある意味で μ であるということができる．

さて $\dot{X} \geq \mu X$ を $B^{-1}(I-A)X \geq \mu X$ を経て $\frac{1}{\mu}X \geq (I-A)^{-1}BX$ と変形する．これは $\mu>0$，$(I-A)^{-1}B \geq 0$ であるから可能である．さて $(I-A)^{-1}B$ のエレメントを適当に大きくした行列 D をつくって $\frac{1}{\mu}X=DX$ という等式をつくる．そうすると $\frac{1}{\mu}$ は D の固有値であり X はその固有ベクトルである．そして行列のエレメントについて $D \geq (I-A)^{-1}B$ であるから前者の固有値 $\frac{1}{\mu}$ は後者の固有値 λ_0 より大きい．$\frac{1}{\mu}>\lambda_0$．したがって $\mu<\frac{1}{\lambda_0}$．それゆえに $\frac{1}{\lambda_0}$ は先に μ の解釈で与えたような意味で，体系全体の成長を規定する成長率のうちで一番大きいものであるということができる．いいかえれば各産業が不揃いで成長している時のその一番小さい成長率よりは，各産業がバランスを取って成長している

時のその均一な成長率の方が大きいのである．成長率が不揃いの時にそのいずれもが，バランスの取れた均一な成長率 $\dfrac{1}{\lambda_0}$ より大きいということはあり得ない．

7 動学不等式体系

さきにわれわれはレオンティエフ・モデルを不等式体系として考察する方向を示唆して置いた．前述の動学的モデルをもこのように考えられないであろうか．その一つの予備的試みは次のようなものである．まず産出量の配分関係，資本の配分関係を不等式で置く．

$$\begin{cases} X_1 \geqq C_1 + \dot{S}_1 + x_{11} + x_{12} \\ X_2 \geqq C_2 + \dot{S}_2 + x_{21} + x_{22} \end{cases} \\ \begin{cases} S_1 \geqq S_{11} + S_{12} \\ S_2 \geqq S_{21} + S_{22} \end{cases} \quad (7.1)$$

ここで左辺が使用可能な財の量であり不等号を置いた意味は先に $\overline{L}$ や $\overline{T}$ について考えたのと同様である．S_i は i 財の資本ストック，$\dot{S}_i$ は投資 S_{ij} は i 財が j 財を生産する産業で資本として使用される量を示す．生産については

$$\begin{cases} x_{11} \geqq a_{11}X_1 & x_{12} \geqq a_{12}X_1 \\ x_{21} \geqq a_{21}X_1 & x_{22} \geqq a_{22}X_1 \end{cases} \\ \begin{cases} S_{11} \geqq b_{11}X_1 & S_{12} \geqq b_{12}X_1 \\ S_{21} \geqq b_{21}X_2 & S_{22} \geqq b_{22}X_2 \end{cases} \quad (7.2)$$

と置く．b_{ij} は資本係数，前述の B のエレメントである．ここから

$$X_1 \geqq C_1 + \dot{S}_1 + a_{11}X_1 + a_{12}X_2$$
$$X_2 \geqq C_2 + \dot{S}_2 + a_{21}X_1 + a_{22}X_2$$

すなわち

$$X \geqq C + \dot{S} + AX \longrightarrow (I-A)X \geqq C + \dot{S} \longrightarrow X \geqq (I-A)^{-1}(C+\dot{S})$$
$$S \geqq BX$$

$C=0$ として体系を閉じると

$$S \geqq B(I-A)^{-1}\dot{S}$$

となる. $B(I-A)^{-1}$ のエレメントを d_{ij} とすると前述のようにこれらはすべてマイナスではない. 体系を再び二財で例示すると

$$\left.\begin{array}{l} S_1 \geqq d_{11}\dot{S}_1 + d_{12}\dot{S}_2 \\ S_2 \geqq d_{21}\dot{S}_1 + d_{22}\dot{S}_2 \end{array}\right\} \quad (7.3)$$

いま特定の時点 t_0 で S_1, S_2 の大きさは与えられているとすると, 投資 $\dot{S}_1, \dot{S}_2$ を二つの軸に取って第1図と極めて類似したグラフをえがくことができる. 第6図(イ), 下の図(ロ)には資本 S_1, S_2 を軸に取り点 P をもって t_0 における資本量を示すものとする. 等式の体系として本来のレオンティエフ・モデルは, 交点 Q の示す座標がこの場合の投資の規模を決定すると考えている. しかし前例にも見たように, この場合折線 AQD のすべての点が等しくInvestment Frontierを形成するのであって, レオンティエフ・ポイント Q が他のものに優先する投資計画であるとは考えられない. かりに Q がグラフの象限には存在しなくても不等式体系の観点からは何等議論を変更する必要はない. もし Fron-

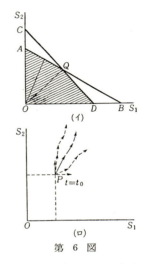

第 6 図

tierのうちで Q が選ばれたならば P から続く資本蓄積過程は実線の矢印の方向にすすむとすると, それはユニークな径路であるが, Q 以外の点がえらばれた場合には P の「東北方」のあらゆる方向に資本蓄積過程が進行することが可能である. Q の他の点に較べての特徴は, 存在する資本がすべて利用されていることである. したがって本来のレオンティエフ動学体系の解の示す径路はこのような Q 点の連続であり, その径路を通じて excess capacity は存在していない. しかし不等式体系の示す Investment Frontier は excess capacity の存在と両立する. そしてレオンティエフが B の irreversibility を導入した時に陥ったような「多数局面理論の欠陥」も避けられるのではないかと期待される. 以上の考察に決定的な問題は, これらの可能な幾つかの資本蓄積径路のうち, どれが最適条件を備えているかを見極めることである. そしてレオンティエフ径路

とこの最適条件との関係の有無が吟味されるべきである．これらの問題は後の機会に譲られる．

以上の種々の論点においては，ハーバードおよび MIT でレオンティエフ，サミュエルソン，ソロウ，チップマンの諸教授から，とりわけサミュエルソン教授から受けた教えに負うところが多い．式の番号のつけ方について一括的な説明を加えておく．(1.※) は配分関係，(2.※) は収入費用関係，(3.※) はワルラス法則，(4.※) は固定係数関係，(5.※) は生産関数，(6.※) は成長率，(7.※) は動学不等式に関しての式である．

第2章　資本蓄積径路の有効条件
—— 一つのダイナミック・プログラミング ——

ま え が き

　ここで取扱われた問題はいくつかの関連領域をもっている．第一にそれはリニア・プログラミングないしアクティヴィティ・アナリシスの一つの意味における動学的延長である．「最適条件」や「有効性」の探求に大きなウェイトのおかれるこれらの方法が，生産におけるインターテンポラルな財の関連を意識的に取上げる時，何らかの形においてここでの問題との交渉は不可避的となるであろう．インターテンポラルな有効条件を取上げた本稿は，かくして一つのダイナミック・プログラミングの試みであるといえる．そしてこの有効性がパレート・マキシマムをもって規定される時，それはまた厚生経済学の動学理論とかかわることともなろう．

　次の連関は経済成長の問題とである．マクロダイナミックス的モデル構成の下においてこの問題は内外の学問的興味の対象となったが，なおマクロスコープの制約に対する多くの不満は，たとえばこれを産業連関モデルの中に組入れようとさせる．しかしここでは成果は決して意図の如くにはならない．有意義な動学理論を投入産出析において構成することは極めて困難であるからである．それでも仕事は進められなければならない．ここで筆者は一般化された投入産出モデルにおける資本蓄積の有効径路の特質を探求した．そしてこの特質が経済成長と深いかかわりをもっていることが明らかとなる．しかし「有効」径路の成長であるところから見てこの動学的世界はポジティヴ（positive）であるよりノーマティヴ（normative）なものであろう．しかしとにかく資本蓄積径路についての一つの理論であり，投入産出分析の一つの動学的展開である．

　筆者がここにしきりに用いた「一つの」という限定詞は，いうまでもなく本

稿の試論的性格を物語っている．

1 モデル——財ストックの転形函数——

経済全体についての生産期間を斉一のものと仮定し，一生産期間を単位とする時間を t であらわす．第 t 期とは $(t-1)$ と t との間の間隔をいう．$X(t-1)=\{x_1(t-1), x_2(t-1), \cdots\cdots, x_n(t-1)\}$ を第 t 期の期首に存在する社会の各財のストックとすると，これが投入量として生産過程において機能し，第 t 期の期末には，$Z(t)=X(t)+Y(t)=\{x_1(t), x_2(t), \cdots\cdots, x_n(t)\}+\{y_1(t), y_2(t), \cdots\cdots, y_n(t)\}$ が産出量としてうみだされる．これもここではストック概念として把握されている．[1] $Y(t)$ は最終消費を形成し，$X(t)$ は第 $(t+1)$ 期の投入量として働くために生産過程に再び回帰する．

ストック $X(t-1)$ が経済体系に利用可能な技術を媒介として $Z(t)$ に結実する過程は「有効に」行われているとする．「有効に」行われるということは，ここでは $Z(t)$ がヴェクトルとしての極大，あるいはいわゆるパレート・マキシマムを満たしていることを意味する．すなわち体系に利用可能な技術の下において $Z'\geqq Z$ となるようないかなる Z' も存在していない時 Z は「有効」である．したがって $X(t-1)$ から $Z(t)$ への有効な技術的転形の下においては，$Z=(z_1, z_2, \cdots\cdots, z_n)$ とは違った財の組合せを求めるとすると，そこにおいてはすべての z_i が増大することは不可能で，どれかの増大は，かならず他の少くとも一つの減少を犠牲としてともなうのである．[2] 有効な技術的転形は古典的モ

---

[1] 投入産出モデルはレオンティエフにおいては周知のように財のストックではなくフローのダイメンションにおいて構成されている．$\{x_{ij}\}$ という投入量も $\{X_i\}$ という産出量も共にフローである．産業の activity を示す列ベクトル $\{1\ -a_{21}\ -a_{31}\ \cdots\cdots\ -a_{n1}\}$ 等もこの事実を背景とする．クープマンスが activity analysis においてこの概念を一般化した場合も activity $\{a_{1k}, a_{2k}, \cdots\cdots, a_{nk}\}$ は同様にフロー概念である〔5〕．activity をストックで構成したのはノイマン〔10〕であり，ジョージスキュー・レーゲン〔3〕ダンチッヒ〔1〕などが継承した．ストックとしての投入量を $a_1, a_2, \cdots\cdots, a_n\}$，産出量を $\{b_1, b_2, \cdots\cdots, b_n\}$ とする時いわゆる線型生産過程は $\binom{a_1, a_2, \cdots\cdots, a_n}{b_1, b_2, \cdots\cdots, b_n}$ で示される．この時クープマンス的フローの activity は $\{b_i-a_i\}$ に対応する．以下の本文ではストックの方を採用するそれが直ちに生産された生産手段という意味での実物資本ストックに翻訳できる興味があるからである．

[2] 有効点集合は最終消費財のパレート・マキシマムによって規定する方が正統的である．したがって $Y'(t)\geqq Y(t)$ のような $Y'(t)$ の非存在をもってすべきであろう．クープマンズ〔5〕マランヴォー〔8〕参照．しかしここでは $Y(t)$ については，レオンティエフの「開いた」モデルにおける open-end としての最終需要の精神を延長して，t の各点についてあらかじめ特定されたベクトルとして考えようとしているので有効点集合を本文のように規定しておく．

デルにおいてはいわゆる転形函数 (transformation function) を規定し，activity analysis においては有効点集合 (efficient point set) を規定する．ここでは $X(t-1) \to Z(t)$ の有効な転形を $T[X(t-1), Z(t)] \equiv T[X(t-1), X(t)+Y(t)] = 0$ という陰函数の形に置く．これが目下のモデルの基礎としての転形函数である．すでに有効点の集合であるから，この簡単な表示の背景には前以ていくつかの技術的最適条件がみたされていることは容易に理解できるであろう．[3] しかし一生産期間内部において，$Z \geqq \bar{Z}$ となるような Z が可能な時に，あえて $\bar{Z}$ を選ぶというような行為を除外することはいまのわれわれの問題意識から極めて当然と思われるから，期間内の最適条件はすべて実現されているとして上述の如き函数 T から出発する．T は微分可能な凸函数で零次同次函数であると想定する．零次同次函数であることによって生産規模についての収穫不変性が前提される．すなわち投入量をすべて同一比率で変動すると産出量も同じ方向に同一比率で変動することとなる．生産規模の変化の影響を無視するこの想定は，それが完全競争と最もコンシステンシーをもって両立するためである．完全競争とコンシステンシーをもたせようとするのは，いくつかの物理的技術的条件に価格体系を導入する解釈を与える余地を残すためである．[4] しかし収穫逓減の生産規模効果を含むことを T の形に許しても，後述のいくつかの結論が妥当することはやがて見られる通りである．次に T の形を滑らかに考えることは投入量産出量の代用関係を一般的に承認する意味において activity analysis の

---

3) 函数 T の背景に産業間の財の配分・生産のからみあいをたちいって見るならば，一生産期間内において，いくつかの限界条件がなりたっている．たとえばサミュエルソン〔12〕が代替原理を展開した手法を想起しよう．それは静学的な一般的レオンティエフ・モデルにおいて最終消費需要のパレート・マキシマムを求めたのである．その時たとえば，任意の二つの要素の物理的限界生産力の比は，その二つの要素が用いられるすべての産業において同一となっていなくてはならないという限界条件が要求されている．〔12〕の式(5)参照．

また activity として示されるいくつかの可能な技術過程の中から，どれをいかなる activity level で選択するかが activity analysis のエレメンタルな問題である以上，「技術的最適」の解明ということは，それ自身重要にしてしかもモダーンな問題であるということは充分に諒解されるであろう．

4) 紙数の都合で後述の有効条件と完全競争価格体系との関連は省略せざるを得なかったが，注目すべき点は，以下の考察がインターテンポラルなものであることの当然の帰結として通常の価格のみならず「利子率」の介入が解釈上要求されるということである．そして完全競争がパレート・マキシマムを実現するという厚生経済学のよく知られた命題は，相異なった自己利子率間の arbitration の結果として，インターテンポラルに拡張される．〔8〕，〔13〕．

生産モデルに比較して寧ろ古典的であり，activity の数が無限個となった極限状態に対応する．凸函数は上述の代用関係が逓減的であることを意味する．（限界生産力逓減，要素間の限界代用率逓減（原点に凸），生産物間の限界転形率逓減（原点に凹））．

2 インターテンポラルな有効点集合
―― サミュエルソンの包絡面原則[5] ――

1 定　義　さて第 t 期内部における生産の有効条件は満されているものとして，次におのおのの生産期間の間のインターテンポラルな有効条件を検討しよう．いま第 t 期の転形函数 $T[X(t-1), Z(t)]=0$ と次の第 $(t+1)$ 期の転形函数 $T[X(t), Z(t-1)]=0$ とを一般性を失うことなしに便宜上 $T_0=0, T_1=0$ と記すこととする．T の一般的形は各期間を通じて不変と仮定する．この時インターテンポラルな有効条件は次の如く定義される．

定義　一定の $X(t-1)$ および $T_0=0, T_1=0$ の条件の下における $Z(t+1)$ のパレート・マキシマムをインターテンポラルな有効点集合とする．

---

5) 生産のインターテンポラルな有効条件という問題をたて，それを包絡面原則として示す試みはサミュエルソンのものである．それについて書かれた資料としての〔13〕はわが国ではまだ一般に利用不可能であるが，筆者の包絡面原則についての叙述は基本的精神においては全く〔13〕に従っているが，形式的にはかなりの変更がある．この種の文献を取上げる時にはより忠実な解説が望ましいかも知れないが，幸に福岡正夫助教授が本号でその企てをなされたと聞いたので，それで補っていただけば大変幸である．筆者は後段の議論に必要である限りにおいてこの原則を取上げた．筆者のモデルは専ら定差系で進行するが〔13〕自身は定差方程式系および微分方程式系それぞれについての包絡面原則の説明と自己利子率による解釈とを含んでいる．微分方程式系については，サミュエルソンは一階微分方程式が一階定差方程式の時間単位を極限においてゼロに近づけることによって導かれるという一般原則に則って，微分方程式系の有効条件を定差方程式系のそれから導く一方，直接変分法を用いて同一の帰結を導いている．この変分は初期と終期を特定した境界条件について，自由度を残された変数の極大を微分方程式の制約下に行う問題となりラグランジューマルティプライヤーの方法によってインテグランドにわれわれによく知られた未定乗数と類似のラグランジュ「函」数を用い，極値の必要条件として古典的なオイラーの微分方程式を導出する．この方程式はその経済学的意味において後述のわれわれの体系 (A)(B)(C) と同一である．経済文献におけるエレメンタルな変分法の登場の一例として興味があろう．〔13〕はひき続き消費の種々の時間的パターンを導入することとなっているが，その成果は筆者滞在中に部分的にしかうかがうことができなかった．ところで筆者は本稿においては有効な資本蓄積径路がとりわけ成長率との関係で，いかなる動学的性質をもっているかの解明に力点を置くが，この極めて興味深い問題には上述の文献はまだ全くふれていない．しかしサミュエルソンがソローと共に，この種の問題に異常な関心をいだいていることは〔14〕のような論稿の存在によっても明瞭である．そして筆者のここでの研究の方向もサミュエルソン教授の口頭の示唆に出発しているが，上述の理由でこの部分の行論の誤謬は，いうまでもなく筆者のものであって，サミュエルソン教授は関係ない．多くの試験的結論を提示して置いたので，この点を特に記す．

第2章 資本蓄積径路の有効条件

定義の意味は次の如くである．いま第 t 期の始まりにおける経済体系を考える．その時体系は $X(t-1)$ という実物資本ストックの集合を歴史的遺産として与えられている．これを投入量として用い $T_0=0$ という技術過程を経て $Z(t)$ がうみだされる．いま $Y(t)$ が最終消費として体系外から決定されるとすると，これを $Z(t)$ より控除し，体系は第 $(t+1)$ 期の始まりにおいて $X(t)$ という資本ストックの集合と共に残されるはずである．しかしその $X(t)$ という集合がいかなる具体的内容をもつかは，目下体系が置かれている第 t 期の期首という時点においては，ただそれが $T_0=0$ を満足する有効点集合であるという以外，何も特定することはできない．したがって $T_0=0$ を満足する有効点集合 $X(t)$ のどのエレメント（ベクトル）も等しく第 $(t+1)$ 期のストック投入量となる資格をもっている．そこでそのような $X(t)$ の中から任意に X_1 を取上げ $T_1=0$ の過程に投じたとする．それは $Z(t+1)$ として，X_1 に対応する有効点集合 Z_1 （ベクトルの場合）を決定するであろう．また別に $X(t)$ から X_2 を選べばそれに応じる有効点集合 Z_2 が得られる．このようなプロセスを $X(t)$ のすべてのエレメント（ベクトル）についてほどこせば，有効点集合 Z_i の集合 $\{Z_i\}=\{Z_1, Z_2, \cdots\cdots\}$ が得られるはずである．特定された消費ベクトル $Y(t+1)$ を満足した後，将来の産出量に貢献する資本ストックとして"できるだけ大きな"ベクトル $Z^0(t+1)$ が望ましいとすれば，それは $\{Z_i\}$ のパレート・マキシマムを求めることとなる．すなわちベクトル不等式 $Z'(t+1) \geq Z^0(t+1)$ を満足するような $Z'(t+1)$ が $\{Z_i\}$ の中に存在しない時，$Z^0(t+1)$ こそ第 t 期の始めにおいて第 $(t+1)$ 期の終りに望みうる有効点集合である．$Z^0(t+1)$ はかくして有効点集の更に高次合中の有効点集合である．[6]

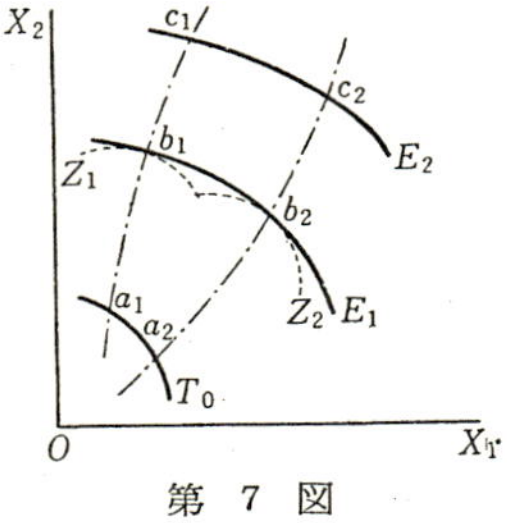

---

[6] 問題の視覚的理解のために，二次元のごくラフなグラフで考え方を註記して置こう．output の象限で左下隅に $T_0=0$ の曲線がえがかれる．その上の任意の一点 a_1 に対応する $T_1=0$ を考慮すると Z_1 という点線がえられる．同様に a_2 に応じては Z_2 がえられる．こういう Z_i が a_i に対して無数にえられその集まりの中から「最も東北方」にある点を選びだすのが曲線 E_1 となる．E_1 がまさに本文の「有効点集合中の有効点集合」としての $Z^0(t+1)$ である．なお少し先廻るが特定した a_1, a_2 等に応ずる $Z^0(t+1)$ のエレメントは Z_1 と E_1 との切点，Z_2 と E_1 との切点等々であり，T_0 と E_1 との間にこのような一対一の対応関係が直観されることに注意しよう．放射線状の点線はこれをつらねたものである．また E_1 を出発点として次の期間のインターテンポラルな有効点集合を考えると E_2 の如き曲線が予想されよう．

第 7 図

2 必要条件 インターテンポラルな有効点集合の必要条件は古典的な契約曲線や初等的な転形曲線の場合と全く同様の手法で求められる. すなわち $T_1=0$ が変数にもつ $Z(t+1)=\{z_1(t+1), z_2(t+1), \cdots\cdots, z_n(t+1)\}$ の n 個の $z_i(t+1)$ のうち任意の一つをえらび出し他をすべて一定と置き, それを $T_0=0, T_1=0$ の条件下で極大とするのである. この時すべての $X(t-1)=\{x_1(t-1), x_2(t-1), \cdots\cdots, x_n(t+1)\}$ および $Y(t)=\{y_1(t), y_2(t), \cdots\cdots, y_n(t)\}$ と $Y(t+1)=\{y_1(t+1), y_2(t+1), \cdots\cdots, y_n(t+1)\}$ の大きさもあらかじめ指定される.

今 $z_1(t+1)$ が極大の対象に選ばれたとしてこの条件附極大は次のラグランジュ函数の $z_1(t+1); x_1(t), x_2(t), \cdots\cdots, x_n(t)$ についての無条件極大問題となる.

$$L \equiv L[z_1(t+1), x_1(t), x_2(t), \cdots\cdots, x_n(t)]$$
$$= z_1(t+1) + \lambda_1 T_0[x_1(t-1), \cdots\cdots, x_n(t-1); x_1(t), \cdots\cdots, x_n(t); y_1(t), \cdots\cdots, y_n(t)] + \lambda_2 T_1[x_1(t), \cdots\cdots, x_n(t); z_1(t+1), \cdots\cdots, z_n(t+1)]$$

L の極値の必要条件[7]を導出し, かつ $\dfrac{\partial T_1}{\partial z_1(t+1)} \neq 0$(これは T_1 における $z_1(t+1)$ についての陰函数の存在条件である)を前提し, λ_1, λ_2 を消去すると独立な関係は $(n-1)$ 箇あって次のように整頓される.

$$\frac{\partial T_1}{\partial x_i(t)} : \frac{\partial T_1}{\partial x_j(t)} = \frac{\partial T_0}{\partial x_i(t)} : \frac{\partial T_0}{\partial x_j(t)} \qquad (i,j=1,2,\cdots\cdots,n)$$

あるいは略記して

$$T_{1i} : T_{1j} = T_{0i} : T_{0j}$$

もしくは,

$$T_{1i} : T_{0i} = T_{1j} : T_{0j} \qquad (i,j=1,2,\cdots\cdots,n)$$
$$(i \neq j)$$

とする. この経済的意味は極めて明確である. 最初の形の式の左辺は $T_1=0$ における二財の「投入量としての限界代用率」であり, 右辺は $T_0=0$ における同

---

[7] 以下は必要条件にのみかかわっている. しかし充分条件は函数 T が微分可能な凸函数という前提によって満されていることが期待できよう. またここの極値問題はいわゆる interior maxima (minima) を考えており corner maxima (minima) を除外している. したがって必要条件はラグランジュ函数の偏微分係数がストリクトにゼロに等しく置かれることによって示され, この偏微分係数についての不等号関係を考慮していない.

じ二財の「産出量としての限界代用率」である．いいかえれば他をパラメーターとした任意の二つの投入量相互の転形曲線 T_1 は同じような産出量相互の転形曲線 T_0 と相切する．厚生経済学における極大原理を想いおこす時，この帰結はむしろ当然のことであろう．今かりに $T_0=0$ と $T_1=0$ をインターテンポラルと考えずに同時に併存する二つの産業の生産函数と考えて見よう．周知の厚生最適条件は，同じ二財の限界代用率が異なった用途においてすべて均等となることを要求する．上述の必要条件はこの事実を時間的先後の順序をつけて眺めたものであることが容易に理解されよう．

さてインターテンポラルな有効点集合は以上の分析によって

$$\left. \begin{array}{c} T_1=0 \qquad T_0=0 \\ \dfrac{T_{11}}{T_{01}}=\dfrac{T_{12}}{T_{02}}=\cdots\cdots=\dfrac{T_{1n}}{T_{0n}} \end{array} \right\} \qquad \text{(A)}$$

という体系によって示される．独立な式の数は $(n+1)$ 箇である．ここで T_{1i} および T_{0i} は T_1 ないし T_0 の $x_i(t)$ についての偏微分を示している．それが時点 t における財についての偏微分であることに注意するのが肝要である．特異点を考慮しない時にこの体系は n 次元空間において $(n-1)$ 箇のパラメーターを含む曲面群の包絡面を規定している．[8]

今まで，われわれは第 t 期の始まりに立って第 $(t+1)$ 期の終りの有効点集合を考察した．時間の水平線が更に将来にのびた時に，例えば第 $(t+h)$ 期の終りの有効点集合はどうなるであろうか．いかなる将来においても財のストックはそのまた先の将来の産出量のために"望ましい"ことであると前提すれば[9]，任

---

[8] たとえば二つのパラメータ α_1, α_2 を含む函数 $f(x_1, x_2, x_3; \alpha_1, \alpha_2)=0$ (f および $f\alpha_1, f\alpha_2$ は問題の領域で全微分可能)に対する包絡面は $f=0, f\alpha_1=0, f\alpha_2=0$ の決定する曲面 $E(x_1, x_2, x_3)=0$ によって表わされる．($f=0$ の特異点の軌跡もこれに含まれる．) さてわれわれの体系では $T_1[x_1(t), \cdots\cdots, x_n(t); z_1(t+1), \cdots\cdots, z_n(t+1)]=0$ の $x_i(t)$ がパラメーターと考えられる．しかし $T_0[x_1(t), \cdots\cdots, x_n(t); c]=0$ (c は常数とあつかわれたものを一括する)という制約があるから，独立のパラメーターは $(n-1)$ であり，この制約条件を考慮して上述の $f\alpha_1=0, f\alpha_2=0$ に相当する式を計算すると，体系 (A) は $(n+1)$ 箇の方程式からなり，したがって n 箇の $x_i(t)$ を消去して $E[z_1(t+1), z_2(t+1), \cdots\cdots, z_n(t+1)]=0$ が得られる．これがわれわれの包絡面である．その視覚的アイディアは註 6) のグラフの E 曲線が示している．

[9] 消費の時間的パターンを一定として有効点集合を考えて行く立場の問題点は先に註 2) におい

意の h の長さについて前と同様に有効点集合を定義することができ，したがって同様にその必要条件を条件附極大の問題の形で導くことができる．すなわち「問題．$z_1(t+h)$ を，与えられた $z_i(t+h)$ $(i=2, \ldots\ldots, n)$ に対して $T_0=0, T_1=0,$ ……, $T_h=0$ の条件下で極大にせよ．しかし初期のストック $x_i(t)$ と各期の消費 $y_i(t+k)$ $(k=1, \ldots\ldots, h)$ はすべて既知とする.」しかし読者はこの問題の若干の検討の後，すべての $T_k=0$ $(k=0,1,\ldots\ldots,h)$ が一階の定差方程式であることから，結果は体系 (A) の最後の連比の関係が任意の隣接する二期間について成立つという条件に帰着することを容易に読み取られるであろう．

$$\frac{\partial T_{s+1}}{\partial x_i(t+s)} : \frac{\partial T_s}{\partial x_i(t+s)} = \frac{\partial T_{s+1}}{\partial x_j(t+s)} : \frac{\partial T_s}{\partial x_j(t+s)}$$
$$(i,j=1,2,\ldots\ldots,n\,;\,s=0,\ldots\ldots,h-1)$$

したがって任意の h についての上述の有効点集合の定義が採用される限り，必要条件は生産期間の経過にともなう包絡面の発展的継起である．そのアイディアは註 6) のグラフの E_1, E_2 等々の系列によって具体的に把握することができよう．資本蓄積の有効な計画がそなえるべき条件は，かくして一応明確である．

3　資本ストックの有効蓄積径路

資本蓄積の有効計画がいかに規定されるべきであるか，それがいかなる条件を必要とするかを検討して，サムエルソンに負う包絡面原則が明らかとなった．しかしこの原則の意味するところは何であったか．さしあたりそれは「今日」の生産の結果としての二財の限界代用率が，「明日」の生産の要素としての同じ二財の限界代用率に等しいということを要求するものにほかならなかった．したがってこれだけでは包絡面原則も深い経済的認識を加えるものではない．問

て注意されたが，目下の問題においてそれは極めてシアリアスとなる．本文ではいかなる将来においても資本蓄積は"望ましい"として，この点を押しきってしまったがこれは筆者の知る限りでのサムエルソンの取扱い方でもあった．しかし生産計画が分権的に決定される社会においてこの前提は適切であろうか．厚生理論にその主権を唱われた消費者は何時その主権を恢復しようとするのか．あるいはまた世界の終末においてひとはなお蓄積を欲するのか等々．ところで時間の水平線を考慮して有効点集合を考えながらもマランヴォー〔8〕の行き方は，これらについて遥かに慎重である．しかし本文の行論ではさしあたり蓄積が望ましいということを「前提」して，これらの「厚生哲学」には立ちいらない．

題はこのような原則で展開する過程は一体いかなる動学的性質を備えているか,有効な資本蓄積径路とは更に具体的にどのような特徴を示すものであろうか,などという点についての解明にある.

かくして包絡面の時間的系列の動学的リズムを可能な限り確定するために,従来のモデルを更に限定して「閉じた」体系に切換える.ここで体系についての「開」と「閉」との区別はレオチエフ・モデルにおけるそれと全く同様である.今まで消費 $Y(t)$ は各時点においてあらかじめ特定されたものと考えられて来たが,今度は消費行為も経済体系全体の継起的再生産過程の一環に包摂され消費財の消費が「労働」の生産となる.「今日」の産出量としてのすべての財のストックは,「明日」の生産のために投入量として技術的転形過程にはいりこむ.このようなモデルは財の数を適当に調整すれば,端的に $Y(t)=0$ と置いて従来のモデルをそのまま利用し続けることができる.この「閉じた」体系にあってはもはや $X(t), Y(t), Z(t)$ の区別は不必要となりすべて $X(t)$ の動きに一元化できる.そこで(A)を書き直して任意の期間について[†]

$$\left. \begin{aligned} T_1 &\equiv T[x_1(t), x_2(t), \ldots, x_n(t); x_1(t+1), x_2(t+1), \ldots, x_n(t+1)]=0 \\ T_0 &\equiv T[x_1(t-1), x_2(t-1), \ldots, x_n(t-1); x_1(t), x_2(t), \ldots, x_n(t)]=0 \\ \frac{T_{11}}{T_{01}} &= \frac{T_{12}}{T_{02}} = \ldots = \frac{T_{1n}}{T_{0n}} \end{aligned} \right\} \quad (B)$$

と置く時,これが「閉じた」体系における有効なストック生産=資本蓄積径路を規定する包絡面の時間的系列を示す体系である.T が各期間について零次同次関数であることは既に前提せられた.今体系を閉じることによって零次同次性はインターテンポラルにも拡張される.さて体系(B)において $X(t-1)=X°$ を初期にえらべば $X(t)$ の有効点集合を出発点とする包絡面 $E_1, E_2, \ldots$ の展開がおこることは前述の如くである.$X°$ の成分の比を一定にしてそのスケールを任意に動かせば,X の空間は連続的に包絡面で蔽われ,任意の点がインター

[†] 「任意の」という限定に注意すべきである.それは体系(B)の条件が任意の隣接する2期間について成立するということを意味する.したがって $T_1=0, T_0=0$ より一般的に $T_k=0, T_{k-1}=0$ ($k=1, \ldots, h$; h は計量期間の長さ)を意味する.そして h の長さは任意であり,いか程大となっても議論は成立する.

テンポラルな有効点集合に属することとなる．いま $X°$ に応じて $T_0=0$ のきめる有効点集合の中からベクトル $X_r(t)$ という任意の一点を選んだとしよう．その時 (B) は $X_0, X_r(t)$ に対しては方程式と未知数とが共に n 箇の体系となる．$T_1=0$ に加えて最後の比例性を示す条件式の考慮が点集合 $X(t+1)$ の中から選ばれるべき一点 $X_r(t+1)$ を確定するのである．微分可能な凸函数と想定された T の形は，一般的に，この確定を一義的に行わしめることが推定される．かくして体系 (B) は $X_r(t)$ に対して一義的なベクトル $X_r(t+1)$ を決定すると考えられる．それ故に「閉じた」体系における有効点集合の条件は，$X(t-1)=cX°$ (c は任意の正数)，$T_0=0$ を満足する n 次元の財ストック空間の一点 $X(t)$ を同空間の他の点 $X(t+1)$ に連続的に写像する体系であるということができよう．したがって (B) を書き直して

$$\left.\begin{array}{l} X(t+1)=F[X(t)] \\ T[X(t-1), X(t)]=0 \\ X(t-1)=cX° \end{array}\right\} \quad \text{(C)}$$

とすることができる．決定的に重要な最初の式は

$$x_i(t+1)=F_i[x_1(t), x_2(t), \ldots, x_n(t)] \quad (i=1, 2, \ldots, n) \quad \text{(C')}$$

の意味である．かくして次のように定義することは極めて自然である．

定義．資本蓄積の有効径路は (C) の解としての $X(t)$ である．[10]

この有効径路はいうまでもなく $X(t)$ の特定をまって始めて一本に特定されるので，$X(t)$ が無限の自由度をもち，第 t 期の始めにおいてあまたの有効径路のうちいずれを選ぶべきかについての何らかの基準を持たない以上，資本蓄積についてのダイナミック・プログラミングはその経済的有用性において，なお，

---

[10] この定義によって，われわれは問題をサムエルソン，ソロウが balanced growth を分析した時のモデルに類似させることができる．〔14〕．しかしそこの基礎の方程式 (1) はレオンチエフ流の一産業一生産函数という思想を一般化したものでありながら，財の配分関係を implicit に包含しているために misleading であった．ナイサーの反論参照〔9〕．

有効蓄積径路の二次元のグラフは第1図における $a_1b_1c_1\ldots$；$a_2b_2c_2\ldots$ 等の曲線である．それは一般に曲線であって直線ではない．また体系を閉じたことによってその出発点を原点に置くことが許されよう．

不充分である.[11]

4 有効蓄積径路の特質

そこで有効径路がいかなる特質をもつかを探求してみよう．この特質を決定するものは写像のオペレーター F の性格である．T が零次同次函数であることと，体系が閉じていることとは，F が一次同次函数であることを保証するであろう．しかし以下の帰結のすべてにおいて F の同次性は決定的であるが，一次性はあるものにおいては要求されない．これらの必要な前提については，できる限り，区別して行論をすすめることとしよう．さて F が同次函数であるとすると，その時同次函数系のよく知られた性質によって，従属変数たる $X(t+1)$ の成分の比は，(函数の次数に依存しながら) 独立変数たる $X(t)$ の成分の比によってもっぱら決定されるということができる．したがって F は $X(t)$ の成分の比を $X(t+1)$ の成分の比に移すオペレーターとなる．F はそれ故財ストック空間の point-to-point の連続写像を果すのみならず，原点からの半直線を半直線に写す連続写像をも示している．原点からの半直線群が X の成分の比をあらわす幾何学的表現であるからである．そしてマイナスの財のストックは無意味であるから $X(t) \geq 0$, $X(t+1) \geq 0$ と考えると，われわれの問題の舞台は第8図のようにプラスの象限に閉じられた半直線群に限定される．ところでこれもよく知ら

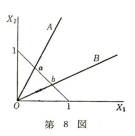

第 8 図

れているように $\dfrac{x_i}{x_1+x_2+\cdots\cdots x_n}$ $(i=1, 2, \cdots\cdots, n)$ という変換を行うと，たとえば半直線 A のすべての点は a 点に，半直線 B 上のすべての点は b という風に，一定の半直線上のすべての点は $x_1+x_2+\cdots\cdots+x_n=1$ というシンプレックス上の同一の点に変換される．したがってこの変換の後には問題の舞台は，更に狭

---

11) もし将来の特定時点の資本蓄積の大きさと構成を外生的に政策の目標として与えられた時，いわば時間を逆に流して従来の考察を適用することも考えられよう．$X(t+1)$ と $X(t-1)$ との両端をおさえて，能率的な $X(t)$ の可能性を検討する問題である．このように目標が外生的に与えられた時にはまた，資源 (財ストック) に技術の初期条件にかんがみて，目標そのものの有効性を，われわれの有効条件によって批判する問題も存在しうる．

まりただ閉じたシンプレックス上のすべての点に帰着してしまう．第8図でいえば $\{1ab1\}$ という線分がそれである．F はシンプレックス上の点を同じシンプレックスの上に，上例でいえば $\{1ab1\}$ の点を $\{1ab1\}$ 自身に，いいかえれば，閉じたシンプレックスをそれ自身に連続的に写像しているのである．この条件の下においては強力なブラウアーの不動点定理〔7〕を適用し，不動点の存在を立証することができる．このような不動点については F は一つの点を同一の点に写像するのである．かくしてシンプレックスのこの不動点に対応する半直線上に有効径路が置かれる時は，$X(t)$ のエレメントの間の相互の比率 $x_1(t):x_2(t):\cdots :x_n(t)$ は over time にこの半直線の示す比例を保つことが可能である．そしてこの比率における投入量はこの比率における産出量をうみだすという状態を時間的に繰返して行くことが許される．財ストックの相互の比率を財の構成とよぶこととすると，以上の考察から「**F が同次函数である時には，財の構成を一定に保つ有効蓄積径路が存在する．**」という命題をひきだすことができる．（したがって第7図において $a_1b_1c_1\cdots\cdots a_2b_2c_2\cdots\cdots$ 等々の曲線の中には半直線となるものが存在する．）このような有効径路をその幾何学的イメージにならって直線的有効径路あるいは有効半直線と仮称することにしよう．

この直線的有効径路は，F の単調性の仮定と F が一次以下の同次函数であるという仮定を加える時，ただ一つしか存在しないことを証明することができる．〔11〕．F の単調性とは，投入量 $X(t)$ のエレメントのいずれかが投ぜられると，産出量 $X(t+1)$ のエレメントがすべて増加するという仮定である．記号的には $X^1(t)\geqq X^2(t)$ であれば $X^1(t+1)=F[X^1(t)]>F[X^2(t)]=X^2(t+1)$ ということを意味する．一次以下の同次函数とは $F[\lambda X(t)]=\lambda^n X(t+1)$ において $n\leqq 1$ を意味することは通常の通りである．いま有効半直線と異なる原点からの任意の半直線の上に一点 Y をえらび，それに応じて $Y\geqq X$ となるような X の集合と有効半直線との交点の「東北端」を X^1 とし，$Y\leqq X$ をみたす X の集合と有効径路との交点の「西南端」を X^2 とする．（第9図参照）そし

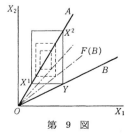

第 9 図

て $X^1 \leqq X(t) \leqq X^2$ となるような $X(t)$ の閉領域を C と考える．(第9図において A を有効半直線, B を他の任意の半直線とすると X^1Y と X^2Y との包む矩形がこの C である) 任意の半直線は C とただ一点 Y のみを共有して，相切しその内部を通過していないが，もし $F[Y]$ を通る半直線が C の内部を通ることとなれば，この半直線の F によるオペレーションは，もとと違った半直線に移ることを意味し，したがって Y 点を通る有効径路は半直線とはなりえない．このことが有効半直線と異なる任意の半直線についていえる以上，直線的有効径路の存在はただ一つに限られるということが結論される．ところで単調性と一次以下という F についての仮定が，$F[Y]$ を通る半直線が C の内点と共通部分をもつことを保証する[12]．

　類似の考察は同じ条件の下においての直線的有効径路の安定性の吟味を可能にする．いま半直線から半直線への写像が問題であるから X_t 点を通る半直線として $r(X_t)$ と記すこととする．そして $r(X_t)=F[r(X_{t-1})]$ という系列を考えて見よう．X_{t-1} を前述の Y に相応するものとすると，これに対して前と同様に閉領域 C_{t-1} をつくることができ，したがって $r(X_t)$ はその内部を通過する．そこでこの共通部分の任意の一点 X_t を取り，それに対して同様な方法で閉領域 C_t をつくると $F[r(X_t)]=r(X_{t+1})$ は C_t の内部を通過する．これを繰返せば次々と前の領域の内部に C_{t+r} を限りなく構成して行くことができる．第9図で始めの矩形の中に次々と前より小さな矩形がつくられて行くのである．F は連続な写像であるから，この極限は有効半直線上の点 (第9図で A 上の点) であると考えることができる；実際 $\{r(X_t)\}$ の時間的系列が何らか極限をもつとすれば，F は連続であるから極限においては半直線の自己自身への写像があらわれるべきである．有効半直線はこの種の写像として存在する唯一のものであった．

---

12) X^1 と X^2 とは共に有効直線の上にあり $X^2>X^1$ であるから $aX^1=X^2, a>1$ となるような a が選べる．$X^1 \leqq Y \leqq X^2 = aX^1$ の関係に F の単調性および $n \leqq 1$ を考慮すると $F[X^1]<F[Y]<F[aX^1]=a^nF[X^1] \leqq aF[X^1]$ が成立つ．さて，$F[X^1]$ は有効直線の特質によって同じ半直線の上に存在するから $F[X^1]=bX^1$ となるプラスの b が選べる．これを上の関係に代入すると
$$bX^1<F[Y]<a(bX^1)=b(aX^1)=bX^2,$$
したがって $X^1<\frac{1}{b}F[Y]<X^2$ いいかえれば $\frac{1}{b}F[Y]$ は C の内点である．それ故に $F[Y]$ を通る半直線は C の内点と交わる．

したがって有効半直線上の点を X^* で示せば
$$\lim_{t\to\infty} r(X_t) = r(X^*)$$
という結論を導くことができる．

　この直線的有効径路の安定性の証明においては何らの近傍概念も用いられていないことに注意すべきである．したがってこの安定性は in the large に妥当する．以上の帰結を要約して置こう．

　「**F が単調な一次以下の同次函数である時資本蓄積のいかなる有効径路もその財の構成において，やがては直線的有効径路の示す一定の財の構成に限りなく接近する．直線的有効径路の存在は一義的であり，そして上述の意味において，すなわち財の構成に関する限り，この径路は安定な径路である．**」

　次には有効蓄積の速度について考察しよう．このために今度は F は一次同次函数であると考える．これは T の形についての前提に最もよく照応するものであろう．（今までのいくつかの結論は以下においても妥当することはいうまでもない．）有効蓄積の成長率を λ と置こう．その時 $X(t+1) = \lambda X(t)$ はすべての財が λ の速度で増大することを意味する．したがって $X(t) = kX\lambda^t$. k はコンスタントでベクトル X はシンプレックス上の点であるように標準化されているとする．上の関係を $X(t+1) = F[X(t)]$ に代入して F の一次同次性を考慮すると $\lambda X = F[X]$ が得られる．$F[X]$ を標準化したベクトルを Y とすると $Y = F[X]/\Sigma F_i[X]$ でシンプレックスの上にある．有効半直線がシンプレックスを切る点においては，既にのべたように不動点定理によって $X = Y$ であり，この点のベクトルを X^* とすると $X^* = F[X^*]/\Sigma F_i[X^*]$ であり，$\lambda^* = \Sigma F_i[X^*]$ とすれば $\lambda^* X^* \equiv F[X^*]$ が成立ち，この λ が有効半直線上を進む資本蓄積の速度として確定する．いいかえれば「**F が一次同次函数である時有効な資本蓄積が有効半直線に沿って進行すればその成長率は一定である．**」

　さてもし初期において直線的有効径路上で $X_1 = F[X_0] > X_0$ であれば F の単調性からいかなる時点においても $X_{t+1} > X_t$ となる．したがっておよそプラスの成長が何処かにおいていやしくも可能ならば，そのことは全空間にわたってプラスの成長が進行することを物語っている．このような場合 λ^* は文字通り

「成長」率であり,財ストックはその構成を一定に保ちながらそのスケールを拡大する.

このようなプフスの成長の可能な体系においては,有効半直線上にない運動についで次のような点を明らかにすることができる. 第10図の A は有効半直線, B, C はその他の半直線とする. 今 B の上の点 X が C の上の $F(X)$ をうみだしたとする. その時 B の上の Y 点は $F[X] \geq Y$ を満足する点である. この Y が前の X の a 倍であるとする. すなわち $Y=aX, a>1$. それ故に次の如くいうことができる. 体系が各財ストックについて相

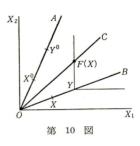

第 10 図

異なった成長率をもって進行している時に,その成長率をもって半直線に沿った運動を行うとすれば,その成長率はすべての率の最小なものに押えられて a となる. いいかえれば a の成長率に甘んずるならば体系は半直線に沿って指数的に成長することができる. 半直線が有効径路でない以上,このような指数的成長は有効条件をみたさないことはいうまでもない. ところで有効な A の上の点 $X°$ については $Y°=F[X°]=\lambda X°$ であり,ここで指数的成長は有効でありしたがって λ は a の如き数の最大なものである. (第10図で $X°Y°$ が λ を示し XY が一般の a を示す.) すなわち $F(X) \geq aX, X>0$ を満たす a のうち最大なものは λ^* である. Max $\{a\}=\lambda^*$. 〔6〕有効径路の成長率が非有効径路の成長率より大きいことは常識的にも考えられる. したがって「**財の構成を一定に保つ成長において,有効半直線に沿うものが最大の速度をもっている.**」他の半直線に沿うものは有効条件をみたさない. 成長がマイナスの成長であるような事態がもしおこれば,それに則して類似の議論を展開することは容易であろう.

以上が有効蓄積径路について,さしあたり導きうる動学的特質である.

5 レオンティエフ体系への応用についてのノート

レオンティエフ動学体系に以上の分析の成果は適用できないであろうか.
まずはじめに関連の深い事項で既に明かなポイントを指摘しておく. A を生

産係数の行列，B を資本係数の行列とする時，フローの変数 x についてのレオンティエフ動学モデルは，通常，微分方程式によって

$$(I-A)x = B\dot{x}$$

と書かれることはよく知られている．(ただし上来の議論との関係上閉じた体系のみ取上げておく．) この関係はストックのダイメンションにも書き直すことができるが，いずれの形態においても，それが適当な初期条件に対して balanced growth をうみだし得ることが証明される．一変数の場合と異なり多数部門の動学的成長を考える場合には，ただにプラスの固有値が重要であるのみならず，同時にその固有値に応ずる固有ベクトルのエレメントがプラスの成分から成立つことが重要であり，このことが保証されなければ経済的意味をもつ成長は不可能となる．しかし幸にして上述のレオンティエフ・モデルは，フロベニウスの定理〔2〕によってこの二つのことを保証する一組の固有値と固有ベクトルが一義的に存在する．したがってこの体系において balanced growth は可能である．この特定の成長径路は，前述の直線的有効径路のように安定性をもつであろうか．いいかえれば，上述のレオンティエフ体系に，いやしくも (部門毎に不均斉とはいえ) 成長が可能である場合，その成長はやがてはこの balanced growth に近づくであろうか．答は一般的には否であるように思われる．[13]

ところでこのレオンティエフ体系はわれわれが資本蓄積の有効性を検討した時のモデルと著しく異なっている．それは体系の通過するコースが始めから確定的に敷かれていて，何ら「最適性」「有効性」を求めるようになっていない点

---

[13] このレオンティエフ・モデルの balanced growth の性質については筆者は別の機会に取上げたことがある．(「レオンティエフ・モデルの一考察」(『金融経済』30, 1955 年 2 月) 及び「投入産出分析と日本経済」(昭和 29 年度試験研究費総合報告　未公刊)．ジョージスキュー・レーゲン〔4〕は二財のモデルについて，上述のレオンティエフ体系の動学的径路のいくつかの可能性を探求したが，これについてはまず次の点を注意したい．第一に，動学的体系においては静学的体系と異なり，「閉じた」モデルにおいても $|I-A|\neq 0$ は投資項 $B\dot{x}$ の存在の故に当然と考えられるべきであろう．そしてこの投資項がマイナスとならないことを約束されるならばホーキンズ-サイモンの条件〔2〕によって，$|I-A|>0$ となり，$|I-A|<0$ の場合は除外される．したがってジョージスキュー・レーゲンの分類の中では二つだけが取り残される $((a) と (c))$．第二にこの残された場合においては $|B|$ の符号が運動の形態を分類する．もし $|B|<0$ であれば，体系のすべての成長は，いかなる初期条件から出発してもやがて balanced growth に接近する！しかし $|B|>0$ であれば，レオンティエフに「ルールの切換」を要求したような事態が発生する．この興味深い事実にかんがみ，一般的に n 箇の財の分類の場合への理論の拡張が望まれる．

である．そこでこのレオンティエフ・モデルに「有効性」問題を持込むことを考える．それはいかにして可能であるか．「等式体系から不等式体系への変換によって」と答えたい．その狙いの大体は次の如くである．

先の動学体系を今までのモデルと照応させるため便宜上微分系から定差系にあらためる．

$$x'(t)=Ax(t)+B\Delta x(t)=Ax(t)+B\{x(t+1)-x(t)\}$$

もし右辺の各項に示されるおのおのの用途へ配分されるべき財の利用可能な存在量を左辺が示すとするならば，これを

$$x(t)\geqq Ax(t)+B\{x(t+1)-x(t)\}$$

と不等号を加えてあらわすことは充分に合理的である．ここから

$$(I-A+B)x(t)\geqq Bx(t+1)$$

となる．A と B のそれぞれの性質が吟味されなければならないが，ここで飛躍して $A\geqq B$ が都合よく成立ち x もその経済的意味によって常に有限確定値をもつとするならば $(I-A+B)^{-1}\geqq 0$ が仮定される．それ故

$$x(t)\geqq (I-A+B)^{-1}Bx(t+1)$$

となる．$(I-A+B)^{-1}B=D$ とすれば $B\geqq 0$ であるから $D\geqq 0$．二次元のグラフでいえば第11図の如くなる．したがって等式体系の時はただレオンティエフ径路即ち L 点の時間的系列が求められたのに対し，不等式体系における解は斜線をほどこした部分すべてとなり，ここで有効点集合をパレート・マキシマムとすれば，

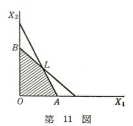

第 11 図

境界の折線 BLA がそれとなる．そこで前述の議論にならってインターテンポラルな有効点集合は

$$x(t)\geqq Dx(t+1)$$
$$x(t-1)\geqq Dx(t)$$
$$x(t-1)=x_0$$

の条件下における $x(t+1)$ のパレート・マキシマムと定義される．この条件が先には包絡面原則となり，それを考慮しながら変数の動学的展開についての有

効径路が規定された．今の体系でも包絡面は構成されるであろう．しかし，それは BLA 類似の n 次元空間の折線となることが予想される．したがってこの包絡面の系列は, $x(t)$ から $x(t+1)$ への point-to-point の写像を果さずに point-to-set の写像となるように直観される．とすれば有効径路はどう確定されるであろうか．前述の如き直線的有効径路は存在するであろうか．L 点の系列として先にレオンティエフに因んで命名されたレオンティエフ径路は有効径路であろうか．適当な初期条件がレオンティエフ径路を balanced growth の成長路に置く時，それと安定な有効径路との関係は如何に考えられるべきであろうか．これらの問題は充分に挑戦に値いするように思われる．しかしここでは単に問題の提起をもって一応本稿を閉じることを許されたい．[14]

参 考 文 献

[1] Dantzig, G. B. "The Programming of Interdependent Activities", *Activity Analysis* (Cowles Commission Monograph No. 13) 1951.
[2] Debreu, G. and Herstein, I. N. "Nonnegative Square Matrices", *Econometrica*. Vol. 21. No. 4. 1953.
[3] Georgescu-Roegen, N. "The Aggregate Linear Production Function", *Activity Analysis*.
[4] Georgescu-Roegen, "Relaxation Phenomena in Linear Dynamic Models", *Activity Analysis*.
[5] Koopmans, T. C. "Analysis of Production as an Efficient Combination of Activities", *Activity Analysis*.
[6] Krein, M. and S. Rutman. Linear Operators, 1948　筆者未見[14]による．
[7] Lefschetz, S. *Introduction to Topology*, 1949.
[8] Malinvaud, E. "Capital Accumulation and Efficient Allocation of Resosurces", *Econometrica*, Vol. 21. No. 2. 1953.
[9] Neisser, H. P. "Balanced Growth under Constant Returns to Scale: Some Comments" *Econometrica*, Vol. 22, No. 4. 1954.
[10] Neumann, J. "A Model of General Economic Equilibrium", *Review of Economic Studies*, Vol. 13, No. 1. 1945—6.
[11] Suits D. B. "Dynamic Growth under Diminishing Returns to Scale" *Econometrica*. Vol. 22, No. 4. 1954.
[12] Samuelson, P. A. "Abstract of a Theorem Concerning Substitutability in Open Leontief Models", *Activity Analysis*.
[13] Samuelson, P. A. Efficient Paths of Dynamic Capital Development. Unpublished.
[14] Solow, R. M. and Samuelson P. A. "Balanced Growth under Constant Returns to Scale", *Econometrica*, Vol. 21, No. 3. 1963.

---

14) この問題についての進んだ検討は，第3章の終末に加えた「補説」を参照せられたい．

第3章　動学的投入産出モデル とその均衡的成長

まえがき

X を産出量の列ベクトル，Y を最終需要の列ベクトル，A を投入係数の行列とする時，レオンティエフの「開いた」静学体系は，

$$X = AX + Y \tag{1.1}$$

あるいは

$$(I-A)X = Y \tag{1.1}$$

で表現される．

これを動学化する試みの最も単純なものは時間的遅れの導入である．レオンティエフ自身の採用した方向は周知の如く「資本係数」の導入によるものであり[1]，今日レオンティエフ動学体系と呼ばれるものは，ほとんどもっぱらこの思想を継承するものである．以下の行論においても，このモデルのもつ特性の興味深い部分を分析することが，重要な狙いであるが，他方静学体系に対する単純な時間的遅れの導入も若干の興味ある論点を提供するので，まずそれを説明することとする．

1　静学体系への「遅れ」の導入

時間的「遅れ」の導入の問題は単純のようでいて，しかも適切な導入は決して容易ではない．それは導入の仕方如何で体系のもつ動学的性質ががらっと変ってしまうからである．このことは目下の問題においてもよく露呈する．本節は問題の解決よりは，むしろ問題の問題性を明示することを目的とする．

まず，単純化のために，最終需要 Y は各期間を通じて一定とする．その時

---

[1] Leontief, W. W. and others: *Studies in the Structure of the American Economy*, 1953. chap. 3.

(1.1) に対して，

$$X(t) = AX(t+1) + Y \tag{1.2}$$

および

$$X(t+1) = AX(t) + Y \tag{1.3}$$

の2種類の dating の方法が考えられる．前者は，今期の生産の結果である産出量が次期の生産に投入量として配分使用される点を，時間的に明示したものであり，後者は，今期の産出量は，前期の生産の規模によって決定される投入需要量を，満たすものであることを明示したものである．前者は生産・配分型であり，後者は支出・収入型とでも称することができよう．

さてレオンティエフ静学体系を派生需要の計算体系として把握した時, (1.1) を変形した

$$Y = (I-A)^{-1}X \tag{1.4}$$

における $(I-A)^{-1}$ が，ケインズ体系の静学的乗数とアナロガスな意味をもちうることは周知であり，またこのケインズ型静学的乗数にカーン＝ロバートソン型の "lagged version" を加えて所得変化の乗数過程を説明するのと類似の解釈を $(I-A)^{-1}$ にもほどこすことができることもよく知られている．A の固有値 λ について $|\lambda|<1$ の条件の下に

$$I + A + A^2 + \cdots + A^t + \cdots + A^\infty = (I-A)^{-1} \tag{1.5}$$

という関係が確立されるが，この時にはケインズ体系とのアナロジーから「需要が生産量を決定する」という方向の解釈が採用されるべきであろう．したがって，時間的遅れとしては (1.2) の生産・配分型ではなく (1.3) の支出・収入型が問題の考察方法に適合する．そしてケインズ体系において A に対応するのは，消費係数であるから，(1.3) 型の遅れに適応する投入係数行列 A の解釈は，実物ベースによる生産係数と見るよりは，貨幣ベースによる支出係数と考えるべきである．[2]

---

[2] 投入係数 A について，実物ベースの生産係数と貨幣ベースの支出係数との二様の解釈をした場合，両者の関係は次の如くである．前者の行列を $\hat{A}$ 後者を $\tilde{A}$ とし，基準年次の価格の対角行列を P とすれば，

$$\tilde{A} = P\hat{A}P^{-1}$$

が成立つ．いわゆる dollar's worth で測定された係数は，そのトリックにもかかわらず，もちろん $\tilde{A}$ である．またたとえば $\tilde{A}$ の列和が一より小でも，そのことが $\hat{A}$ について成立つとは限らない．しかし両者の固有値は $\tilde{A}$ と $\hat{A}$ とが共軛な関係にあるから一致する．

他方 (1.2) 型の時間的遅れの導入に適応した解釈は，A を実物ベースにおいて把え，これを物的生産係数と見ることであろう．各期間の生産の結果が，次の期間の生産活動のために配分せられるべき資源となると解釈されるからである．(1.2) の定常解を $\bar{X}$ とすると，一般解は，（単純化のため重複根を除いて考えると）

$$X(t) = KM^t K^{-1}(X_0 - \bar{X}) + \bar{X} \qquad (1.6)$$

となる．ここで M は A の固有値 $\{\lambda_1, \lambda_2, \cdots, \lambda_n\}$ の逆数 $\{\mu_1, \mu_2, \cdots, \mu_n\}$ を対角線のエレメントとして対角行列であり，K は μ_i に応ずる固有ベクトル k_i を i 列に取った行列である．X_0 は初期値．したがって体系の運動は，A の固有値ではなくて，その逆数いいかえれば A^{-1} の固有値によって規定される．

今，生産係数と支出係数とを区別して，$\hat{A}$ と $\tilde{A}$ とに置けば

$$\tilde{A} = P\hat{A}P^{-1} \qquad (1.7)$$

となる．ここで P は基準年次の各財の価格を対角線のエレメントとする対角行列であり，したがって $|P| \neq 0$．それ故 $\tilde{A}$ と $\hat{A}$ とは共軛な行列であるから，その固有値は同一である．そこで (1.2) における A を $\hat{A}$ と考え，(1.3) における A を $\tilde{A}$ と考えれば，(1.3) 型で収斂を保証する条件は，(1.2) 型で体系の発散をひきおこす条件となる．そして後者の発散条件の中には，初期条件 X_0, プラスの固有値 μ_i（これは A のフロベニウス根（後述）の逆数に等しい），プラスの固有ベクトル k_i の適当な結合が (1.2) に規則的な成長を意味する解を許す場合も包含されている．（規則的な成長とは，後に詳しく見るようにすべての産業が同一成長率をもって均衡的に成長することを意味する．この時 μ_i が成長率であり，プラスのベクトル k_i が各産業間の産出量の相対的比率を示す．）したかって，この特殊な場合においては，(1.2) の示す実物ベースのレオンティエフ体系が規則的成長を示しつつ進行する時，(1.3) の示す貨幣ベースのレオンティエフ体系は安定性を備えているということができる．このことは，極めてラフに翻訳すれば，経済体系の順当な成長が，インフレーショナリ・プロセスなしに遂行されて行く可能性を示していると考えることができよう．

2 投入係数行列の特性

投入係数行列 A は，そのエレメントが非負の正方行列である．このような数学的性質を備えた行列については，著名なフロベニウスの定理があり，その用途は極めて広く，以下の分析においてもしばしば利用される．またこの定理と直接間接に関連して，非負の正方行列について経済学的に興味深いいくつかの命題が導出されている．以下の行論の必要上，ここでそれらを総括する．総括の視点は，数学的命題そのものより，その経済学的用途に置かれる．したがって証明のプロセスには立入らず，定理の帰結を投入係数行列との関連において解釈し応用することが中心となる．

すでに経済学者のためにもいくつかの文献が存在するこの問題を[3]，このように総括する目的は，後に資本係数を導入した動学的投入産出モデルに定理の帰結を利用するために，便宜上行われるのであるから，あらかじめこの点に習熟している読者は，この節を省略しても何も失うところはないであろう．ただ通常の数学的解説においてあまり言及されていないで，しかし経済的意味は適宜考慮されて然るべきと思われるポイントを，この節の以下の行論から拾い上げて要約し，省略の便宜に備えよう．もっともあるポイントはあまりに単純当然であり，その他のポイントも注意深い研究者はすでに熟知であろう．

〔1〕 分解不可能な A のフロベニウス根に対する固有ベクトルは，すべてプ

---

[3] いわゆるフロベニウスの定理の理解のためには，今日フロベニウスの原論文にまでさかのぼる必要は必ずしもないであろう．H. Wielandt の代数的方法による証明の簡略化を経て，Debreu と Hirstein の位相数学的方法を中心とした総括が，現在の決定版とみなされよう．Debreu, G. and Herstein, I. N., 'Non-negative Square Matrices' *Econometrica*, Vol. 21, No. 4. また Y. K. Wong は，Morgenstern の編纂した *Economic Activity Analysis*, 1954 に収録された論文その他において彼のいわゆる Minkowski-Leontief 行列についてハーシュタインらとは異なった角度で広汎な研究を行なっている．たちいった文献の知識は，これらの論文の巻末の文献目録を参照することによって得られるであろう．

邦文では，この定理と直接間接関連する事項の部分的に挿入された個々の論文を別とすれば，森嶋通夫『産業連関と経済変動』(1955) の B 章および，寺尾琢磨，尾崎巌「レオンティエフ体系におけるマトリックス」(『理論経済学』1955 年 12 月所収) が，まとまったこの定理の解説を目的として執筆されたものである．いずれも上記のドゥブリュー・ハーシュタインの線を主要な基礎としているが，そのほかの言及もあり便利である．特に森嶋氏の著作は定理の解説のほかにある種の拡張と応用とを含んで，問題点を提供している．

ラスのエレメントからなるが，ただそれだけでなく，そういうものとして，ただ一つである．いいかえればフロベニウス根以外の A の特性根の固有ベクトルには，たとえ根がプラスであっても，すべてプラスのエレメントから成るものは存在しない．この事実は後述のように，多数財あるいは多数産業を含む体系において経済成長を考えるために極めて重要なポイントとなる．[4]

〔2〕 対角線にプラスのエレメントをもつ A は primitive である．したがって gross flow に基づいて作られた投入産出表はこの条件をみたしていると考えることができる．A が primitive である場合には，A が分解不可能であるということは，適当な t について A^t のエレメントがすべてプラスとなるということ，すなわち $A^t > 0$ に等しい．ある単一期間を取上げただけで，すべての産業はすべての産業と積極的にからみあうこととなるのである．

〔3〕 $I+A+A^2+\cdots+A^t$ が $t \to \infty$ において $(I-A)^{-1}$ と等しくなる条件は $(I-A)^{-1} \geq 0$ の条件と同一である．（$|I-A|$ の首座小行列式がすべてプラスという条件．）したがってその時は，$I+A+A^2+\cdots+A^\infty = (I-A)^{-1}$ から，$(I-A)^{-1} \geq 0$ よりはもっと強く $(I-A)^{-1} \geq I$ と考えることができる．したがって逆行列表の対角線エレメントは，この場合すべて1より小さくなってはならない筈である．

〔4〕 列和がすべて1に等しいか1より小さい A において $|I-A| > 0$ であれば，体系 (1.3) は安定である．逆も真 上のような列和の条件を備えていて $|I-A| = 0$ となったとすると，A の列和がすべて1に等しいか，あるいは A が分解可能いずれかである．ブラウアー=ソローの定理（安定の充分条件）との差異に注意すべきである．列和と A および $I-A$ の関係についての一般的定理は Y. K. Wong によって得られている．[5] それによれば列和が1に等しいか1より

---

4) なおこれに関連して古谷弘「レオンティエフ・モデルの一考察」(『金融経済』30, 1955年2月) 12頁以下，同「資本蓄積径路の有効条件」209頁 (『経済研究』1955年7月) および，荒憲治郎「レオンティエフ体系における消費投資および経済成長」63頁 (『理論経済学』1955年12月) 及び福岡正夫「投入産出分析―動学的レオンティエフ体系―」(『三田学会雑誌』48ノ8) 参照．これらの文献はより適切には後に積極的に「成長」を論ずる時の参考文献であるが，上の事実に言及しているものとしてここに挙げる．

5) Y. K. Wong, 'On Non-Negative-Valued Matrices' *Proceedings of the National Academy of Science*, Feb. 1954.

小さい A において，$|I-A|\neq 0$ と同等な性質が，四つの異なった代替的な表現をもって示されている．

〔5〕 ホーキンズ・サイモンの条件，すなわち非負又はプラスの純産出量の条件は，モデルがレオンティエフ体系を離れて，クープマンス流 activity analysis に移される時は，クープマンスの公準 C として一般化される．

では解説的総括に移ろう．以下の行論の全体を通じて，A を非負のエレメントから成る正方行列とする．

A について，分解不可能と分解可能との区別がある (indecomposable と decomposable)．A をいかなる置換行列 P によって変換しても（いいかえれば A の行と列とをどのように入れ換えても）PAP^{-1} が

$$\begin{pmatrix} A_{11} & A_{12} \\ 0 & A_{22} \end{pmatrix} \quad A_{11}, A_{22} \text{ は正方行列}$$

という形にならない時，A は分解不可能という．A_{11}, A_{22} が正方行列であることが重要である．例えば A が

$$\begin{bmatrix} a_{11} & a_{12} & a_{13} & a_{14} & a_{15} \\ a_{21} & a_{22} & a_{23} & a_{24} & a_{25} \\ 0 & 0 & a_{33} & a_{34} & a_{35} \\ 0 & 0 & a_{43} & a_{44} & a_{45} \\ 0 & 0 & a_{53} & a_{54} & a_{55} \end{bmatrix}$$

の形に整頓し直すことができれば，A は分解可能であり，そうでなければ分解不可能である．分解可能な上例においては，整頓後の第一産業と第二産業は，第三，四，五産業から直接にも間接にも投入量を購入していない．「間接にも購入しない」という時の間接的購入の意味は次のようなものである．たとえば第三産業で a_{43} のみがゼロであったとする．その時第三産業は直接には第四産業から購入しないが，たとえば第五産業からは購入している．そしてその第五産業は a_{45} がゼロでない限り，第四産業から購入しているから，第三産業は第四産業から「間接に」購入していることとなる．したがって，第一，二産業は，第三，四，五産業と直接的にはもちろん，間接的にも購入関係をもたないわけである．

直接的購入がある場合はもちろん，たとえそれがなくても，このような間接的径路を辿るならば，かならず投入量の購入が生ずるような産業関連が，「分解不可能」ということの具体的意味である．分解不可能であれば，たとえ A の中にどのようにゼロがまざっていても，系列の全体において，すべての産業が終局的にすべての産業に関連することとなる．「系列の全体」とか「終局的に」とかいうことの意味はやがて明らかとなろう．

A が分解不可能であるとすると，A は絶対値が他のいずれの固有根よりも小さくないプラスの単根を固有根としてもつ．この根を以下便宜上フロベニウスの根と呼び，必要に応じて $\lambda_F(A)$ のように表わす．

このフロベニウスの根に対応する固有ベクトルの成分は，分解不可能な A について，すべてプラスであって，しかもそういうものとしてただ一つである．このすべてプラスの成分をもつ固有ベクトルの存在が一義的であり，単根としてのフロベニウスの根にのみ対応するという事実は，非常に興味深い，また重要な点である．というのは，経済成長の問題を，ハロッド-ドウマー流の一変数の世界を捨てて，レオンティエフ・モデルのように多数の変数を考慮するモデルにおいて取扱う場合，線型連立の微分ないし定差方程式体系がモデルの示す数学的側面であるが，その時各変数の動学的特性は，初期条件および固有根のみならず，固有ベクトルにも規定されるものであり，固有ベクトルにマイナスのエレメントが含まれるということは，体系が一貫してプラスの成長を示す可能性と相容れないからである．

以上では，絶対値が他の根のそれより小さくないプラスの単根の存在は，分解不可能な A について説明されたが，この事実は，同一の絶対値をもって負根あるいは複素根の存在することを妨げない．そこでそのような根の数を m とすると適当な置換行列 P によって

$$PAP^{-1} = \begin{bmatrix} 0 & A_{12} & 0 & 0 \\ 0 & 0 & A_{23} & 0 \\ 0 & 0 & 0 & A_{m-1\,m} \\ A_{m1} & 0 & 0 & 0 \end{bmatrix}$$

の形になることが証明されている．対角線上の0は正方行列となることが重要である．このような A を "non-primitive" 又は "cyclic" と呼ぶ．cyclic な A の意味を，投入係数行列について説明すると次のようになる．n 個の産業が m 個のグループに分括されたとする．その時，第一のグループに属する産業は第二のグループに属する産業のみに販売し，第二は第三グループのみに販売し，第三は第四のみにという具合に関連し，第 m は，したがって第一のみに販売する．購買関係はこの系列を逆に進行すれば求められる．したがって，A_1 から A_m の m 個のグループの間には第13図の形の購買販売の連鎖が成立つとする．この時 A は cyclic なのである．

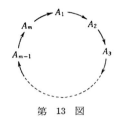

第 13 図

フロベニウス根に等しい絶対値をもった根が他に存在しない時，A を "primitive" 又は "acyclic" と呼ぶ．今 A が少くとも一つのプラスのエレメントを対角線上にもっているとする．その時はいかなる置換行列 P によっても，そのエレメントは PAP^{-1} の対角線上にとどまる．それ故にこのような行列 A は primitive である．したがって，対角線にプラスのエレメントをもつ分解不可能な A のフロベニウス根は，絶対値が最大である．実際にこの意味で A が primitive であることは net flow でなく gross flow で投入産出表を考える限り，常に満たされているというべきであろう．それ故 A が分解不可能でありさえすれば，現実の問題として $\lambda(A)$ を絶対値最大と見ることができる．

A が primitive で分解不可能であると，A^t は t の適当な値に対して必ずプラスのエレメントのみから成る行列となる．したがって，体系 (1.3) に応じて構成される乗数系列 $I+A+A^2+\cdots+A^t$ は収斂する場合 $(I-A)^{-1}>0$ となり，系列全体としてすべての産業がすべての産業に関連するのはいうまでもないが，primitive な A においては，適当な t について A^t 一項だけでこのことが成立つ．

分解不可能な A の任意のエレメントを増加すれば，フロベニウス根 $\lambda_F(A)$ もそれに従って増大する．このことから，投入係数のいずれかが増大すると，(1.3) の如き体系は不安定要因をますと結論することができる．

体系 (1.3) の安定の充分条件として，分解不可能な A の列和が 1 に等しいか 1 より少く，しかも少くとも一つの列和は 1 より小さいということが確立されている．(ブラウアー・ソロウの定理) これは上述の性質の一つの応用と見ることができる．いま A の第 i 列の列和が 1 より小さいとすると，その列の任意のエレメントを増加して列和を 1 に等しくする．こうして列和がすべて 1 に等しくなった行列を B とすると，$\lambda_F(B)$ は 1 に等しい．そして上述の性質によって $\lambda_F(B) > \lambda_F(A)$ であるから，$\lambda_F(A) < 1$ となって体系 (1.3) は安定である．

以上において A はすべて分解不可能と前提された．これが分解可能であるとすると，上記の結論は次のようにやわらげられる．

（1） フロベニウス根はプラスのみならず，ゼロとなる可能性もおこり，またその単根という特性も失われる．

（2） これに対応する固有ベクトルのエレメントにもゼロが含まれうる．

（3） A のエレメントを増加すると，フロベニウス根は減少はしないが，しかし増大するとは限らない．

次に $I-A$ について明らかにされた性質を総括しよう．

しばしば引用されるホーキンズ・サイモンの条件とは，$(I-A)^{-1} \geqq 0$ の必要充分条件が $I-A$ から作られるすべての首座小行列式がプラスであることを指す．また，

$$I + A + A^2 + \cdots\cdots + A^t \underset{t \to \infty}{\to} (I-A)^{-1}$$

の条件も同一の首座小列式についての条件である．(メッツラー条件) そこで両者を併せて考慮すれば

$$(I-A)^{-1} \geqq I$$

となる．何となれば上の系列において $A=0$ とおいても，その和は I となるからである．これらのことから上述の条件が満たされている時，体系 (1.2) および (1.3) の定常解，換言すれば (1.1) の静学的解

$$X = (I-A)^{-1} Y$$

は $Y \geqq 0$ に対して $X \geqq 0$ となり，さらにまた $X \geqq Y$ という経済学的に意味のある解であることが保証される．すなわち，ゼロ又は，プラスの最終需要表

に対して，産出量がマイナスとならないのみならず，最小限度において，最終需要を満たすことができるという事実が，技術的投入係数に対して，いかなる条件を要請するかが明らかとなるのである．

さて，A のフロベニウス根 $\lambda(A)$ より大きい任意の数を α とすると

$$(\alpha I - A)^{-1} \geqq 0$$

が成立ち，その逆も亦真である．ここで $\alpha = 1$ とすると $(I-A)^{-1} \geqq 0$ が導かれる一方，$\lambda(A) < 1$ であるから，フロベニウス根は安定根となる．したがって体系 (1.1) の非負の解と体系 (1.3) の安定条件との間には，極めて親密な関係が存在するといえる．これは動学体系と静学体系との「対応原理」の一例ということができよう．上述の性質において，A は非負のエレメントをもつという限定だけであったが，更に A を分解不可能とすると，$(\alpha I - A)^{-1} > 0$ となり，等号は捨てられる．

前述のように A の列和が1に等しいか1より小さい時は，フロベニウス根も一に等しいが1より小さい．そこで，このような列和の性質をもった A が (1.3) の A であったとすると，(1.3) の安定の必要充分条件は $|I-A| \neq 0$ であることが証明される．なぜなら，$|I-A| = 0$ とすると1が A の固有根となって (1.3) は不安定となり，また (1.3) が不安定とすると，列和の条件が $\lambda(A) \leqq 1$ を意味するから，その不安定性は $\lambda(A) = 1$ によることとならざるを得ず，したがって $|I-A| = 0$ となるからである．この点の考察は上記のように Y. K. Wong によって一般化されている．

上のような列和の条件をもって A において，$|I-A| = 0$ が成立つとすれば，その時は A の列和のすべてが1に等しいか，あるいは A が分解可能かいずれかとなる．A が分解不可能で，列和の少くとも一つが1より小さければ，(1.3) は安定解を有するからである．

前述のホーキンズ・サイモンの条件は，体系 (1.3) の安定のための必要充分条件であり，それは $I-A$ のすべての首座小行列式がプラスであることを要求するものであった．したがって当然に，$|I-A| > 0$ を包含する．それ故，A の列和に前記のような特別な条件の課せられた時，(1.3) の安定の必要充分条件は，

$|I-A|\neq 0$ という代りにさらに厳格に $|I-A|>0$ であると表現することができる.

上のような列和の条件は,現実の投入産出表が,レオンティエフの「開いた」体系に基づいて計算された場合には,一般に満たされているから,以上に導かれた幾つかの帰結は,極めて実際的な意味を有することに注意すべきである.

$I-A$ の首座小行列式がすべてプラスであるというホーキンズ-サイモンの条件は,静学的に理解された場合,非負の最終需要に応ずる非負の産出量を導く条件と同値であった. ところでレオンティエフの投入産出分析モデルに即して求められたこの条件は,モデルがより一般的な activity analysis に拡張された場合,それ自身拡張されてクープマンスの生産のモデルにおける公準 C となる.[6] 強い公準 C_1 は,本源的生産要素の与えられた限界内で,プラスの最終生産物を産出する非負の activity level の存在を要請するものであり,弱い公準 C_2 は,同様な限界内で非負の最終生産物を産出する同様な activity level の存在を要請するものである. 強い公準 C_1 は最終生産物に関して凸錐体 $(-IA)$ が solid となることと同値であり,弱い公準 C_2 は,別の公準 (activity level の少くとも一つがプラスである時に,最終生産物がすべてゼロとなることはないという公準) と共に考慮する時に,上記の凸錐体 $(-IA)$ が lineal となることと同値である.[7]

この分析はレオンティエフ・モデル特有の制限性 (limitationality) と結合生産物の非存在という特殊な制約をすてた一般的なものである. したがって非負の解の条件が行列式の符号で与えられるというホーキンズ-サイモンの条件は外見の厳しさにもかかわらず現実には満たされていると考えてよい plausibility は前述のように存在するとはいえ,上述の公準に較べて,出発点のモデルのもつ制約は,どこまでも結論の妥当性を制約することを忘却するべきではない.

3 資本係数の導入

すでに最初にのべたように,レオンティエフ自身による投入産出モデルの動

---

6) T. C. Koopmans, 'Analysis of Production' in *Activity Analysis*, chap. 3.
7) R. Solow, 'Structure of Linear Models' *Econometrica*, 1951. Hawkins, D. and Simon H., 'Some Conditions of Macro-Economic Stability' *Econometrica*, 1949. T. C. Koopmans, op. cit.

学化は，資本係数の導入によって行われた．これはマクロ・エコノミックスにおける加速度係数の産業連関的分解（disintegration）である．この係数はそれ故に，capacity output に基づいて構成せられた概念として把えられるべきであり，これを用いて経済過程の現実的展開を説明しようとする場合には，資本係数の転形を意識的に考慮しなければならない場合に当面するであろう．というのは，現実の経済過程には，surplus capacity あるいは excess capacity を包含する局面が存在するからである．このことは，ヒックスが景気循環理論の構成にあたって，景気径路の上昇局面と下降局面とに見出した加速度原理にまつわる非対称性の問題と同様である．レオンティエフはこれを"irreversibility"の問題として意識しており，多数局面理論を示唆するに至っているが，問題の解決は，今後の研究にまたなければならない．多数変数の多数局面理論は，一変数のそれに比較して著しく困難であるからである．以下の分析に用いられる資本係数行列の正当な理解のために，これらの点はここにあらかじめ指摘されなければならない．われわれの積極的分析は，capacity output に基づく資本係数が，修正なしにその利用が正当化されるであろう一つの問題に集中されている．経済体系の成長問題がそれである．

さて S, X をそれぞれ各財の資本ストックおよび産出量の列ベクトル，B を問題の資本係数行列とすると，B の定義は

$$BX=S \tag{1.8}$$

によって与えられる．S が固定資本（fixed capital—goods in use）か経営資本（working capital—goods in process）か流動資本（liquid capital—goods in stock）かに応じて，B の固定性を正当化する根拠は差異があり，またその正当化の難易にも差異があり，おそらくは，投入係数 A の固定性の前提より問題的であろう．ここではこの問題に立入らず，B はプラス又はゼロのエレメントから成立し，$|B|\neq0$ となることを前提する．したがって B の逆行列は存在するものとする．

S の時間についてのダイメンションは零次であり，その時間についての微分はマイナス一次である．これを資本ストックの変化率という意味で投資と定義

する．すなわち(1.8)から
$$\dot{S} = B\dot{X} \tag{1.9}$$
これが投資の式である．

体系(1.1)の最終需要のベクトル Y を，最終消費のベクトル C と，上記の投資との和と考えると，(1.1)は
$$X = AX + B\dot{X} + C \tag{1.10}$$
あるいは
$$(I-A)X - B\dot{X} = C \tag{1.10'}$$
となる．これが「開いた」動学体系の基本方程式である．これを
$$(I-A)X - C = B\dot{X} \tag{1.11}$$
とすると，これはマクロ・エコノミックスにおける投資貯蓄均等関係とのアナローグである．

最終消費を内生部門に移し，本源的生産要素（労働）を体系内で再生産可能なものとして，これに連結すると，「閉じた」動学体系が出来上る．ベクトルおよび行列の次元は一つずつ増加するが，その点に留意すれば他に混同のおそれはないので，便宜上，上と同一記号を使用することにすれば「閉じた」動学体系の基本式は
$$(I-A)X = B\dot{X} \tag{1.12}$$
となる．

あるいは変形して，$|B| \neq 0$ を用いることによって
$$\dot{X} = B^{-1}(I-A)X \tag{1.13}$$
の如く正規形で示すことができる．

同一の動学体系は，変数を生産量 X としてでなく，資本ストック S として表現することができる．すなわち
$$\dot{S} = (I-A)B^{-1}S \tag{1.14}$$

4　動学的体系の成長問題

（1）**開いた体系の成長**　「開いた」動学体系の基本式は

$$X = AX + B\dot{X} + C \qquad (2.1)$$

あるいは

$$(I-A)X - B\dot{X} = C \qquad (2.1')$$

であった．これは線型連立一階の非同次微分方程式であるから，その解法の原理は既に周知に属している．そして B の実際的計測の進展と共に，上述の体系の解の経験的導出も，試算されるに至っている．[8] ここでは理論的に肝要な若干の論点を展開するにとどめよう．

「開いた」体系の運動を規定する重要な因子は，非同次項 $C(t)$ の時間形態である．そして $C(t)$ と同一形式の $X(t)$ を体系の特解とすることができるから，(2.1) に対応する同次式系が収斂解を有するならば，全体の運動を終局的に規定するものはこの特解である．

簡単に例示しよう．$C(t)$ の函数形の特定には，最終需要の広いヴァライァティーを包含することができるように，実際の計算においてしばしば指数函数の多項式が採用される．その時 $X(t)$ の一般解もまた同一の成長率をもった指数函数を包含することとなる．今簡単に，

$$C(t) = g e^{\mu t} \qquad (2.2)$$

と置く．g はプラスのエレメントの列ベクトル μ はスケーラーである．そして g と μ とは問題に応じて適当にあらかじめ特定される．特解は

$$\overline{X}(t) = w e^{\mu t} \qquad (2.3)$$

と置いて (2.1) に代入し，

$$(I-A) w e^{\mu t} - \mu B w e^{\mu t} = g e^{\mu t}$$

からこの w を

$$w = [I - A - \mu B]^{-1} g$$

として決定することができる．したがってこの時

$$|I - A - \mu B| \neq 0$$

いいかえれば，μ は $B^{-1}(I-A)$ の固有根に等しくないことが前提される．一方 (2.1) に応ずる同次式は，

---

[8] その具体的解説については，古谷弘「投入産出分析の今後の動向」(『理論経済学』1955年12月所収) 中の「動学体系の計算」参照．

$$\dot{\xi}(t)=B^{-1}(I-A)\xi(t) \qquad (\xi(t)=X(t)-\overline{X}(t))$$

であるからその解は，$B^{-1}(I-A)$ の固有根と固有ベクトルとによって示される．前者を $\{\lambda_1, \lambda_2, \cdots, \lambda_n\}$ とし（重複根の場合を除く），λ_i に応ずる後者を k_i，k_i を i 列とする行列を K とすれば

$$X(t)=K\begin{bmatrix} e^{\lambda_1 t} & & 0 \\ & e^{\lambda_i t} & \\ 0 & & e^{\lambda_n t} \end{bmatrix}K^{-1}\xi+we^{\mu t}$$

が一般解の式である．ξ は初期条件に依存する列ベクトルである．また $|I-A-\lambda_i B|\equiv 0$ となることはいうまでもない．

一般解の形から，体系全体の運動が μ と λ_i との相対的関係に依存することは明らかである．最大の実数部を有する λ_i を λ_1 とすると，もし λ_1 の実数部が μ より小さければ終局的な動きは μ に規定される．同次式が収斂解をもつ場合とは，この条件の特殊な場合である．λ_1 の実数部が μ より大きれば，λ_1 が実根であるか複素根であるかに応じて，終局の運動は単調な成長（ある産業についてのマイナスの成長も含む）か，あるいは発散する循環運動となる．

さて，行論の途中において注意されたように，以上においては $|I-A-\mu B|\neq 0$ と $|I-A-\lambda_i B|=0$ とが前提されている．したがって，あらかじめ指定した最終需要の成長率 μ が λ_i のいずれかに等しい時は，すなわち，$|I-A-\mu B|=0$ となる時は $\overline{X}(t)=we^{\mu t}$ は体系の特解となることはできない．この時は，

$$\overline{X}(t)=twe^{\mu t} \tag{2.5}$$

と置くことによって解決されるであろう．これは外生変数と内生変数との運動に「共鳴」現象がおこる場合と考えることができる．[9]

次には w のプラスの条件について検討する．さきに

$$w=[I-A-\mu B]^{-1}g$$

---

9) ちなみに，ヒックスの景気理論においても，彼のいわゆる均衡径路の決定にからんで，共鳴問題がおこる可能性があるが，彼は数学的附録においてさえ，この点に全然触れていない．共鳴現象が存在する場合は，独立投資が $(1+g)$ の率で成長しても，均衡径路は $tE_0(1+g)^t$ となるであろう．より一般的にいえば，t の位置には t の多項式が来るわけで，その次数は根の重複度より1だけ少ない．外生変数と内生変数との共鳴現象と同次式系の重複根のケースとの類同性に注意すべきであろう．

であった. $\overline{X}(t)$ は一つの特解にすぎないが,これを一つの均衡径路とみなせば,適当な初期条件は,体系をこの径路に沿って成長することを可能ならしめることができる. その時は $\overline{X}(t)$ の性質から経済的に意味のある w は,そのエレメントがプラスであることが要求されるであろう. $g>0$ は前提されたからそのためには, $[I-A-\mu B]^{-1} \geqq 0$ が成立しなくてはならない. ところで $A+\mu B$ は $\mu \geqq 0$ であるから,それ自身非負のエレメントから成る行列であり,また $A+\mu B > A$ である. したがって $[I-A-\mu B]^{-1} \geqq$ の必要充分条件は, $\lambda_F(A+\mu B)<1$ であり(前述),また $\lambda(A+\mu B)>\lambda(A)$ である(前述). それ故 $w>0$ であるためには, μ は

$$1 > \lambda(A+\mu B) > \lambda_F(A)$$

を満足していなくてはならない. これが $C(t)$ の成長率,一般的にいって,外生変数の成長率が,同じ成長率をもった経済体系全体の均衡的成長を可能ならしめるために備えていなくてはならない性質である. たとえば, $A+\mu B$ の列和が1より大きくなく, その中で少くとも一つが1より小さければ

$$\lambda(A+\mu B)<1$$

となるが,このことは適当な初期条件の選択が,体系を全体として μ の成長率をもって成長することを可能ならしめる場合においても,その μ の大きさは一般的には A と B との関係に依存すること,たとえば, A を一定とすれば, B のエレメントが小さければ比較的大きな μ が可能であり, B のそれが大きければ, μ は極めて小さくなければならないことを,あるいはまた B を一定とすれば, A と μ とについて類似の関係が成立つことを,経験的に物語るものであろう.

（2） **閉じた体系の成長** 「閉じた」動学体系は,産出量 $X(t)$ を変数とする場合

$$\dot{X}=B^{-1}(I-A)X \tag{2.6}$$

資本ストック $S(t)$ を変数とする場合

$$\dot{S}=(I-A)B^{-1}S \tag{2.7}$$

で示されることは前述した. したがって $X(t)$ の動学的経路は, $B^{-1}(I-A)$ の固有値および固有ベクトル, $S(t)$ のそれは $(I-A)B^{-1}$ の固有値および固有ベクト

ルによって，それぞれの初期条件に応じて，決定される．さてこの二つの行列は固有ベクトルは異なるが，固有値は共通である．以下便宜上体系 (2.6) に即して考察しよう．

$B^{-1}(I-A)$ の固有値は，$(I-A)^{-1}B$ の固有値の逆数である．ところで次のような問題を考えよう．

$$(I-A)X = B\dot{X} \tag{2.8}$$

において産出量 X は常に非負であり，しかも投資 $B\dot{X}$ はおのおのの時点において，非負となっているとする．いいかえれば，(2.8) の解には $\dot{X}<0$ という場合が含まれる可能性はあろうが，そのような事態が起らないとして，プラスの投資が継続的に進行して行くものと想定した時，どのような条件がその中に含蓄されるかを考察するのである．その時産出量の非負の条件は，すなわち $X\geq 0$ であることは，$(I-A)^{-1}\geq 0$ を要求する．A を分解不可能とすれば $(I-A)^{-1}>0$ であり，したがって $X>I$ となる．A のフロベニウス根が 1 より小さいこと，ないし $|I-A|$ の首座小行列式がすべてプラスであることがこの必要充分条件であったが，これらは問題の性質上満たされているものと考えることができる．すなわち $(I-A)^{-1}\geq 0$ は，投資および産出量が (2.8) において非負であると前提することから成立する．[10] したがってこれと $B\geq 0$ とをあわせて考慮すると，$(I-A)^{-1}B$ 自身が非負のエレメントをもった行列となる．すなわち，

$$(I-A)^{-1}B \geq 0 \tag{2.9}$$

これが分解不可能であると考えることは極めて plausible である．この場合上の行列は，絶対値最大のプラスの単根をもち，それに応じてすべてプラスのエレメントからなる固有ベクトルが一義的に存在する[11]．これらをそれぞれ λ_0, ξ_0 としよう．その時 $B^{-1}(I-A)$ の固有値を μ_0 とすると

$$\mu_0 = \frac{1}{\lambda_0} \tag{2.10}$$

---

10) X や $\dot{X}$ の非負という前提を置かずに，始めから A の列和が 1 より小と想定するだけで $(I-A)^{-1}\geq 0$ は充分保証される．このように議論を進めても以下の行論はそのまま妥当する．

11) ここで重要なのはフロベニウス根がプラスで，しかもその固有ベクトルがプラスであるということである．絶対値最大という性質は特に利用されてはいない．なお，214頁註 (4) に記した文献が参考とせらるべき経済学的な位置はこの辺りである．

であり，それに応ずる固有ベクトルは同一の ξ_0 である．ξ_0 が共通に両者の固有ベクトルであることは，

$$(I-A)^{-1}B\xi_0 = \lambda_0 \xi_0$$

であれば

$$\frac{1}{\lambda_0}\xi_0 = \mu_0 \xi_0 = B^{-1}(I-A)\xi_0$$

の成立することから明らかである．

　この解の経済的意味は次の如くである．いま適当な初期条件が (2.6) の運動をして

$$\dot{X} = \mu_0 X \tag{2.11}$$

によって表現されるものたらしめているとする．これは各産業がすべて同一比率でその産出量を増加せしめている，バランスのとれた成長の場合であり，μ_0 はこの意味における均衡成長率である．この時固有ベクトル ξ_0 はすべてプラスのエレメントから成立っており，産業間の産出量の相対的比率を示す．この各産業の均衡的成長は，上述のような相対的比率を満たす適当な初期条件から出発する限り，いつまでもこのバランスを維持して進行することが可能である．このように，均衡的成長において成長率とならんで，変数間の相対的比率の均衡値が問題となるのは，一変数の体系の成長から，多変数の体系の成長に移行して始めて重要となる注目すべき事実である．後述の相対的安定性という特殊の安定性もこのことと関連する．

　体系 (2.7) についても同様なことがいえる．(2.7) の固有値は (2.6) と同一であったから，各産業の資本ストックは一定のバランスを維持しながら，μ_0 の成長率で発展することが，適当な初期条件に対して可能である．これは，筆者が別の機会[12]に資本蓄積の有効経路のうちの有効半直線とよんだものに対応すると思われる．そこでのモデルは，この均衡的成長をより一般的に考察するためのものであった．

　さて μ_0 は，体系 (2.6) に対しても，(2.7) に対しても，最大の絶対値をもつ

---

12) 古谷弘「資本蓄積径路の有効条件」(『経済研究』1955年7月)．なおミミオグラフであるが古谷弘・稲田献一「資本蓄積の均衡成長経路と有効経路」(東京大学理論経済学研究ノート No. 12, 1956年4月)はこの問題を更に厳密に取扱っている．

根ではない．λ_0 は $(I-A)^{-1}B$ ないし $B(I-A)^{-1}$ に対しては，最大の絶対値をもつ単根であったが，その逆数たる μ_0 は，$B^{-1}(I-A)$ ないし $(I-A)B^{-1}$ に対してこの性質を保つことができないことはいうまでもなく，それゆえに一般に最大の実数部をもつ根ではない．したがって上記でその存在を証明された均衡成長路は，安定性を備えてはいない．いいかえれば，均衡径路が撹乱された場合に，再び各産業がもとのバランスのとれた成長を回復することは保証されない．各産業の産出量はこの径路から，単調に，あるいは振動的に，乖離したままとなる．

そこで，この各産業の均衡成長径路が同時に安定な径路である条件を探究してみよう．ここで安定とは，時間の経過と共に，いかなる状態から出発するにせよ，産出量間の相対的比率が ξ_0 の示す一定比率となることを意味する．このような安定を相対的安定性と呼ぼう．相対的安定性においては，産出量のスケールは問題とならない．

このためにまず予備的に次のことを明らかにしておこう．$(I-A)^{-1}B$ に対する固有方程式は

$$f(\lambda) \equiv |(I-A)^{-1}B - \lambda I| = 0 \qquad (2.12)$$

である．これを展開すると

$$f(\lambda) = (-\lambda)^n + C_1(-\lambda)^{n-1} + \cdots\cdots + C_{n-1}(-\lambda) + C_n = 0 \qquad (2.13)$$

ここで C_r は $(I-A)^{-1}B$ の r 次の首座小行列式 $\binom{n}{r}$ 個の和である．したがって，特に

$$C_n = |(I-A)^{-1}B| = \frac{|B|}{|I-A|}$$

である．λ^n の係数を $+1$ となるように書きかえれば (2.13) は

$$\lambda^n - C_1\lambda^{n-1} + C_2\lambda^{n-2} - \cdots + (-1)^n C_n = 0 \qquad (2.13')$$

となる．したがって

$$\lambda^n = C_1\lambda^{n-1} - C_2\lambda^{n-2} + \cdots - (-1)^n C_n \qquad (2.13'')$$

このような実係数の多項式において，右辺の λ の巾函数 λ^r ($r=n-1, n-2, \cdots\cdots$, 0) の係数がすべてプラスである時は，この方程式は正根をただ一つだけ有し，

しかもその根は絶対値最大であることが証明される.[13]

さて上述の相対的安定性のためには，一般に，最大の実数部をもった根がプラスの実根であることと，それに対する固有ベクトルがプラスのエレメントから成ることが要求される．したがって (2.6) についての相対的安定性は μ_0 に対する固有ベクトルが唯一のプラスの固有ベクトルであることから，μ_0 を最大の実数部をもつ根とする条件の探究を要求する．いま体系 (2.6) に対する固有方程式を $g(\mu)$，それを $(\mu-\mu_0)$ で除した商を $h(\mu)$ とすれば，このことは h の根のすべての実数部が μ_0 より小さいという形で表現することができる．

しかし，これではあまりに一般的であるから，この問題を前述の予備的考察と結びつけてみよう．μ_0 が $B^{-1}(I-A)$ のプラスの固有値であるということは (2.10) から $\lambda_0=1/\mu_0$ が $(I-A)^{-1}B$ のフロベニウス根であるということであった．それ故に λ_0 は $(I-A)^{-1}B$ の絶対値最大の正根であるが，もしこのほかに正根が存在したとすると，その逆数は $B^{-1}(I-A)$ の正根となり，しかもそれは μ_0 より大きい実数部をもつこととなる．しかもその根に対する固有ベクトルは，プ

---

13) $x_n=a_1x^{n-1}+a_2x^{n-2}-\cdots+a_n$ において，a_r $(r=1\cdots n)$ のすべてをプラスとする．$f(x)=x^n-a_1x^{n-1}-a_1x^{n-2}-\cdots-a_n$ とすると $f(0)=-a_n<0,\ f(\infty)>0$ であるから $f(x)=0$ はプラスの根を有する．それを $x^0>0$ としよう．さて $xf'(x)-nf(x)$ をつくると，これは $\sum_{r=1}^{n} ra_r x^{n-r}$ に等しい，これに x^0 を代入すると $x^0 f'(x^0)-nf(x^0)=x^0 f'(x^0)=\sum ra_1 x_0^{n-r}$ 最後の項はプラスである．したがって，$f'(x^0)>0$ それ故にプラスの根はただ一つしか存在しない．この根の絶対値最大であるということについては，次のように説明しよう．$f(x)=0$ は次の行列の固有方程式となっている．

$$\begin{bmatrix} a_1 & a_2 & a_3 & \cdots & a_{n-1} & a_n \\ 1 & 0 & 0 & \cdots & 0 & 0 \\ 0 & 1 & 0 & \cdots & 0 & 0 \\ \vdots & \vdots & \vdots & & & \\ 0 & 0 & 0 & \cdots & 1 & 0 \end{bmatrix}$$

これは primative なフロベニウスの行列であるから，先に存在を確認された唯一の正根は絶対値最大である．あるいは直接に次のように考えることもできる．プラスのただ一つの根 x^0 以外の任意の根を $\bar{x}$ とすると

$$\bar{x}^n=a_1\bar{x}^{n-1}+a_2\bar{x}^{n-2}+\cdots+a_n$$

両辺の絶対値をとると

$$|\bar{x}|^n<a_1|\bar{x}|^{n-1}+a_2|\bar{x}|^{n-2}+\cdots+a_n$$

それ故に

$$f(|\bar{x}|)<0=f(x_0)$$

そして f の形から

$$|\bar{x}|<x_0$$

となる．

ラスのみのエレメントから成立つものではない.かくして相対的安定性のためには,λ_0 が $(I-A)^{-1}B$ の唯一の正根であることが必要である.また前述の考察によって (2.13″) の右辺の λ の巾函数の係数がすべてプラスであることが,λ_0 が唯一の正根であるための充分条件であった.このことは C_r の形にかんがみ $-(I-A)^{-1}B$ の首座小行列式がすべてマイナスである条件といいかえることができる.特に C_n については $-(-1)^n C_n > 0$ は

$$(-1)^n \frac{|B|}{|I-A|} < 0$$

となり,$|I-A|>0$ が前提される場合

$$(-1)^n |B| < 0$$

が導かれる.[14]

以上によって,$\mu_0 \xi_0$ が相対的安定性をもつことと,$-(I-A)^{-1}B$ の首座小行列式がすべてマイナスであることとは,矛盾なく両立しうる可能性があることが示された.しかしこのことはこの二つの条件の積極的連関を主張するものではない.共に μ_0 が唯一の正根であるための充分条件に過ぎないからである.

5 均衡成長率のマクス・ミン的性質とそのノイマン・モデルとのアナローグ

以上において説明された各産業のバランスの取れた均衡的成長を規定する成長率に対しては,次の如き興味ある解釈を下すことができる.

今,任意のプラスの成長率 ν を仮定して

$$\dot{X} \geqq \nu X \qquad (2.14)$$

と置いて見よう.この意味は,各産業はそれぞれ異なった成長率でもって不比例的に成長しつつあり,そしてその異なった成長率のうちで ν は一番小さいものであり,一番成長の遅い産業の成長率である,ということである.このような場合において,体系が全体として可能な成長率は,たかだか ν であるという

---

14) これは二財についてジョージュスキュー・レーゲンが研究した結果を極めて緩い意味で一般化したものとみなすことができる.なお二財のレオンティエフ動学体系は係数の性質から振動解をもち得ないために,問題は極めて簡単となることに注意. Georgescu-Roegen, 'Relaxation Phenomena in Linear Dynamic Models' in *Activity Analysis* (1951), 126頁以下.

ことができる.ν より大きな成長率をもつ産業は,何らかの形でその成長率を遅らせて ν に揃えることはできようが,ν の成長率をもつ産業が,外生的要因から補給を受けて,その成長率を高めるということは「閉じた体系」では不可能であるからである.この意味において ν は体系全体の成長を規定する因子であり,体系全体として可能な成長率である.

　均衡成長率 μ_0 は,このような ν のうちで最大のものであるということを以下に証明する.前述の性質を継承して A および $B^{-1}(I-A)$ は分解不可能であり,$(I-A)^{-1}>0$, $\mu_0>0$ ($\xi_0>0$) である.

$$\dot{X} \geqq \nu X \tag{2.14}$$

$$\dot{X} = B^{-1}(I-A)X \tag{2.6}$$

の二つから

$$\frac{1}{\nu}X \geqq (I-A)^{-1}BX \tag{2.15}$$

を導く,$\nu>0$, $(I-A)^{-1}>0$ $B \geqq 0$ であるから,上のような向きに不等号を維持することは可能である.さて $(I-A)^{-1}B$ のエレメントを適当に大きくして行列 D をつくって

$$\frac{1}{\nu}X = DX$$

という等式を置く.これを満足する X を $X=\hat{X}$, $\hat{X}>0$ として求めると,$1/\nu$ および $\hat{X}$ はそれぞれ D のフロベニウス根およびそれに応ずる固有ベクトルである.そして

$$D \geqq (I-A)^{-1}B$$

であるから

$$\lambda_F(D) \geqq \lambda_F((I-A)^{-1}B)$$

すなわち

$$\frac{1}{\nu} \geqq \frac{1}{\mu_0} = \lambda_0$$

したがって

$$\nu \leqq \mu_0 \tag{2.16}$$

いいかえれば

$$\mu_0 = \max \nu \tag{2.17}$$

さて ν は，各産業の不均斉な成長率を $\{\nu_1, \nu_2, \cdots, \nu_n\}$ とすると

$$\nu = \min \nu_i \quad (i=1, 2, \cdots, n) \tag{2.18}$$

であった．したがって (2.17) に代入して，

$$\mu_0 = \max \{\min \nu_1\} = \max \min \nu_i \tag{2.19}$$

となる．

かくして，各産業が不均斉な成長率をもって成長している時，その一番小さい成長率よりは，各産業がバランスを取って成長している時の，その均一な成長率の方が大きい．また不均斉な成長が行われている時に，その成長率のすべてがバランスの取れた均衡成長率より大きいということは不可能である．

さて (2.6) に対する dual として価格機構を考えて見よう．

静学的体系においては，価格機構を示す dual の構成は，完全競争の下で各産業の収入と支出とが均等化するという産業均衡状態を定式化することによって与えられる．それをこの動学的モデルに拡張するために，各財の価格を $\{P_1, P_2, \cdots, P_n\}$ として，収益率 r_i を各産業毎に次のように定義する．

$$r_i = \frac{P_i - \sum_j P_j a_{ji}}{\sum_j P_j b_{ji}} \tag{2.20}$$

すなわち r_i は産出量一単位について，販売価格 P_i と経常費用 $\sum_j P_j a_{ji}$ との差を，資本価値 $\sum_j P_j b_{ji}$ で控除したものである．変形して

$$P_i = \sum_j P_j a_{ji} + r_i \sum_j P_j b_{ji} \tag{2.21}$$

ここで $\{r_1, r_2, \cdots, r_n\}$ を対角線のエレメントとする対角行列を R とし，P_i をエレメントとする列ベクトルを P とすると (2.21) は，

$$P' = P'A + P'BR \tag{2.22}$$

となる．n 個の収益率 $\{r_i\}$ のうち最大のものを r とすると，すなわち

$$r = \max r_i \tag{2.23}$$

と置くと (2.22) は

$$P' \leq P'A + rP'B \tag{2.24}$$

となる．$(I-A)^{-1} > 0$ であるから

$$P' \leqq rP'B(I-A)^{-1} \qquad (2.25)$$

あるいは転置して

$$P \leqq r(I-A)^{-1\prime}B'P$$

そして $(I-A)^{-1}B$ と $(I-A)^{-1\prime}B'$ とは固有値が等しいから (2.16) を導いたのと同一の推論によって

$$r \geqq \mu_0 \qquad (2.26)$$

を導くことができる．したがって

$$\mu_0 = \min r = \min \{\max r_i\}$$
$$= \min \max r_i \qquad (2.27)$$

となる．これを (2.19) と併せて考慮すると

$$\max \min \nu_i = \min \max r_i = \mu_0 \qquad (2.28)$$

が成立つ．μ_0 はしたがって一つの saddle value であり，ノイマンの一般均衡モデル[15]における saddle value とアナロガスな性質を読みとることができる．ノイマン・モデルにおいても，この saddle value は一方において一種の均衡成長率，他方において利子率であり，その経済的意味もほとんど全く同一であり，ノイマンの財ストックの次元における生産のモデルと，レオンティエフ動学体系との密接な連関が，この事実によって明らかとされる．[16] このことを示すために，以下にノイマン・モデルとその帰結を要約して本稿を閉じることとしよう．

ノイマン・モデルは，適当な単位について定められたストック投入量の列ベクトル A_i と，ストック産出量の列ベクトル B_i とで示される activity (A_i, B_i) から構成される「閉じた」体系である．この activity は通常のように加法性，結合性をもつ線型過程である．その数は，有限個であるか，もしくは連続体の濃度をもつ程度に（実数と一対一の対応をする程度に）無限個であるとする．おのおのの activity において $A_i + B_i > 0$ が前提される．これは一つの activity の

---

[15] Neuman, John von, 'A Model of General Economic Equilibrium' *R.E.S.* 1945–6 (Vol. 13, No. 1).
[16] この問題は 232 頁註 (12) に記した古谷・稲田の研究ノートにおいてよりたちいって取扱われている．

中には,すべての種類の財が包含されているという前提である.ある財が A_i の中にのみ,あるいは B_i の中にのみ,現われていることは,もちろん許される.以下 A_i から構成された矩形行列を A, B_i から構成された矩形行列を B とする.また大文字 $X(t)$ は財ストックのベクトル,小文字 $x(t)$ は activity level を示すこととする.これらの規定の下で財ストックの成長を考えるために,

$$X(t+1) \geqq \lambda X(t) \qquad (2.29)$$

と置く.前期の生産の結果を資源として今期の生産がいとなまれるとみられるから

$$\left. \begin{array}{l} X(t+1) = Bx(t) \geqq Ax(t+1) \\ X(t) = Bx(t-1) \geqq Ax(t) \end{array} \right\} \qquad (2.30)$$

となり,これを (2.29) に代入すると,おのおのの期間について

$$Bx \geqq \lambda Ax \qquad x \geqq 0 \qquad (2.31)$$

が成立する.

他方,価格体系については,上の dual として

$$P'B \leqq rP'A \qquad P \geqq 0 \qquad (P は価格の列ベクトル, r は利子率) \qquad (2.32)$$

が作られるから,(2.31) と (2.32) とを同時に考慮し,しかし x の体系が不等号をもつ時はそれに応じて $P_i=0$ (資源の余った時は,その財は自由財となるという意味),P の体系で不等号がおこれば対応する $x_j=0$ (純収益のマイナスとなる activity は採用されないことを示す) とし,しかも等号は少くとも一回妥当すると考える.その時,函数 $P'Bx/P'Ax$ は saddle point を $x=x^0$, $P=P^0$ においてもち,その saddle value において $\lambda=r$ となることが,不動点定理の若干の拡張によって証明されている.上のような λ, r をそれぞれ λ_0, r_0 とすると,λ_0 が均衡成長率,r_0 が均衡利子率であり,(x^0, P^0) はそれに応ずる mode である.これをノイマン・モードと呼べば,それは均衡成長径路の財ストックの構成を示すものであり,レオンティエフ体系におけるフロベニウス根に応ずる固有ベクトルとアナロガスな意味をもつ.したがって,従来しばしば取扱われた後者をレオンティエフ・モードと呼ぶこともできよう.ただしノイマン・モードにおいては x_0 のすべての構成部分がプラスではなく,ゼロが含まれる

が，レオンティエフ・モードにおいては，すべての財がプラスとなることに注意すべきである．これはレオンティエフ体系に分解不可能性を前提としてきたためである．したがってノイマン・モデルにもこれに対応する前提が挿入されれば，x_0 がすべてプラスとなることが予想され，また逆にレオンティエフ体系でも分解不可能な場合は，ゼロのエレメントを含んだモードを考えなければならないであろう．

あ と が き

　私達のグループにとって，研究上の良き師であると同時に，すぐれたオーガナイザーであった古谷先生が，不慮のことで逝去されてから，すでに一年有余を経過した．この間に私達は，先生の遺された諸論文を一冊の本にまとめようという考えを徐々に持つようになった．

　古谷先生は私達に，まとまったものとしてはただ一冊の『現代経済学』という著書しか遺してゆかれなかった．同書によって私達はある意味で完成された先生の業績と，経済学者としてのヴィジョンとをしることができる．しかし，そこにゆきつくまでの研究過程をしることはむずかしい．私達にとって，『現代経済学』を通して理解できる経済学者としての古谷先生のほかに，それに至るまでの過程をしることが，これからの仕事をすすめる上により良い指針となるという確信を深めたことが本書を編纂した大きな理由である．

　つぎに，本書編纂の経緯を簡単にのべておこうと思う．本書の編纂にあたって第一の問題は，先生がこれまでに書かれた論文をすべて忠実に収めるものとするかどうかということであり，第二の問題は，もし選択をするとすればどれとどれをとるかということであった．これら二点の決定は，先生を中心として持たれていた研究会の全参加者の意見によることとした．そこでの全員の結論はまず第一点については選択して，一書を編んだ方が良いということであり，第二点の選択の原案とも言うべきものの作成が私達三人の手に委ねられることになった．古谷先生を偲ぶよすがとするという点からは，全論文を収めるべきであったかもしれない（全論文を集めても決して一冊の書の範囲は越えなかった）．私達は上述のように本書の編纂により積極的意味を与えようとしたので，いわば，一本の筋の通ったものとしたかった．同時に，私達にとって先生の論文であるという感じの持てるものを選び出そうとした．

　私達三人はこのような意見をもととして，これまで先生が書かれた論文について調べたところ，発表されたもの，未発表のもの合わせて，約15編を得た．

これらのうちまず終戦前に先生の書かれたものは除くこととした．私達としては近代経済学の研究をテーマとするという明確な意図の下に書かれている論文から出発しようとしたからである．(終戦までの大部分は，東大経済学部助手として，いわば予備的訓練期間にあったため論文は未発表を含めて二つしかなかった) つぎには，研究ノートの形で私達の研究会に提出されたもの (「レオンティエフ・モデルを国際経済論に適用するこころみについて」東大理論経済学ノート No. 1 「投入産出分析の基礎理論」投入産出分析と日本経済—昭和29年試験研究費総合報告所収)，および一応完成されたまま未発表となったもの (1951年に Harvard 大学に留学される往きの船のなかで完成されて，未発表のままになった「企業の理論と Activity Analysis」という論文) は収録しないこととした．前者はその性質上未定稿であり，後者については，一応完成されていることと，その後の研究方向への出発点ともいうべき性質から収めるべきであるとも思われたが，そこにもられた内容が，その後の諸論文で拡充発展されてほぼ再現されている点を考慮して除くことにした．

他方古谷先生自身が作成した『主要執筆目録』という一覧表が見出されたので，私達は，この内容を勘案して本書に収めるべき論文を決定した．このようにして決定した論文を発表の年代順に配置し，さらにそれを三部に分割して，各部に表題をつけ，本書全体にも題名を与えるという手続きが私達三人が編者として行ったことである．

ここで，何故本書のような構成に編集したかを簡単に述べることとしよう．

古谷先生の仕事には，大きく分けて三つの段階がある．第一は「経済均衡の安定分析」に到達するまでのいわば模索的予備的段階，第二は安定分析を中心とする一連の研究，そして第三は『現代経済学』を生みだした直接の背景をなす産業連関分析と線型計画法についてのいくつかの論文である．(より正確には，ヒックス『景気循環論』の翻訳を中心とする景気循環理論に関する仕事が別の範疇に入るかもしれない．)

私達が古谷先生と親しい接触をもつようになったのは戦争が終ってからであったが，その頃先生はヒックスの『価値と資本』を中心に近代経済学の研究を

すすめられていたようであり，またそのためにプライヴェートなゼミナールを約二年間にわたってもたれていた．この間ケインズ経済学についてもかなりの関心を示されていたが，なんといっても先生の研究の中心は伝統的な一般均衡理論にあった．当時，日本の多くの理論経済学者の関心をひいた安定条件の分析に古谷先生もまた参加され，そしてそのなかで生みだされたのが，「経済均衡の安定分析」である．これは，この分野において，安井教授，森嶋助教授のあげられた業績とならんで，当時のわが国理論経済学界の水準を示す論文の一つであった．

安定条件の論文が完成したのち，Harvard 大学に留学されるまでの期間は，前述のようにヒックス『景気循環論』の翻訳によって，一時的に景気循環理論への興味を示していられるが，これは決定的なトピックとはなっていない．当時すでに Harvard 大学において，レオンティエフ教授の指導下に発展していた産業連関分析およびその一般化ということに対応している Activity Analysis が強く古谷先生の関心をひいたものと思われる．これらは，それまで実証的分析ということにほとんど関心を持っていなかった先生の考え方を相当強くゆり動かしたと思われる．Harvard 大学から帰られて以来，理論と実証との結合ということをしばしば強調されるようになり，また研究のトピックスとしても，実証性があるものに変ってこられた．この間の事情を反映しているのが「レオンティエフ・モデルの一考察」以後の諸論文である．この傾向をもっとはっきりあらわすものとして，先生が死の直前まで指導しておられた「日本経済分析研究会」があるが，これはこの時期の諸論文の実証的観点からの検討でもあった．

以上三つの段階と対応するように，本書でも第1部を「現代経済理論の系譜」，第2部を「安定分析」，そして第3部を「産業連関と線型計画法」と分けてみた．

これらは，あくまで私達の判断であって，先生のそれではないことを強調しておかねばならない．

このような意図および経緯で編まれた本書が，日本の理論経済学の一つの水

準を示していることを期待してこのあとがきを終ろうと思う．最後に私達のこの希望を出版という形にして下さった岩波書店大野欣一氏に深く感謝したい．

　1958年10月

内　田　忠　夫
宮　下　藤太郎
渡　部　経　彦

■岩波オンデマンドブックス■

現代経済学の基本問題

1958 年 10 月 30 日　第 1 刷発行
1968 年 10 月 20 日　第 3 刷発行
2014 年 2 月 13 日　オンデマンド版発行

著　者　古谷　弘
　　　　ふる や　ひろし

発行者　岡本　厚

発行所　株式会社　岩波書店
　　　　〒101-8002　東京都千代田区一ツ橋 2-5-5
　　　　電話案内　03-5210-4000
　　　　http://www.iwanami.co.jp/

印刷／製本・法令印刷

ISBN978-4-00-730094-3　　Printed in Japan